KB248524

한림고고학연구소 연구 총서 002

# 백제의 변경

## 화천 원천리유적

한림고고학연구소 엮음

진인진

# 백제의 변경 - 화천 원천리유적

초판 1쇄 발행 | 2016년 10월 15일

지은이 | 박순발 · 심재연 · 한지선 · 이상길 · 권도희
엮  음 | 한림고고학연구소
발행인 | 김영진
발행처 | 진인진
등  록 | 제25100-2005-000003호
본문편집 | 배원일
주  소 | 경기도 과천시 별양상가 1로 18  614호(별양동, 과천오피스텔)
전  화 | 02-507-3077~8
팩  스 | 02-504-3079
홈페이지 | http://www.zininzin.co.kr
이메일 | pub@zininzin.co.kr

ⓒ 진인진 2016
ISBN  978-89-6347-308-6   93900

# 발간사

주지하다시피, 원천리유적은 지난 2010년과 2011년에 4대강살리기사업의 일환으로 북한강유역 정비 사업을 시행하는 과정에서 예맥문화재연구원이 발굴한 유적으로서, 북한강 최상류 권에서 처음으로 대규모의 백제 취락과 유물이 출토되면서 학계의 주목을 받게 되었습니다. 특히 전형적인 한성백제시기의 토기류와 함께 발굴된 마구와 이식 등은 유적의 지형지리적인 위치 및 취락 및 주거지의 구조와 더불어 한성백제의 통치영역과 사회정치에 대한 구체적이고 진전된 설명을 제공하는 획기적인 증거와 자료로서 주목을 받게 되었으며, 유적의 발굴이후 관련 학자들 사이에서 활발한 논의가 꾸준히 진행되어오고 있습니다.

이에 부응하여, 한림고고학연구소에서도 지난 2013년 12월 6일에 '백제의 변경-화천 원천리유적'의 제목으로 학술세미나를 개최하였습니다. 이 세미나에서는 원천리에서 출토된 마구와 철기, 장신구, 토기, 주거지와 취락의 구조 뿐만 아니라 원천리유적의 정치사회적인 배경과 역사적 해석 등 고고학적이고 역사적인 차원에서 집중적인 연구와 토론이 이루어졌으며, 한성백제의 영역과 정치사회적인 상황에 대한 새로운 사실의 확인과 주장이 도출된 바 있습니다.

이러한 원천리유적의 고고학적 중요성과 한성백제연구에의 기여를 고려하여 한림고고학연구소에서는 학술세미나의 개최에 멈추지 않고, 그 결과를 좀 더 보강해서 이번에 '백제의 변경'의 제목으로 한림고고학연구소 연구 총서 제2집을 간행하게 된 것입니다. 따라서 이 책은 원천리유적이 제시하는 고고학적이고 역사적인 사실과 그 의미를 백제연구자뿐만 아니라 학계 전체가 오래기간 동안 공유할 수 있는 계기가 될 것으로 기대합니다.

책의 구성과 집필진을 소개하면, 〈한성기 백제와 화천〉은 충남대학교 고고학과의 박순발 선생님, 〈화천지역 철기-삼국시대 취락의 변천〉은 한림고고학연구소의 심재연 연구교수, 〈화천 원천리유적 토기〉는 국립중원문화재연구소의 한지선 선생님, 〈원삼국-한성백제기 화천지역 출토 철기〉는 예맥문화재연구원의 이상길 연구원, 그리고 〈원천리유적 출토 마구〉는 한강문화재연구원의 권도희 선생님 등이 담당하였습니다. 경험적으로 보면, 일정지역권에서 동일한 성격의 유적이나 유물이 단독으로 발견되는 것은 드물기 때문에 원천리유적의 발견은 북한강의 상류권역을 따라서 동일하거나 시기 문화적으로 근접한 유적의 등장가능성을

보여주는 것입니다.  주지하다시피, 강원도, 특히 강원영서지역은 신석기시대와 청동기시대
뿐만 아니라 철기시대와 한성백제기에 이르기까지 한반도 중부지역의 중심문화의 형성과정
에 있어서 핵심적인 고고학적 유물유적이 지속적으로 발견되고 있는 지역입니다. 이런 의미
에서 이번 원천리유적에 대한 본 저서가 새로운 연구와 과제설정의 시작을 알리는 출발점이
라는 생각이 듭니다. 본 저서의 간행과정에서 실무를 담당한 한림고고학연구소의 심재연 연
구교수와 여러 가지 불리한 조건에도 불구하고 본 저서의 출판을 흔쾌히 맡아주신 진인진의
김영진 사장님, 김지인 부장님, 배원일 팀장님께 감사의 마음을 전합니다.

2016년  10월  15일

한림고고학연구소장     노 혁 진

목<br>차

# 한성기 백제와 화천

박순발(충남대학교 고고학과)

## ::목차

# Ⅰ. 한성기 백제 고고학의 쟁점

## 1. 深鉢形土器의 출현 시기

한강유역 원삼국시대 토기편년 상에 중요한 위치를 차지하고 있는 것이 深鉢形土器의 출현 시점이다. 주지하는 것처럼 경질무문토기 煮沸用器 가운데 소형 자비용기를 타날토기 제작 기법으로 만든 것이 심발형토기이고, 대형 자비용기에 타날기법이 적용되면서 저부가 원저 화된 것이 長卵形土器이다. 대형의 경질무문 자비용기에 타날이 확인되는 것은 남양주 長峴 里 16·29호 주거지 단계, 충주 荷川里 F-1호 주거지 단계 등이다. 그 직전 단계로 판단되는 것은 渼沙里 한양대 A-1호 주거지 토기인데, 이 두 유적에서 공히 관찰되는 격자타날된 대 형호의 기형적 유사성으로 그러한 추정이 가능하다(朴淳發 2004). 자비용기에 타날이 적용 된 것 시점이 장현리 16·29호 주거지 및 하천리 F-1호 주거지 단계라면 그 상한에 해당하는 것이 미사리 A-1호 주거지 시기가 될 것이다. 이 주거지에서 출토된 방격사유경 방제경의 시간적 위치가 주목되는 이유이다.

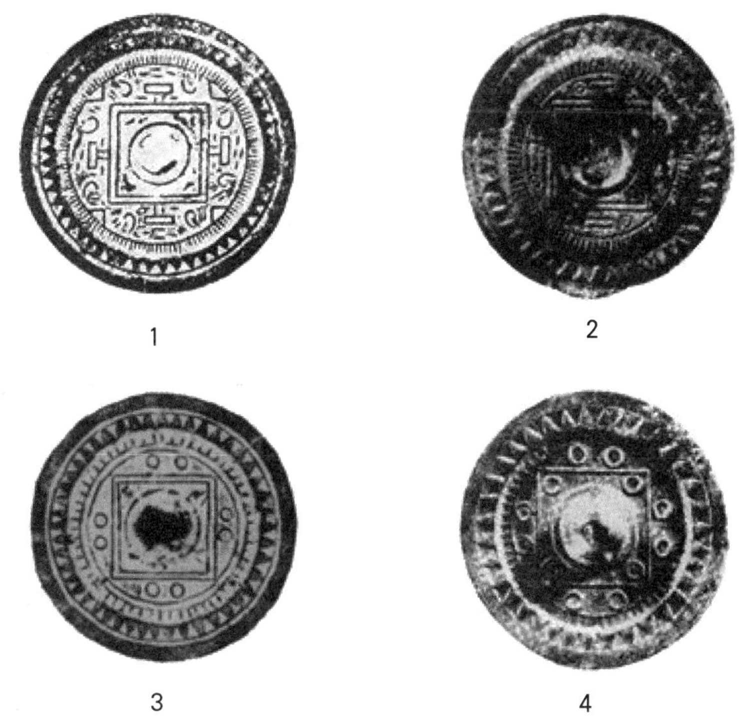

1       2

3       4

그림 1　簡化博局鏡

미사리 A-1호 방제경에 대해 그 元鏡이 後漢 晩期부터 西晉代까지 성행하므로 방제경은 200년을 전후한 시기의 것으로 이해하였으며(朴淳發 2003 ; 2009), 구체적으로 150~200년 사이의 기간으로 추정하기도 하였다(朴淳發 2004). 이에 대해 3세기 후반으로 늦춰 보는 이견(김일규 2007)이 제기되면서 최근 3세기 이후로 보는 견해(한지선 2013)도 있다. 여기서 미사리 방제경의 연대에 대해 구체적으로 검토해 보기로 한다.

먼저, 미사리 방제경의 鏡式的 기원을 보자. 지금까지 중국에서 출토된 여러 경식 가운데 그 前身으로 인정되고 있는 方格規矩鏡 혹은 博局鏡으로 부르는 것이다. 최근 연구(翟春麗 2013)에 의하면 그것이 간략화된 이른바 簡化博局鏡 혹은 簡式博局鏡은 동한 중기 이후에 등장한다. 필자가 판단하는 출현기 간화박국경의 예로는 洛陽 燒溝漢墓 20호 博室墓 출토품(洛陽區考古發掘隊 1959 ; 그림 1의 1), 洛陽西郊7011호 전실묘 출토품(中國社會科學院考古研究所洛陽發掘隊 1963 ; 그림 1의 2,4), 북경 부근 廊坊市 동한묘 출토품(廊坊市文物管理處 2004; 그림 1의 3) 등을 들 수 있다. 소구한묘 20호묘는 소구한묘 6기에 비정되고 있는데, 보고서에서 명시한 분기별 역연대[1]에 의하면 桓帝-獻帝에 해당하는 147~160년이다. 낙양서교 7011호묘는 소구한묘의 제 5기에 해당하는 동한 중기로 비정되고 있는데, 그 역연대는 76~146년 사이이다. 이 무덤에서는 鈕座 方郭의 각 변 중간에 1乳씩 배치된 방격사유경(그림 2의 5)도 함께 나오므로 간화박국경에서 처음으로 방격사유경이 등장하는 시점을 판단하는 자료로 중요하다. 그리고 낙양서교 7011호묘 출토품과 거의 같은 거울이 廊坊 한묘에서도 확인되는데, 보고자는 동한 중조기로 비정하고 있다. 이들 자료로 미루어 간화박국경에서 방격사유경으로 이행되는 과정은 다음과 같이 이해할 수 있을 것이다.

유좌 방격 각 변 중앙에 'T'자형 문양 배치 단계(간화박국경 I) →
유좌 방격 각 변 중앙에 'T'자형 문양과 그 양측에 각 1乳 배치 단계(간화박국경 II) →
유좌 방격 각 변 중앙 'T'자형 문양 소멸(간화박국경 III)·
유좌 방격 각 변 중앙에 1유 배치 단계(방격사유경 성립)

그리고 전술한 연대에 의해 간화박국경에서 방격사유경으로 이행되는 시기를 동한 중기의 늦은 시점인 기원후 150년 전후로 판단할 수 있다. 그러면 방격사유경 경식들이 부장된 중국

---

1 소구한묘 보고서에서 제시한 분기별 역연대는 다음과 같다.
제1기 武帝-宣帝(기원전 118-기원전 65), 제2기 宣帝-元帝(기원전 64-기원전 33), 제 3기 전기 成帝-王莽(기원전 32-기원후 6) 제3기 후기 왕망-광무제(기원후 7-39), 제4기 광무제-明帝(기원 40-75), 제5기 章帝-質帝(기원 76-146), 제6기 桓帝-獻帝(147-160년).

각지 무덤들의 구체적인 연대 비정의 예를 살펴보기로 하자.

그림 2의 1은 낙양 무덤군에서 출토된 것이다. 보고서(蔣若是·郭文軒 1957)에는 구체적인 출토 위치가 명기되지 않은 채 晉墓로 기술하고 있으나 최근 중국측의 연구 성과로 미루어 동한 중기 이후에 해당되는 것임은 전술한 내용으로써 잘 알 수 있을 것이다. 그림 2의 2는 江蘇省 高資縣 동한묘 출토품(李文明 1988)인데, 그림 2의 1과 동일한 경식임을 알 수 있다. 보고자는 동한 早期로 비정하고 있으나 전술한 바와 같이 이러한 경식의 성립 시기로 미루어 동한 중기로 하강하는 것이 적절할 것으로 판단된다. 그림 2의 3은 전술한 바와 같이 낙양서교 7011호묘 출토품으로 유좌 방격 각 변 중앙에 1유씩을 배치하고 그 좌우에 3조의 弧線을 부가한 것이다. 이와 같은 것으로는, 浙江省 黃岩縣 秀嶺水庫 53호묘 출토품(朱伯謙 1958 ; 그림 2의 6)과 평양 大同江面, 즉 현재의 낙랑구역에서 출토된 것(朝鮮總督府 1925 ; 그림 2의 7) 등이 있다. 황암 53호묘가 포함된 일련의 무덤에 대해 보고자는 晉代로 비정하면서, 53호묘는 동한묘와 유사한 구조를 가지고 있다고 언급하고 있다. 이러한 폭 넓은 연대 비정으로 인해 국내 일부 연구자는 그 시기를 3세기 중엽으로 늦춰 보고, 그에 연동하여 미사리 A-1호 주거지 방제경 및 심발형토기의 출현 시점을 하강하는 근거로 삼고 있다.

그런데 최근 江蘇省 常州 憚家墩 漢墓(江蘇常州博物館 2011 ; 그림 2의 3)에서도 그와 매우 흡사한 동경이 보고되었다. 자세히 보면 유좌 방격 각 변 중앙 1유 좌우에 직선화된 2조의 호선이 배치되어 있어 황암 53호묘 및 대동강면 출토품보다 더욱 간략화 경향을 보이고 있다. 보고자는 이 무덤을 동한 중만기로 비정하고 있다. 따라서 황암 53호묘 출토품은 적어도 이와 같거나 그 이전에 해당하는 것으로 보는 것이 합리적이다. 이러한 추정을 뒷받침하는 것으로서 평양 낙랑구역 貞柏洞 167호 목곽묘에서 출토된 거울(리순진·김재용 2002 ; 206~207)이 주목된다. 정백동 167호 목곽묘는 이른바 귀틀무덤으로 보고자들은 기원전후 ~2세기 초 무렵으로 비정하고 있다. 그 출현은 낙랑 분묘 제II기(기원전 1세기 후반)에 출현하지만 제III기(기원후 1세기대)와 IV기(기원후 1세기 말~2세기대)에 성행하다가 일부는 제V기(3세기 전반대) 이른 단계까지 이어지므로(高久健二 1995) 그 하한은 대체로 200년을 넘지 않을 것으로 보아도 좋을 것이다. 정백동 167호 목곽묘 출토 동경에 대해서는 다음과 같은 형태 묘사만 있을 뿐 도면이나 사진이 제시되지 않았으나 그 내용으로 미루어 대동강면 출토품 및 황암 53호묘 출토품과 같은 것임은 분명하다.

"뒷면의 한가운데에 반구형의 꼭지가 있고 그것을 중심으로 하여 정방형띠무늬, 사선무늬띠를 돋치고 그 밖에 넓적한 테두리를 돌리였다. 정방형 띠무늬와 사선무늬띠 사이에는 정방형띠무늬의 매변의 중심부분에 원방형무늬를 1개씩 돛치고 그 좌우 량쪽에 반고리(∩)형 무늬 3개씩 돋쳤다. 넓적한 테두리에는 안쪽으로 3분

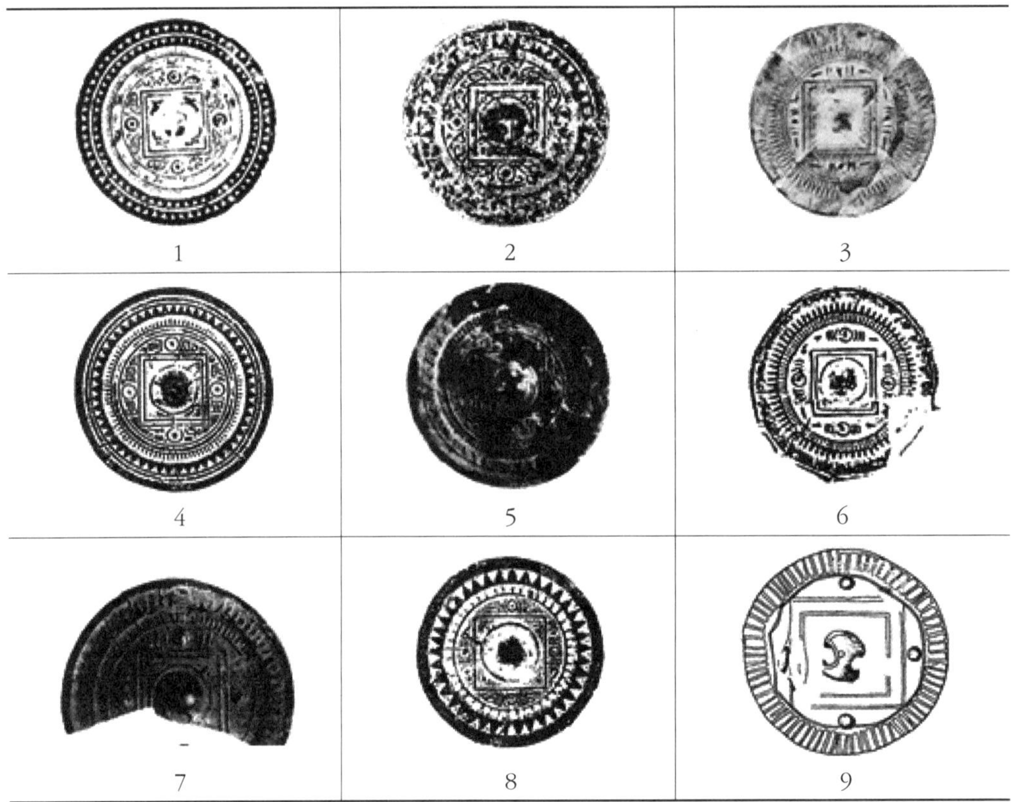



그림 2 　方格四乳鏡과 漢沙里 仿製鏡

의 2정도 한단 낮추고 거기에 톱날무늬를 돋쳤다.(중략) 퇴화형의 《사신규구경》이라고 볼 수 있다."

　그 밖에 河南省 禹縣 白沙 301호 전실묘 출토품(安金槐·賀官保 1959 ; 그림 2의 4)에는 '家常富貴' '長宜子孫' 등 吉祥句가 방격 각 변 유의 주변에 배치되어 있는데, 보고자는 동한 중기로 비정하고 있다. 陝西省 寶鷄市 鑪車廠 漢墓 출토품(馬儉 1981 ; 그림 2의 8)은 유좌 방격이 단선으로 되어 있고 각 변 중앙 배치 1유 좌위에 문양이 없다. 보고자는 동한 만기로 비정한다.

　이상 지금까지 알려진 방격사유경의 사례를 통하여 그 출현 시기가 동한 중만기임을 확인할 수 있으며, 당시 유행하던 방격사유경이 낙랑지역에도 유입되어 나아가 미사리 A-1호 주거지 출토 방제경의 母範이 되었음을 알 수 있다. 방격사유경의 부장 시기폭이 동한 중만기인 점을 감안하면 화재로 폐기된 미사리 방제경의 제작 혹은 사용시점은 그와 대체로 동시기로 보아 좋을 것이며, 이는 기왕에 제시한 필자의 연대관과 같다. 따라서 현시점에서 미사리 방제경의 하한은 200년보다 더 내리기 어렵다.

10

전술한 바와 같이 미사리 A-1호 주거지 다음 단계인 남양주 長峴里 16·29호 주거지 단계 및 충주 荷川里 F-1호 주거지 단계에는 경질무문토기 기종에 격자 타날이 채용되기 시작한다. 그 가운데 소형은 곧 격자타날 심발형토기와 다르지 않으므로 대체로 200년 이후에 심발형토기가 출현하는 것으로 볼 수 있는 것이다. 그리고 김제 深浦里 주거지에는 격자타날 심발형토기와 帶頸壺가 공반되고 있는데(朴淳發 2001 ; 그림 3의 3,4), 그와 유사한 대경호가 일본의 쇼나이(庄內)-후루(布留) 이행기 토기와 공반된 東萊패총(그림 3의 1,2)의 사례로 보면 적어그림 3세기 중엽 이전에(朴淳發 2012) 호남지역에서도 격자타날 심발형토기가 등장하였을 것으로 판단된다.

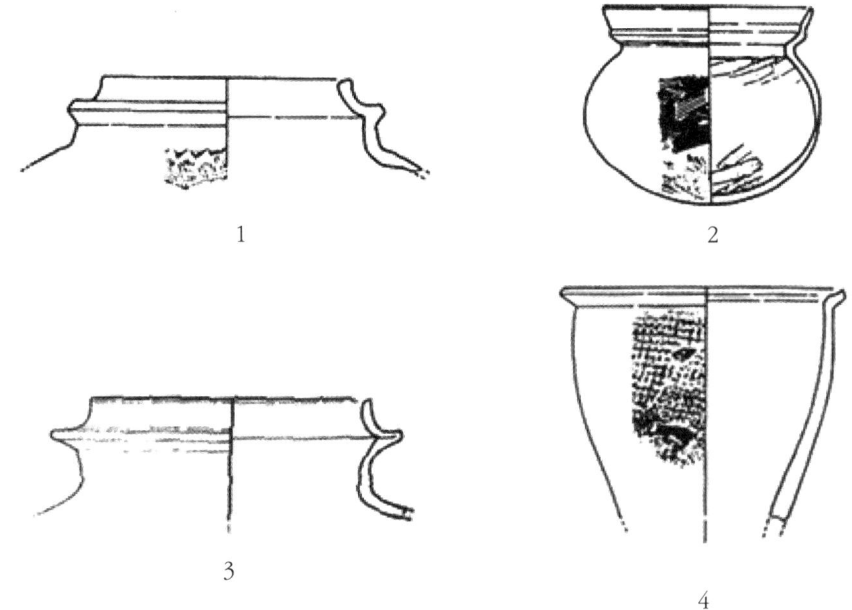



그림 3  格子文深鉢形土器 共伴 帶頸壺 및 土師器

이로써 한강유역 및 중서부지역의 심발형토기는 200~250년 사이에 출현하였으며, 최초의 심발형토기는 격자타날된 것으로 판단된다. 승문타날 심발형토기는 백제가 국가로 성장하였던 한강유역에서 발생하였을 것으로 추정되나 아직까지 구체적인 지점을 특정하기는 어렵다. 다만 이른 시기로 판단되는 승문타날 심발형토기는 저부와 동체 하부의 접합 부위까지 연속적으로 타날되어 있는 것이 주목되며, 그 가운데는 동체 하단 및 저부에 걸쳐 격자타날이 부분적으로 적용된 것도 있다. 이러한 기법은 동체하단과 저부에 걸쳐 깎기 수법이 적

그림 4　백제 국가 성립기 승문계심발형토기의 분포

용된 것보다 선행하는 것으로서[2] 그 분포지점은 풍납토성 내부 취락, 파주 주월리, 원주 법천리, 춘천 중도, 화천 원천리, 그리고 진천 삼용리 요지 등 비교적 광범위하여 백제의 국가 성립기에 수반된 지역간 통합과 일정한 연관이 있는 것으로 이해된다(그림 4 참조).

---

2　심발형토기를 비롯한 평저 기종에서 저부와 동체하단을 접합하는 기법으로는 2가지가 관찰되고 있다. 저판을 양측 기벽 하단 중간에 끼워 넣는 기법에서는 동체하단 및 저부에 걸친 타날이 행해지는데 비해 저판을 양측 기벽 아래에 놓고 접합하는 기법에는 깎기 접합이 행해진다. 전자는 후자에 비해 먼저 출현하여 후자 기법으로 이행되고 있음이 진천 삼용리·산수리 요지 제품 분석을 통해 확인된 바 있다(김근완 2006).

12

동체 하단 및 저부에 걸쳐 타날이 가해진 심발형토기가 제작된 곳으로 판단되는 진천 삼용리 88-1호 요지는 진천 요지군 가운데서도 가장 이른 단계로 비정되고 있다. 요지와 인접한 주거지에서는 격자타날 심발형토기도 출토되고 있어 진천 요지군의 조업 개시 시점에 이미 격자타날 심발형토기가 제작 사용되었음을 알 수 있다. 진천 요지군의 1기는 3세기 전반~중후반으로 비정되는데(류기정 2006), 대략 3세기 중후엽 이후로 잠정할 수 있을 것으로 보인다. 이 시기는 인접한 진천 石帳里 제철유적(國立淸州博物館 2004)의 조업 개시 시점과도 거의 일치된다. 진천 요지군은 지금까지 발견된 이 시기 요업 생산지로서는 그 유례가 없을 정도로 대규모이고 장기 지속적이어서 그 운영 주체가 小國의 수장으로 보기는 어렵다. 요업 개시 이후 단절 없이 백제 양식의 토기 생산으로 이어지고 있는 점으로 미루어 운영 주체는 국가 성립기의 백제였을 것으로 보아도 좋을 것이다. 전술한 바와 같이 고식 심발형토기 제작기법이 적용된 제품의 분포 범위가 풍납토성을 비롯한 광범위한 지역에 걸쳐 있는 점도 그러한 추정을 가능하게 한다. 이러한 추정이 가능하다면, 저부와 동체 하단부에 걸쳐 격자타날 등 타날이 가해진 심발형토기는 백제 국가 성립기에 전업화된 요업 생산기지에서 비롯되었을 가능성이 크며, 그 시기는 구체적으로 3세기 중후엽으로 비정할 수 있을 것이다. 동시기 백제는 요업 생산단지뿐 아니라 석장리와 같은 철생산 기지도 운영하였던 것이다.


## 2. 백제 국가 성립 시기

백제 국가 성립과 관련된 고고자료로서 성곽취락의 등장, 대형분묘의 출현, 특정 토기 양식의 성립과 확산 등을 들 수 있다. 이 들 삼자가 정확히 시기적으로 일치하지는 않을 수도 있으나, 그 가운데 가장 중요한 근거가 될 수 있는 것은 정치적 중심지의 성립이다. 지금까지 알려진 고고자료로 보면 중국을 비롯한 한반도 지역에서는 국가 성립기에 성벽취락이 등장하는 것으로 이해된다. 따라서 백제의 국가 성립 시점 비정은 우선 한강유역에서 성벽 취락이 언제 등장하는 가의 문제와 다르지 않다.

이와 관련하여 필자는 최근 풍납토성 성벽 절개 조사 결과를 감안하여 대략 250~300년 사이에 풍납토성의 축조가 이루어졌던 것으로 보았다(朴淳發 2012). 그 이후 2011년 풍납토성 동성벽 절개 조사를 결과를 종합하여 축성 연대를 비정한 연구 결과(이성준·김명진·나혜림 2013)가 발표되었다. 그에 따르면 풍납토성 동성벽은 기원후 3세기 중후반~4세기 초반의 어느 시점에 착공되어, 늦어도 4세기 중반 이전에 완공되었던 것으로 보인다. 착공과 완공이라는 약간의 시간차는 있으나 기존에 필자가 비정한 연대관과 대차 없다. 착공시점이란 축성을 위한 기반 조성층에 포함된 이른바 풍납토성 제1단계에 해당하는 것이므로 250~300년 사이에 축성 계획에 의거 공역이 시작되었던 것이다. 성벽취락을 조영하려는 계획의 수립과 집행의 주체는 국가로 성립된 백제임은 두 말할 필요 없으므로 백제의 국가 성립을 3세기 4/4분기로 비정한 필자의 견해와 다르지 않다.

경당 196호 화재 주거지 출토 錢文陶器의 연대관에 의해 간접적으로 풍납토성의 축성 시점을 비정하는 것에서 벗어나 성벽 출토 시료와 유물에 의해 더욱 직접적인 연대자료를 확보할 수 있게 됨으로써 백제 국가 성립 시점을 둘러싼 그간의 이견들을 불식할 수 있을 것으로 기대된다.

백제가 마한의 일원으로 시작하여 마침내 국가로 성장할 수 있었던 과정에 대해서는 대방 등 중국 군현과의 밀접한 관계망 형성이 중요하였던 것으로 이해된다. 기왕에 그에 대한 견해를 발표한 바(朴淳發 2012) 있으나 대강을 소개하면 다음과 같다.

백제 건국을 주도하였던 溫祚집단은 기원전 1세기 말경 한강유역에 정착하였던 것으로 볼 수 있다. 이들이 정착한 한강하류 지금의 서울지역은 세형동검기 후기 즉, 초기철기를 수반한 단계에는 뚜렷한 고고학자료가 확인되지 않는 점으로 보아 당시 주변지역으로서, 한강 및 임진강 중상류 유역에 분포하였던 예계집단과 마한의 경계지역에 해당한다. 고조선 병행기 한강유역 정치체의 모습은 적어도 多鈕鏡 등 청동의기의 분포를 통해 보는 한 확인되지 않아 주변지역에 비해 정치·사회적 발전이 늦은 것으로 이해된다.

그러나 낙랑등 군현설치 이후 한강유역은 교역의 요충으로 부상하게 된다. 가평 대성리을 비롯한 前漢 시기 군현 문물을 출토하는 유적들은 그러한 추정을 가능하게 한다. 이 무렵까지 백제 발상지인 서울지역은 아직 두각을 나타내고 있지 않다. 그렇지만 이러한 군현 문물을 풍부히 향유하던 세력이 온조와 연관된 집단일 가능성을 배제하기는 어렵다. 2세기 중후반 이후 桓·靈之末에 들면서 후한정권의 혼미와 함께 토착 사회에 대한 군현 통제력의 쇠퇴와 더불어 다수의 군현민이 韓으로 유입되었다. 이때 다수의 군현민이 유입될 수 있는 지정학적 위치는 바로 한강유역이다. 伯濟國이 부상할 수 있는 동력은 이 무렵과 밀접한 관련이 있을 것으로 판단된다. 최근 풍납토성 내부 취락 조사과정에서 다수 출토되는 2세기 후반대의 낙랑계 토기 및 낙랑계 유물 등은 그러한 당시의 사정과 무관하지 않을 것이다.

公孫氏政權(189~238년 존속) 정권은 군현민의 유출로 황폐한 낙랑 남변에 帶方郡을 설치하고 한·왜와의 교역창구로 삼았다. 대방군 설치의 의도는 기본적으로 고구려와의 대결구도에 있던 공손씨 정권이 그 후방에 있는 한과의 우호적인 관계유지를 위한 측면이 있으므로 한사회의 내적 통합을 크게 제어하기는 어려웠을 것이다. 이러한 정세 하에서 백제의 북방에 인접한 臣濆沽國 등은 그 이남의 토착사회와 군현사이의 교역으로 경제적 이득을 구가할 수 있었을 것이다. 246년 무렵 曹魏의 교역망 재편 시도는 한사회의 불만을 야기하고 대방군을 공격하는 사건으로 비화된 배경은 바로 그러한 사정을 반영하고 있을 것이다. 백제도 이 사건에 연루된 점으로 미루어 기존 교역망을 일정 정도 장악하고 있었던 것으로 볼 수 있다.

『삼국사기』백제본기 책계왕 원년조의 기사는 선대에 이미 대방 王女를 왕비로 맞아들임으로써 백제가 대방의 "舅甥之國"임을 잘 보여주고 있다. 이러한 정치적 연계를 통해 백제는 여타 마한 소국에 비해 빠른 속도로 정치·사회적 성장을 달성할 수 있었을 것이다. 이 과정에서 주목되는 고고자료가 즙석식적석묘의 분포이다. 필자는 기존에 이 무덤을 예계집단의 묘제로 이해해 왔다. 그러나 최근까지 알려진 고고자료로 보면 예계 묘제가 모두 이와 같은 것은 아닌 것으로 보인다. 지역적으로는 예계집단의 분포지와 밀접한 관련을 보이는 것은 사실이지만, 시기적으로 200~250년 사이에 집중될 뿐 아니라 그 입지가 교통로 상의 渡津에 위치하고 있는 공통성을 보이고 있다. 그리고 거의 모든 즙석식적석묘 부장품에 낙랑·대방 등 군현 기원 장신구나 토기가 포함되어 있다.

이러한 점으로 미루어 각지의 즙석식적석묘 축조집단은 낙랑·대방으로 이어지는 내륙 교역로의 중요 거점을 장악하고 있었던 것으로 이해할 수 있다. 대체로 예계집단 분포 지역에 밀집되어 있기는 하나 개성-연천으로 이어지는 임진강 수계를 통과하는 교통로와, 화천-춘천-양평으로 이어지는 북한강 수계 교통로, 양평-제천-정선으로 이어지는 남한강 수계 교통로, 마지막으로 이들과 연계되는 것으로서 가장 남쪽에 위치한 금강 중상류의 청원으로 이어지는 교통로 등을 상정할 수 있다. 백제가 이들을 장악하는 과정에서 예계집단 혹은 해당 지역 재지세력과 빈번한 전쟁이 있었던 것으로 이해할 수 있다.

曹魏에 이어 등장한 서진 정권과 병행하는 3세기 중후반경에 이르러 백제는 군현으로 통하는 광역 교역망을 장악한 것으로 추정된다. 이후 한반도를 벗어나 멀리 랴오양에 소재한 서진의 동이교위부와의 원거리 교섭 주도를 통해 마침내 마한의 牛耳를 잡게 된다. 풍납토성 및 몽촌토성에서 출토된 장강유역 기원 전문도기 등은 이러한 과정을 통해 유입되었을 것으로 보인다.


## 3. 백제토기의 성립과 분기


백제토기란 국가 단계 정치체로서 백제의 영역 내에서 생산되고 사용된 일련의 토기를 의미한다. 그러므로 백제토기의 성립 시점은 전술한 바와 같이 백제의 국가 성립 시점인 250~300년 사이에 해당됨은 두 말할 필요 없다. 이 기간에 해당되는 유적에서 출토된 토기

들을 백제토기 성립기의 토기상으로 이해할 수 있는데, 대표적인 기종으로는 전술한 바 있는 저부와 동체 하단에 걸쳐 타날을 한 승문계 심발형토기, 견부 문양대가 있는 흑색마연토기 직구광견호 등이 대표적이다. 이후 양식화된 백제토기에 대한 분기 및 양상에 대해서는 2단계 혹은 3단계로 구분하는 견해 등이 있으나 분기 설정의 기준 및 각 분기별 대표적인 기종 구성 및 세부 토기상에 대해서는 연구의 진전이 필요하다.

종래 필자가 몽촌토성 발굴결과를 토대로 한성기 백제토기를 전기와 후기로 구분한 것은 최근 신자료의 증가와 더불어 더 이상 고고학 편년의 기준으로서 의미를 가지기 어렵게 되었다. 따라서 한성기 백제토기의 대표적인 기종으로 언급되어 온 고배, 직구단경호, 광구장경호, 기대 등 각 기종별 출현 시기 및 변천 양상 역시 새롭게 구성될 필요가 있다. 다만, 원삼국 시기와 백제 국가 성립기의 분기점을 250~300년의 기간으로 할 수 있는 점에 대해서는 큰 문제가 없으므로, 이를 "成立期" 혹은 "早期"로 부를 것을 제안한다.

이후 대략 4세기 중엽경까지 기간에 걸친 시기에는 승문계 심발형토기가 마한 지역으로 확대되는 양상을 보이면서 그 제작기법에서도 변화가 나타난다. 저부와 동체하단을 접합하는 방식이 夾板式, 즉 저판을 동체 양벽의 가운데에 끼워 넣고 타날로 마감하는 방식에서 添板式, 즉 저판을 동체 양벽 하단에 붙이고 접착을 위해 정면구로 깎는 방식으로 전환된다. 그러므로 적어도 심발형토기의 제작기법에 의해 구분한다면 대략 4세기 초를 분기 기준으로 설정할 수 있을 것이다. 이후 4세기 중엽경에는 원주 법천리 2호묘와 같이 중국제 청자 양형기와 공반된 직구단경호가 등장한다. 이 직구단경호는 평저로 되어 있어 선행 기종인 직구광견호의 영향을 받은 것으로 보이는데, 직구단경구형호가 평저화된 직구단경호보다 먼저 등장하였는지 여부는 이로써는 분명하지 않으나 필자의 종전 견해처럼 직구단경호의 출현 계기를 중국 동북지역에 위치한 東夷校尉府와의 장거리 교섭으로 이해한다면 직구광견호와 직구단경호가 공존하였던 시기도 상정 가능하다. 이 무렵에 고배와 삼족기 등도 등장하였을 것으로 추정되나 이들 기종이 분묘에 부장되는 시점은 현재로서는 5세기 후반대이므로 양호한 근거 자료 확보가 용이하지 않다. 한성기의 마지막 단계는 분묘에 광구장경호가 부장되는 시기로 비정할 수 있는데, 대략 4세기 3/4분기 이후로 보인다. 이를 분기점으로 하면 4세기 초~4세기 3/4분기까지를 한성기 백제토기 전기로 하고 그 이후 4세기 말~475년까지를 한성기 백제토기 후기로 할 수 있을 것이다.

# Ⅱ. 한성기 백제와 화천

화천지역에는 居禮里를 중심으로 2세기대에 낙랑계토기들이 집중 출토하고 있는데, 이는 인접한 춘천 율문리·근화동, 가평 대성리 등지의 사정과 다르지 않다. 이들의 시간적 위치에 대해 100~200년 사이로 편년하는 견해(홍주희 2012)가 발표되었는데, 필자도 대체로 그에 공감한다. 그 가운데 평저호로 이름 붙여진 기종을 보면 頸部에 突線 혹은 凹條가 있고 견부와 동체 상반부에 걸쳐 평행선조가 돌려진 것이 주목된다. 이와 유사한 기종들은 낙랑구역 고분 조사(리순진·김재용 2002)에서도 확인되기 때문이다. 전후2실로 구성된 전실묘인 貞柏洞163호묘에서 출토된 "목긴단지"가 그것인데, 토기의 모양에 대한 설명은 다음과 같다.

"보드라운 진흙으로 만든 적살색의 그릇이다. 몸체는 둥그스럼하며 밑은 몸체와 구별이 없이 궁그스럼하게 줄어 들다가 평퍼짐하게 끝났다. 긴 목은 마치 활대처럼 안쪽으로 휘여 들었고 아가리는 약간 밖으로 해바라졌다. 긴목에 는 아래우에 즉 아가리에서 5.5cm의 아래쪽에 2줄의 홈띠를, 어깨에서 3cm 되는 위쪽에 3줄의 홈띠를 각각 돌리였고 몸체에는 배가 부른 바로 위쪽에 3줄이 홈띠를 돌리였다."

"목긴단지"는 磚槨墓인 南寺里 27호묘[3]에서도 나왔는데, 다음과 같이 묘사하고 있다.

"밑은 납작하고 몸체는 배가 부른 타원형이며 목은 우로 약간 벌어 졌고 아가리는 밖으로 해바라졌다. 긴 목에는 마디모양의 띠가 3줄 돌아 갔다."

이러한 "목긴단지"를 부장한 낙랑무덤은 高久健二의 낙랑 Ⅳ기와 Ⅴ기에 해당되며, 그 역연대는 2세기대~3세기 전반이다. 사실 이와 같은 기종들은 중국 江蘇省 북부 지역 일대에서 동한 중기~만기[4]에 걸치는 시기의 전실묘에서 전형적으로 확인된다(南京博物院·邳州博物館 2010). 저화도의 유약을 입힌 釉陶壺가 그것이다(그림 5의 3,4). 邳州 山頭 동한묘 출토품은 화천 거례리 출토품과 같은 기종임을 알 수 있는데, 이들이 낙랑지역에 들어와 토기로 제작되어 전술한 낙랑 Ⅳ, Ⅴ기 무덤에 부장되었으며, 화천 거례리(그림 5의 1,2)와 같은 군현 주

---

3  보고서 242쪽에는 "남사리25호"로 되어 있으나 내용을 종합해보면 남사리 27호의 오기로 판단된다.

4  東漢의 分期는 부期·中期·晩期로 3분하는 것이 일반적이다. 조기는 光武帝~章帝 재위 기간(26~87년), 중기는 和帝~質帝 재위 기간(88~146년), 만기는 桓帝~獻帝 재위 기간(147~220년)이다.

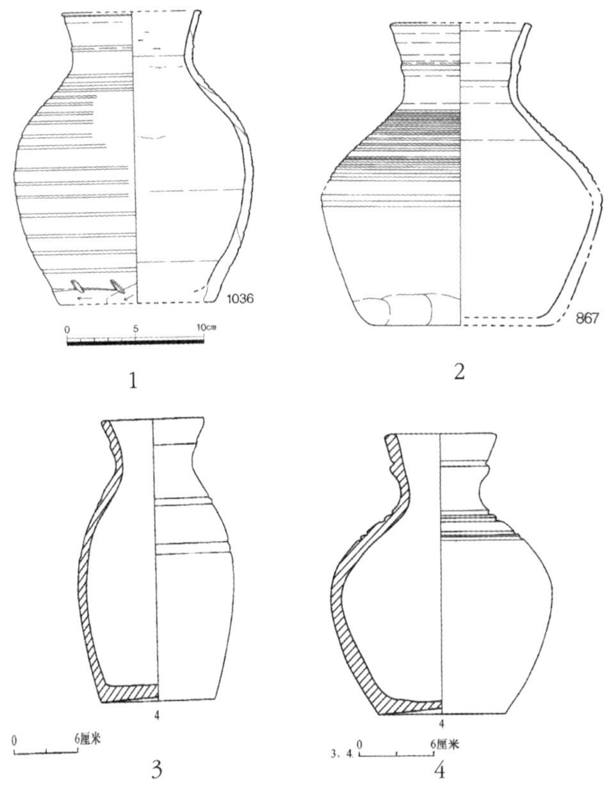



그림 5　華川 地域 樂浪系土器와 東漢 中晚期 比較資料

변의 취락으로도 확산되었음을 추정할 수 있다.

거레리 취락 단계까지는 화천지역이 낙랑군현의 영향이 강하였을 것으로 추정되지만, 그 이후 단계인 화천 原川里 단계에 오면 낙랑의 영향은 확인되지 않는다. 대신 전술한 바와 같이 동체하단 및 저부에 타날이 있는 승문계 심발형토기나 흑색마연토기 직구광견호 등 국가 성립기의 백제의 영향이 확인되고 있다.

최근 흑색마연토기에 대한 연구(南相源 2013)에 의하면 ①백제의 중앙기술이 적용된 경우, ②백제 중앙에서 만들어진 것이 지방에 사여된 경우, ③백제 중앙의 기술을 모방한 예, ④토착 기술로 만들어진 예 등으로 구분될 가능성이 있다. 원천리의 ①에 해당하는 것으로서 백제의 중앙에서 위세품으로 사여된 경우로 이해된다.

이상의 정황으로 보면 화천지역은 3세기 전반경 이후 낙랑의 영향력 쇠퇴와 더불어 한강유역에서 250~300년 무렵 국가로 성장한 백제의 영향권에 편입된 것으로 이해되며, 그 지정학적 중요성으로 인해 백제는 화천지역을 특히 중시한 것으로 보인다. 이후 한성기 전기간에 걸쳐 화천은 인접한 춘천과 더불어 백제 영역 東界의 거점으로 역할하였을 것으로 이해된다. 다만 인근에서 묘역이 아직 확인되지 않고 있는 점은 원주 법천리 등과 대비된다. 그러한 차이에 대한 구체적인 검토가 필요하다.

18

**참고문헌**

國立淸州博物館, 2004, 『鎭川 石帳里 鐵生産遺蹟』.

김근완, 2006, 「鎭川 三龍里·山水里 窯址 出土 土器의 製作技法」, 『鎭川 三龍里·山水里土器 窯址群』, 韓南大學校中央博物館.

金一圭, 2007, 「한강유역의 원삼국시대 성립과정」, 『원삼국시대의 한강유역』(2007년도 제3 회 서울경기고고학회 정기발표회 논문집), 서울경기고고학회.

南相源, 2013, 『百濟 黑色磨硏土器 硏究』, 忠北大學校 大學院 碩士學位論文.

리순진·김재용, 2002, 『낙랑구역일대의 고분발굴보고』, 백산자료원.

朴淳發, 2001, 「深鉢形土器考」, 『湖西考古學』4·5.

______, 2003, 「漢城期 百濟 都城의 問題」, 『先史와 古代』19.

______, 2004, 「漢城百濟 考古學의 硏究 現況 點檢」, 『고고학』제3권 제1호.

______, 2009, 「硬質無文土器의 變遷과 江陵 草堂洞遺蹟의 시간적 位置」, 『강릉 초당동 유 적』, 한국문화재조사연구기관협회.

______, 2012, 「백제, 언제 세웠나-고고학적 측면-」, 『백제, 누가 언제 세웠나』('백제사의 쟁 점' 집중토론 학술회의), 한성백제박물관.

류기정, 2006, 「분기와 연대 분석」, 『鎭川 三龍里·山水里 土器 窯址群』, 韓南大學校中央博物 館.

이성준·김명진·나혜림, 2013, 「풍납토성 축조연대의 고고과학적 연구」, 『韓國考古學報』88.

한지선, 2013, 「한성백제기 취락과 토기유물군의 변천양상」, 『中央考古硏究』12, 中央文化財 硏究院.

홍주희, 2012, 「북한강 유역 원삼국시대 외래계 토기-낙랑계 토기를 중심으로-」, 『중부지역 원삼국시대 외래계 유물과 낙랑』(제 9회 매산기념강좌), 숭실대학교 한국기독교박 물관.

安金槐·賀官保, 1959, 「河南禹縣白沙漢墓發掘報告」, 『考古學報』1期.

翟春麗, 2013, 「山東地區東漢銅鏡硏究」, 山東大學碩士學位論文.

馬儉, 1981, 「寶鷄市鏟車廠漢墓-兼談M1出土的行楷體朱書陶瓶-」, 『文物』3期.

蔣若是·郭文軒, 1957, 「洛陽晉墓的發掘」, 『考古學報』1期.

江蘇常州博物館, 2011, 「江苏常州兰陵恽家墩汉墓发掘简报」, 『南方文物』3期

廊坊市文物管理處, 2004, 「廊坊市三間小崔各庄東漢墓」, 『文物春秋』4期.

李文明, 1988, 「江蘇高淳縣下报東漢墓」, 『東南文化』1期.

洛陽區考古發掘隊, 1959, 『洛陽燒溝漢墓』, 科學出版社.

南京博物院·邳州博物館, 2010, 『邳州山頭東漢墓地』.

中國社會科學院考古研究所洛陽發掘隊, 1963, 「洛陽西郊漢墓發掘報告」, 『考古學報』2期.

朱伯謙, 1958, 「黃岩秀嶺水庫古墓發掘報告」, 『考古學報』1期.

朝鮮總督府, 1925, 『樂浪郡時代の遺蹟』下冊.

**02** 한림고고학연구소 연구 총서 2

# 화천지역 철기~삼국시대 취락의 변천

심재연(한림대학교 한림고고학연구소)

## ::목차

# I. 머리말

북한강 최상류지역인 화천지역은 화천 용암리유적이 확인되기 전에 이루어진 고고학 발굴 조사는 용암리와 위라리 일부에서 조사가 이루어졌다. 그런데 최근 4대강 사업의 일환으로 화천지역에 대한 대규모의 발굴조사가 이루어져 청동기시대와 철기시대 문화 양상의 대강을 파악할 수 있게 되었다. 특히, 원천리유적의 확인은 그 동안 다양하게 해석되었던 한성백제 의 東界를 획정하는데 중요한 단서를 제공하여 주었다. 그러나 이 원천리유적에 대한 중심연 대는 이견이 제기되고 있어 삼국시대 백제사를 연구함에 있어 앞으로 해결하여야할 중요한 과제가 되고 있다.

한편, 원천리유적으로 대표되는 취락 이외에 춘천분지와 홍천강유역을 중심으로 확인되던 낙랑(계)토기를 동반하는 주거지가 원천리유적 대안인 거례리유적과 북한강 최상류지역인 양구 고대리유적에서 확인되고 있다. 이처럼 낙랑(계)토기의 분포가 북한강 최상류지역까지 확인되는 것은 이 시기에 각 지역별 토기의 생산과 유통이 광범위하게 이루어졌음을 보여주 고 있다.

그리고 거례리유적과 고대리유적에서는 그 동안 관행적으로 呂·凸字形 주거지가 철기시 대 주거의 평면 형태를 대표하는 것으로 보아왔던 것에 비하여 (장)방형 주거에 구들이 시설 된 주거지가 지속적으로 확인되고 있어 이에 대한 검토가 필요한 시점이 되었다.

따라서 이번 글에서는 북한강 최상류지역에서 확인된 철기~삼국시대 유적을 소개하고 각 유적에서 출토된 낙랑계토기에 대한 기본적인 검토를 시도해보고, 주거내부에서 시설된 구 들에 대한 계보, 철기 생산과 관련된 중심 취락의 존재 여부를 살펴보고자 한다.

# II. 연구경향

최근 북한강 중·상류지역 취락에 대한 검토는 한지선, 박경신 등에 의하여 이루어진 바 있 다. 특히, 상한의 문제는 주거의 장축 방향의 변화에 따른 시기성을 논의한 박경신[1]의 논고에

---

1  박경신, 2012, 「중부지방 원삼국시대 취락구조」, 『고고학』 제11-2호. 중부고고학회.

서 북한강유역의 상한을 기존 견해보다는 이르게 보고 있다. 그리고 주거의 내부 시설을 착안하여 'I'자형 구들의 등장을 한성백제의 성장에 따른 영역 확장과 관련하여 검토[2]하려는 시도도 있었다. 그리고 경질무문토기의 하한을 심재연[3]과 이성주[4]는 비교적 늦은 시기까지 지속됨을 논의한 바 있다. 특히, 이성주는 경기지역에 대한 심도 깊은 논의를 진행된 바 있으며 이에 대하여 박순발의 반론[5]이 제기되어 있는 상황이다.

그러나 漢城百濟의 京畿地域에서 보이는 경질무문토기의 양상과 영서지역에서 보이는 경질무문토기의 하한에 대한 논의는 일관된 관점에서 논의가 진행되기에는 한계가 있는 것으로 보인다. 즉, 한성백제의 중앙과 경기지역, 그 외곽에 존재하는 집단에 대한 지배력의 관철 양상은 다양한 편차를 보여줄 것이기 때문이다. 북한강 상류지역 춘천분지의 발굴조사 결과, 한성백제가 영역화를 완비한 이후에도 경질무문토기 문화가 지속되고 있은 것이 확인되고 있다. 특히, 중도유적의 경우에는 토착적인 점토띠식 노지를 시설한 여·철자형 주거지와 경질무문토기가 존속하고 있었으며 'I'자형 구들이 채용된 주거지에서도 한성백제토기가 확인되지 않는 점은 한성백제 중앙의 통치 방법의 차이가 있음을 보여주고 있다[6].

이처럼 경질무문토기의 하한과 관련된 문제와 더불어 북한강 중상류지역에서 최근 지속적으로 확인되는 낙랑(계)토기의 문제이다. 즉, 낙랑계토기가 동반하는 시기와 그렇지 않은 시기를 어떻게 볼 것이냐는 문제이다. 낙랑계토기의 동반 여부로 '原三國時代', '三國時代'로 이분법적으로 구분하기에는 최소한 북한강 상류지역의 양상은 그렇지 않다는 점이다. 이러한 이분법적인 견해의 근저에는 경기지역에서 한성백제토기를 동반하지 않는 주거지가 지속적으로 확인되는 것에 대한 해결방안을 강구하는 과정에서 제시된 고육책으로 보인다.

반대로 낙랑계 토기가 동반되는 주거지의 연대를 2세기 대에만 한정하여야 만 하는가 하는 문제가 있다.

북한강 상류지역의 고고학적인 양상에 대하여 동북계 문화요소 즉, 단결-끄로우노프카문

---


2   심재연, 2009, 「한성백제기의 영동·영서」, 『고고학』 제8-2호, 서울경기고고학회.
　　　한지선, 2009, 「한강을 통한 백제의 정치적 영역확장」, 『정치적 공간으로서의 한강 I』, 서울경기고고학회.

3   심재연, 2009, 「한성백제기의 영동·영서」, 『고고학』 제8-2호, 서울경기고고학회.

4   李盛周, 2011a, 「漢城百濟 形成期 土器遺物群의 變遷과 生産體系의 變動-實用土器 生産의 專門化에 대한 檢討-」, 『韓國上古史學報』 第71號, 韓國上古史學會.
　　　李盛周, 2011b, 「南韓의 原三國土器」, 『慶北大學校 考古人類學科 30周年 紀念 考古學論叢』.

5   朴淳發, 2012, 「백제, 언제 세웠나-고고학적 측면-」, 『백제, 누가 언제 세웠나』 '백제사의 쟁점' 집중토론 학술회의, 한성백제박물관.

6   이와 같은 예는 홍천강유역의 경우 하화계리유적의 6호 주거지 단계와 성산리유적에서 보이는 'I'자형 구들 채용 이후의 주거 양상의 차이에서도 동일하게 나타나고 있다.


24

화와의 교류를 상정한 일련의 토기군과 주거의 평면 형태에 대한 천착이 이루어져 왔다. 이 문화와의 관련성에 대하여는 移住說부터 일부 문화요소의 流入으로 보는 견해까지 다양하게 전개되고 있지만 어떤 양태를 보이든 간에 동북지역과 밀접한 관계가 있었던 것은 부정할 수 없는 상황이다. 그런데 이러한 동북지역의 문화와는 달리 서북지역의 낙랑지역과의 관계를 보여주는 유물들이 집중적으로 확인되고 있다. 처음 신매리유적에서 보고된 단경호 구연부 편이 낙랑계임이 밝혀진 이후[7] 춘천 율문리유적 I 에서 다양한 낙랑(계)토기가 보고되었고 신매리유적 일원에서도 추가되기도 하였다. 이 낙랑계 토기는 현재 북한강 상류지역의 대부분의 유적에서 확인되고 있는 양상이다[8].

영서지역 특히, 북한강 상류지역의 고고학적인 양상은 한성백제와 관련성을 보여주는 유적이 원천리유적이 조사되기 까지는 소량의 한성백제토기가 확인되었다. 그리고 이 소량의 토기가 확인된 유적도 조사 범위가 작거나 내용이 불충분한 것이 대부분이었다. 때문에 이러한 백제토기류는 지역 정치체와 한성백제 중앙과의 교류에 의한 유입품으로 보기도 하였다. 그래서 상류지역의 고고학적인 양상은 독립적인 정치체는 보이지 않는 애매모호한 상황에 직면하고 있었다. 이에 따라 북한강 상류지역은 적어도 5세기경에는 자연스럽게 고구려의 영역으로 되는 것으로 보아 왔다.


## Ⅲ. 화천지역 철기~삼국시대 취락 조사 현황


### 1. 양구 고대리유적[9]


2012~2013년에 조사된 유적으로 청동기시대, 철기시대, 삼국시대 분묘와 주거유구가 확인되었다. 이중에 철기시대 유구는 주거지 24기, 수혈유구 22기, 경작유구 1기가 조사되었다. 주거의 분포 양상을 보면 2개의 마을로 나누어진 것으로 보인다.

---

7  金武重, 2004, 「華城 旗安里製鐵遺蹟 出土 樂浪系土器에 대하여」, 『百濟研究』 第40輯, 忠南大學校 百濟研究所.

8  이에 비하여 남한강유역에서는 낙랑계 토기의 출토 빈도가 매우 낮다.

9  江原文化財研究所, 2015, 『楊口 高垈里 遺蹟-양구 서천 고대지구 하천환경정비사업구간 내 문화재 발굴조사 보고서-』.

그림 1　북한강 중상류지역 유적 분포도

26

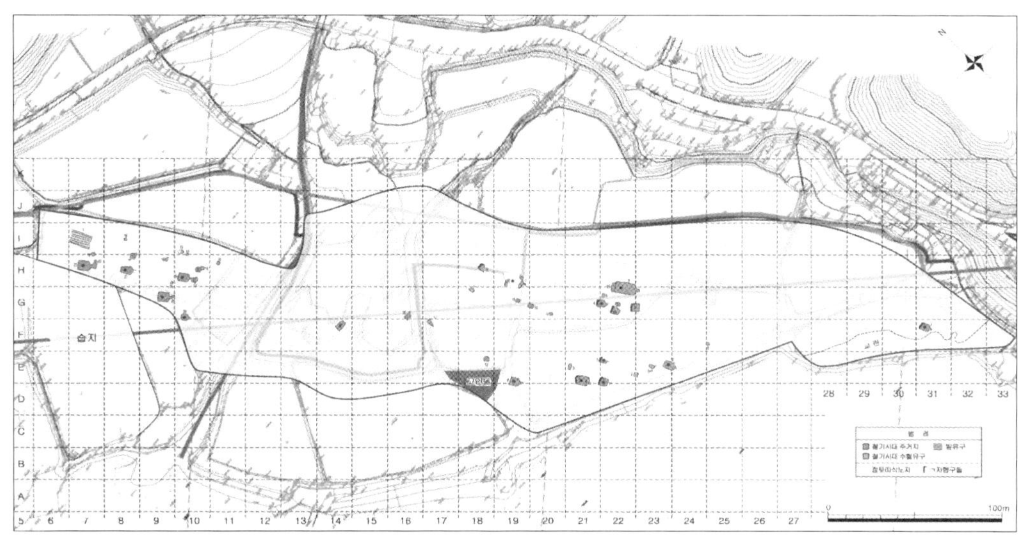

그림 2    양구 고대리유적 유구 배치도(강원문화재연구소 2015)

철기시대 주거지는 '呂·凸'자형과 방형으로 구분되고 내부에 설치된 노지와 구들의 형태를 기준으로 4가지 유형으로 구분된다. 1유형은 '凸'자형의 평면 형태에 점토띠식 노지만이 설치된 주거지, 2유형은 '凸'자형의 평면 형태에 수혈식 노지와 쪽구들이 설치된 주거지, 3유형은 방형의 평면 형태에 쪽구들이 설치되어 있는 주거지, 4유형은 방형에 수혈식 노지가 채용된 주거지로 구분하고 있다. 이중에 1유형은 9기, 2유형은 3기, 3유형은 4기, 4유형은 3기가 해당된다. 그런데 네가지 유형에 속하지 않는 주거지중 18호는 거례리유적 4호 주거지의 구들 형태와 유사한 것으로 구들의 축조방법과 배연방향이 2·3유형과 다른 것으로 5유형으로 나눌 수 있다. 따라서 고대리유적의 주거지는 다섯가지로 분류할 수 있다.

이중 주목되는 것은 3유형과 5유형으로 방형의 주거에 쪽구들이 시설된 것이다. 3유형은 거례리유적 8호 주거지와 동일하여 노지가 없는 것만 차이가 있다. 두 유형 모두 출토유물은 경질무문토기, 낙랑계토기 등이 동반되고 있다. 이 낙랑계토기는 외면에 격자문이 시문되고 있어 동반유물과 내부 구조의 양상으로 보면 화천 거례리유적과 유사하다.

고대리유적에서 주목되는 것은 17호 주거지에서 출토된 환두도자이다. 17호 주거지에서 출토된 환두도자는 춘천분지를 중심으로 확인되는 환두도자와는 형태상 차이가 있다. 춘천분지에서 확인되는 환두도자에 비하여 제작방법이 고식에 해당하는 것으로 양평 양수리 A-5호에서 출토된 것과 유사하다. 이러한 형식의 도자는 춘천분지에서 보이는 것보다는 고식에 속하는 것으로 그 존속시기는 짧았던 것으로 추정된다. 다만, 신매리 54-4번지유적 출토품을 1세기 후반으로 보는 견해[10]를 참고할 때 기원전후한 시기까지 소급 가능할 수도 있다. 하지

---

10    박경신, 2015, 「북한강 유역 원삼국시대 취락의 편년」, 『崇實史學』 第34輯, 崇實史學會.

만, 이 연대는 낙양 소구한묘 출토품을 염두에 둔 것인데 소구한묘의 소도는 환부와 병부를
별도로 제작하여 조립한 것으로 북한강유역에서 확인되는 환두도자의 제작시기를 변별하기
에는 한계가 있다[11].

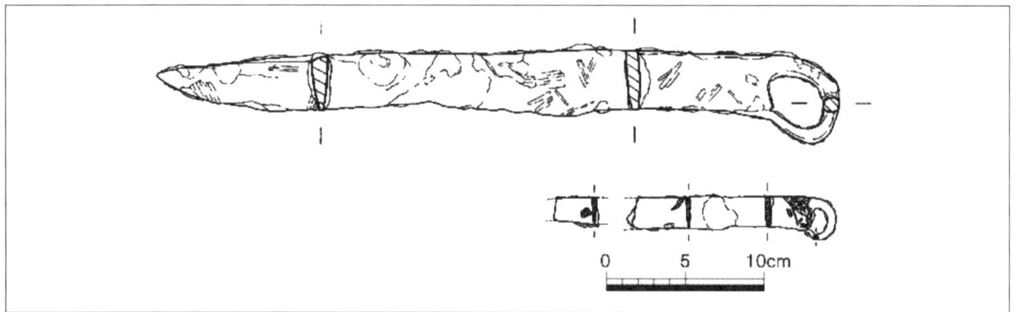

그림 3    고대리유적 환두도(상), 양평 상석정 5호 환두도자(하)

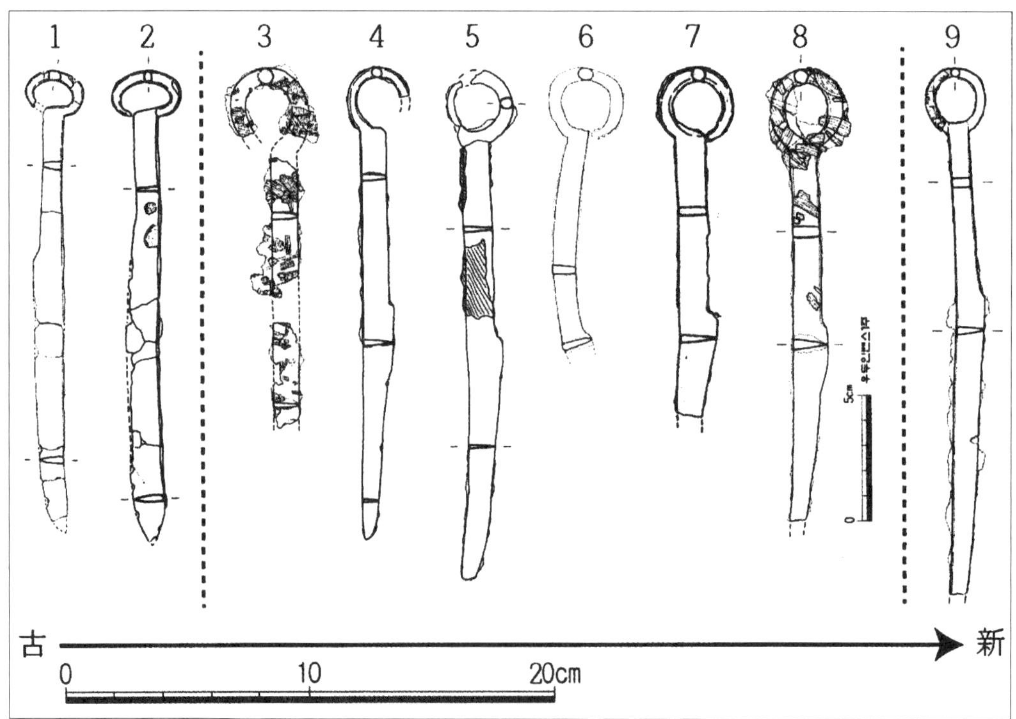

그림 4    환두도 형식변화(박경신 2015)

1. 경산임당A-1-22호,  2. 경산임당A-1-148호,  3. 신매리54-4 4주,  4. 신매리47-1주,  5. 천전리 121-16 6주,
6. 신매리54-4 1주,  7. 철정리Ⅱ A-12주,  8. 우두동 롯데-1주,  9. 양동리 3호(S=1/4)

---

11  중국 보고서에 보고된 환두도의 경우 환부와 병부의 제작방법을 염두에 둔 도면이 제시된 것이 드물어
    양지역을 비교함에 있어 주의가 필요하다.

28

이러한 한계에도 불구하고 환두도자 환두부 제작방법이 고식이라는 점에서 북한강 최상류 지역에서 보이는 주거 중에 가장 이른 시기에 해당하는 유물중에 하나이다.

이외에 주목되는 것은 낙랑계토기로 제작방법과 태토를 살펴보면 현지에서 제작된 것이 보인다. 우선, 제작방법을 살펴보면 내면에는 1차 성형시에 사용한 승문이 희미하게 남아 있고 2차 타날시에 사용한 원형의 내박자흔이 남아 있는 것도 확인된다. 대부분의 낙랑계 토기는 제작방법에서 낙랑토기 제작방법 중 한두 요소가 확인되는 상황이다. 태토는 낙랑계 토기 대부분이 석영이 일부 혼입되어 있는 것으로 볼 때 현지 제작품인 것은 확실하다. 그렇지만 토기 제작 후 실로 분리한 사절흔과 저부 돌려깎기흔이 확인되는 것도 있어 충실히 낙랑토기 제작방법을 사용하려는 의도로 보인다.

한편 고대리유적에서 주목되는 것은 노(爐)바닥이다. 11호 주거지 내부퇴적토에서 출토되었다는 점에서 11호 주거 내부에서 사용한 것은 아닌 것으로 보인다. 하지만 椀形滓에 가까울 정도의 형태를 보인다는 점에서 양구지역에서 철기를 제작하였다는 것을 증명하여 주는 중요한 자료이다. 또한 낙랑계토기와 동반된다는 점에서 차후 노바닥에 대한 분석이 이루어지면 철기제작에 있어 낙랑과의 관계에 대한 심도 깊은 논의가 가능할 것으로 보인다.

한편, 유물의 동반 양상과 주거의 형태를 통하여 분석된 것은 아니지만 최소한 방형주거에 구들이 시설된 주거지가 고대리유적에서는 가장 이른 시기에 해당된다고 판단된다.

고대리유적은 철기시대 북한강 최상류지역에 존재하던 취락의 변화상을 보여주는 유적으로 평가된다. 현재까지 알려진 자료로 볼 때 취락의 동쪽 방형 주거의 등장 이후 서쪽과 남쪽, 동쪽으로 취락이 확장된 것으로 보인다.


## 2. 양구 하리유적[12]

2006년 양구 서천 자연형 하천정화사업지구 내 유적 시굴조사[13]를 통해 양구읍 하리 및 고대리 일대에서 청동기시대 지석묘 2기, 주거지 7기, 부석유구 1기, 수혈유구 1기, 철기시대 주거지 11기와 수혈유구 1기, 삼국시대 주거지 2기, 고려~조선시대 수혈 건물지를 포함한 유구 18기, 미상유구 9기, 밭 유구 등 총 54기의 유구가 조사되었다. 그러나 시굴조사에 그쳐 유적의 성격은 알 수 없다. 다만, 북한강 최상류지역에서 처음으로 철기시대 주거지가 발굴되었다는 의의가 있는 유적이다.

---

12  예맥문화재연구원, 2008, 『양구 하리유적-양구 서천 자연형 하천 정화사업지구내 유적 시굴조사-』.
13  예맥문화재연구원, 2008, 『양구 하리유적-양구 서천 자연형 하천 정화사업지구내 유적 시굴조사-』.

## 3. 화천 위라리유적[14]

화천군 하남면 위라리 123번지유적과 123-1번지유적으로 북한강이 서류하면서 형성한 충적대지에 위치한다. 시굴조사와 발굴조사일부가 이루어진 지역이다. 발굴 보고자의 견해에 의하면 여(철)자형 주거지 3기, 장방형 주거지 26기, 방형 수혈 10기 등이 확인되었다.

위라리 123번지유적에서 출토된 유물은 경질무문토기, 타날문토기류이다. 타날문토기는 격자타날문과 집선문계가 주를 이루고 있다. 이중에 주목되는 것은 철기제작에 사용된 송풍관과 범심이 확인된다는 점이다. 발굴 당시 늦은 시기의 유물도 확인되어 시기를 특정하기에는 한계가 있지만 원천리유적과 관련하여 철기제작의 중심 취락일 가능성이 있다고 판단된다.

그런데 123-1번지유적의 발굴조사에서는 철기제작 유구나 유물이 확인되지 않았다. 이는 123번지유적에 대한 조사가 이루어지지 않아 더 이상의 논의는 불가능한 상태이다. 또한, 123번지유적의 제철관련 유물이 철기시대나 삼국시대 중 어느 시기에 속하는지에 대하여도 불분명한 상황이 되어 버렸다. 다만, 위라리유적이 철기 제작과 관련하여 모종의 위치를 점하고 있다는 점은 확실하다.

한편 123-1번지는 전체 유적이 정밀발굴조사가 이루어지지 않고 일부분만이 이루어진 상황으로 123번지유적과 함께 전체 유구 양상을 파악하기에는 한계가 있다. 그러나 이 유적에서는 신석기시대 유구, 청동기시대 주거지, 철기시대 주거지, 삼국시대 백제와 신라주거지가 확인되었다. 백제주거지는 보고자는 삼국시대 3호 주거지로 명명하고 있는데 주거지의 평면 형태는 알 수 없다. 다만, 점토띠식 노지에 백제양식의 토기가 일괄로 출토되어 원천리유적과 동일한 시기에 속할 것으로 판단된다.

삼국시대 신라 진출기의 주거지도 함께 확인되었는데 그 동안 북한강상류지역에서 확인되는 주거지의 양상과는 다른 내부 구조가 확인되었다. 즉, 지금까지 북한강유역에서 확인되는 주거지의 내부 시설인 'T'자형 구들이 위라리유적에서는 확인되지 않고 'I'자형 구들이 확인된다는 점이다. 동반 유물에서도 신라유물이 확인[15]되고 있어 삼국시대 신라의 진출기에 가장 이른 시기의 주거일 가능성이 있다고 판단된다.

이러한 중심취락의 가능성은 위라리유적이 입지하고 있는 충적대지 서쪽으로 위라리 적석

---

14　강원문화재연구소, 2007, 「화천 위라리 123번지 내 유적 시굴조사」, 『2006~2007년도 소규모 발굴비 지원사업 현황과 성과』, 한국문화재조사연구기관협회.
　　한국문화재재단, 2015, 「화천 위라리 123-1번지 외 1필지 축사 신축부지 내 유적 국비지원 발굴조사 약식보고서」.

15　조사 현장에서 확인한 것으로 정식보고서 발간 후 자세히 검토를 진행하고자 한다.

총이 위치하고 있다는 점에서 뒷받침된다고 본다.

이 적석총은 정식 발굴조사가 이루어지지 않아 정확한 시기는 알 수 없다. 다만, 지표조사에서 타날문토기 편과 경질무문토기 편이 수습되었다.

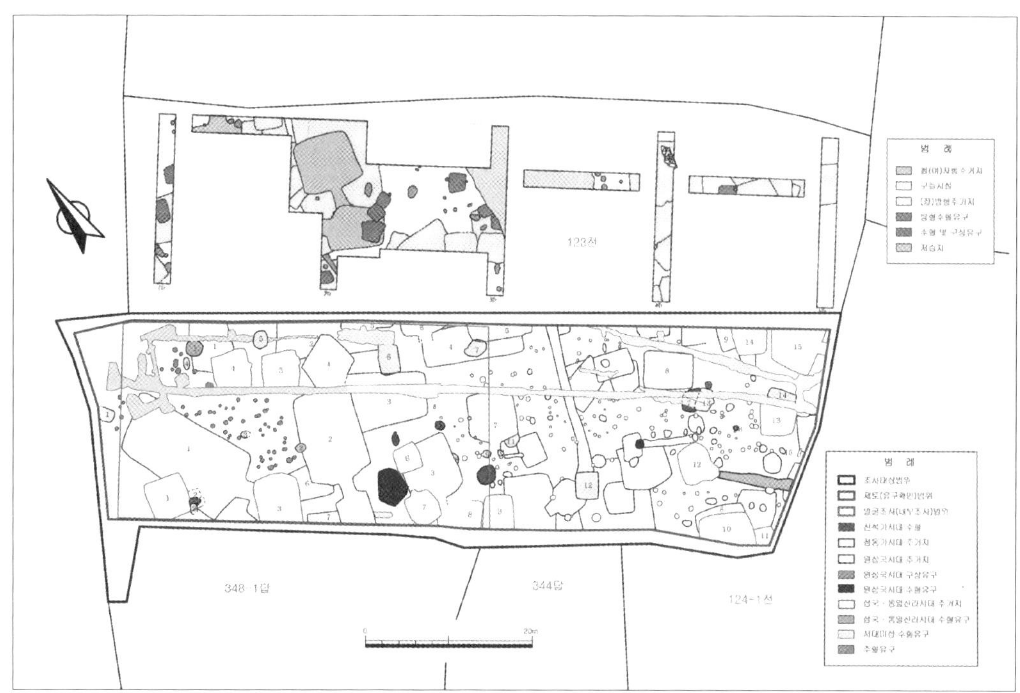

그림 5　위라리유적 유구 배치도

그림 6　출토유물①(강원문화재연구소 2007)

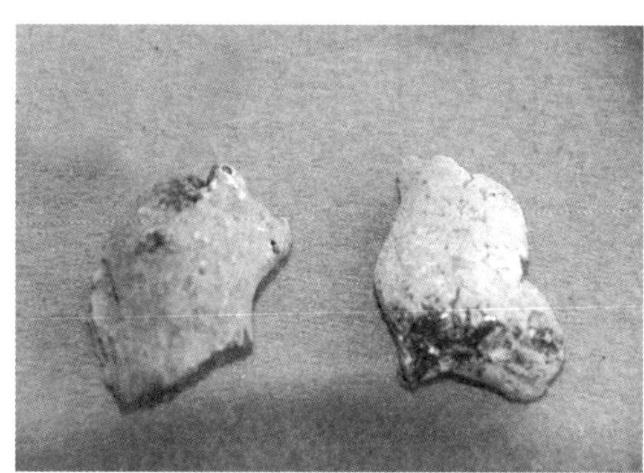

그림 7　출토유물②(최민정 제공)

## 4. 화천 거례리유적[16]

거례리유적은 4대강 관련하여 조사된 유적으로 대단위의 청동기시대 마을이 확인되었다. 이중, 조사과정에서 철기시대 취락과 삼국시대 석실분이 확인되었다.

철기시대 주거지는 12기가 조사되었는데 낙랑(계)토기를 동반하는 주거지와 동반하지 않는 주거지로 구분된다. 주거지의 평면 형태도 방형과 여·철자형으로 나누어지는데 방형 주거지의 경우 내부에 구들이 시설된 것이 주목된다.

(장)방형 주거지에 구들이 시설된 것은 북한강 중류역 대성리유적에서 발견된 이후 홍천 성산리유적에서 일부 확인된 후 상류지역에서는 처음으로 확인된 것이다. 그런데 (장)방형 주거지에 시설된 구들의 형태가 차이를 보이고 있어 구들의 유입과 전개 과정을 파악할 수 있는 단서를 제공하여 주는 유적이다. 또한 주거지 내부에서 출토된 토기가 경질무문토기이 외에 기존에 인지되던 낙랑(계)토기와는 달리 격자문이 시문된 것이 확인되고 있어 격자타날문토기의 발생 계보에 있어 중요한 단서를 제공하여 주고 있다.

삼국시대 석실분은 한백문화재연구원[17]과 강원문화재연구소[18]에서 조사한 구역에서 각 각 1기씩 조사되었다.

한백문화재연구원에서 조사한 석실분은 묘광의 크기가 동서 약 $450cm$, 남북 약 $460cm$, 묘실은 동서 약 $250cm$, 남북 약 $290cm$ 잔존높이 $40cm$이다. 바닥은 벽석을 쌓은 후 내부에 2단으로 시설하였다. 하부는 생토면에 $10cm$내외의 천석을 깔고 그 위에 대형판석을 전면적으로 깔았다. 연도는 묘실의 우측으로 치우쳐 위치하고 길이 약 $270cm$, 너비 약 $60cm$이다.

강원문화재연구소에서 조사한 석실분은 동서 약 $270cm$, 남북 약 $360cm$, 묘실은 동서 $50cm$, 남북 $240cm$, 연도부는 교란으로 불확실하다. 관대는 편평한 할석을 간 후 상면에는 점토를 깔았다. 관대 북쪽 부분은 약 $60cm$ 정도 빈공간이 있는데 부장간으로 보인다.

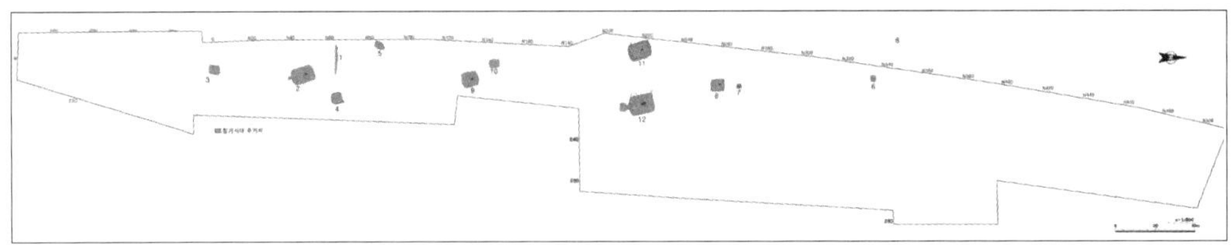

그림 8　거례리유적 유구 배치도

---


16　江原考古文化研究院, 2013, 『華川 居禮里 遺蹟』.

17　한백문화재연구원, 2013, 『화천 거례리 유적』.

18　江原文化財研究所, 2013, 『華川 居禮里遺蹟』.

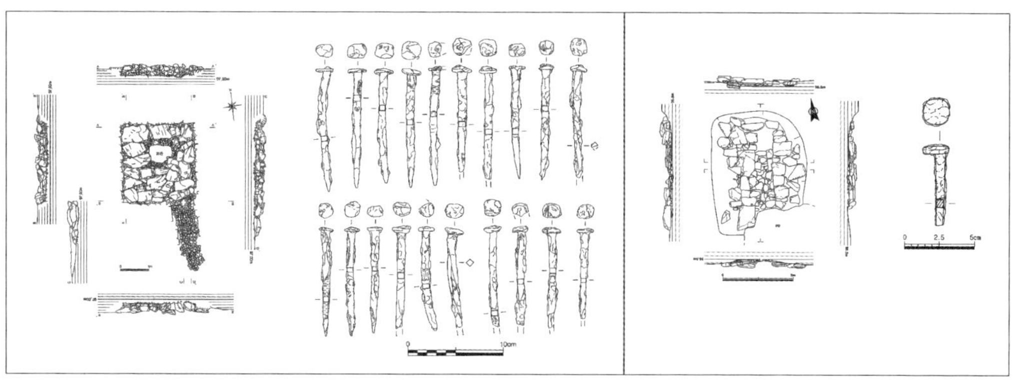

그림 9   화천 거례리유적 석실분

2기 모두 내부에서 출토된 유물은 관정 이외에 확인된 것이 없다. 북한강유역에서 보이는 고구려계통의 고분에서는 시상(관대)가 시설되거나 회(灰)처리를 한 것이 확인되는 것에 비하여 거례리의 고분에서는 이러한 시설이 보이지 않는다. 또한 내부에 출토유물은 없지만 관정이 다수 확인되었는데 이들 대부분이 방형두 계통의 것으로 백제와 관련이 있는 것으로 보인다. 따라서 북한강 대안에 위치한 원천리유적 I 주민과 관련하여 조성된 무덤으로 보인다[19].

## 5. 화천 원천리유적 I [20]

원천리유적 I 은 4대강 살리기 사업의 일환으로 실시된 지표조사에서 확인된 후 발굴 조사된 유적이다. 발굴 조사 결과, 청동기 시대 집자리 30기, 수혈 8기, 석관묘 1기, 철기~삼국시대 呂·凸자형 집자리 117기, 수혈 88기, 화장유구 1기, 도랑 1기가 확인되었다.

주거의 분포 양상[21]은 I期에는 유적의 전범위에 걸쳐 주거간에 다소간의 거리를 두는 양상으로 취락이 형성되어 있다. II期는 중복관계 및 주축방향을 근거로 세분이 가능하다. 동일한 거주 공간을 점유하면서 반복적으로 주거를 건축하는 양상이 보이고 있다. 이후, III期에는 취락의 범위가 남쪽으로 축소되는 양상을 보여주고 있다. 이것은 아마도 한성백제의 세

---

19   이에 비하여 방유리(2014)는 역사기록, 지리적 위치, 북한강 일대에서 조사된 고구려계통의 횡혈식 석실분과의 유사성, 출토 유물로 볼 때 고구려 계통으로 보고 있다. 그러나 시상(관대)의 부재, 관정두 형태의 불명확함 등으로 볼 때 재검토가 필요하다고 판단된다.

20   예맥문화재연구원, 2013, 『華川 原川里遺蹟』.

21   원천리유적은 동쪽의 춘천호와 서쪽에 일제강점기에 건설된 도로로 인하여 유구가 파괴된 부분이 존재한다.

력 약화에 따른 양상을 반영하는 것으로 보인다. 이러한 취락의 분포 양상은 철기류의 분석에서도 보이고 있는데 Ⅲ期에 들어서면서 철기류의 양이 Ⅱ期에 비하여 상대적으로 감소하는 것에서도 알 수 있다[22]. 철기류의 종류와 수량이 가장 다양한 시기는 Ⅱ期로 이 시기가 원천리유적의 最盛期라고 볼 수 있다.

내부 시설을 살펴보면 원천리유적의 Ⅰ期는 점토띠식 노지만 시설되거나 점토띠식 노지와 'Ⅰ'자형 구들이 함께 시설된 주거지가 주를 이루고 있는데 이는 원천리 취락의 시작을 알려주는 단계이다. 특히, 춘천분지에 속한 취락에서는 낙랑계 토기를 동반하는 주거가 보이거나 한성백제토기 또는 모방토기로 바뀌는 양상을 보여주고 있지만, 원천리 취락 Ⅰ期에는 한성백제 중앙양식의 토기가 출현하는 양상을 보여주고 있다. 철기도 점토띠식 노지만 시설된 39호 주거지에서 출토된 월(鉞)이 주목되는데 지금까지 이와 유사한 철기는 발견예가 없다[23].

원천리유적 Ⅱ期는 주거지의 주축방향을 기준으로 보면 세분이 가능하지만 중복관계와 동반유물로 볼 때 그 시기 차이는 크지 않을 것으로 보인다. 주거지의 내부시설은 모두 'Ⅰ'자형 구들이 시설되어 있으며, 한성백제 중앙양식의 토기와 다양한 철기류가 각 주거지에서 동반되고 있어 원천리유적의 最盛期라고 볼 수 있다. 특히, 각종 장신구류도 동반되고 있어 이 취락의 위상을 짐작할 수 있게 한다. 한편 33호 주거지(그림 10)에서는 (연·경질)대옹, 직구호, 합, 뚜껑, 심발형토기, 흑색마연토기, 장란형토기, 병 등 한성백제 중앙양식의 토기와 경질무문토기, 철기로는 철부, 도자, 마구로는 鑣轡와 鐙子가 출토되었다. 그리고 특기할 것은 고구려의 영향(모방!)을 받은 뚜껑 1점이 동반되어 출토되었다. 이 토기는 대상파수가 고구려 뚜껑에 비하여 크기가 작고 유사 기형의 고구려 뚜껑에 비해 크기가 작다는 점으로 보아 백제 장인의 고구려토기 모방 가능성이 있어 보인다[24]. 따라서 이러한 토기의 예로 볼 때 고구려와의 접촉의 가능성을 보여주는 것으로 보인다. 이러한 측면에서 33호 주거지는 Ⅱ기(最盛期)를 대표하는 주거지라 할 수 있다.

원천리유적 Ⅲ期는 급속히 취락의 규모가 적어지는 시기이다. 아마도 백제의 대고구려 정책에 있어 원천리 지역이 다른 지역에 비하여 전략적인 중요도에서 우선순위가 밀리는 상황을 보여주는 것으로 생각된다. 그렇지만, 취락의 위상이 완전히 하락하는 양상을 보여준다는 것은 아니다. 상대적으로 Ⅱ期에 비하여 동반 유물상에 있어 다양성이 떨어진다는 것이다.

---

22 원천리유적의 문제는 지속적인 경작행위로 인하여 상층의 유구가 어느 정도 멸실되었는지 파악하기 어렵다는 점이다. 조사과정에서 住居址 바닥 一部, 부뚜막 또는 爐址의 피열흔만 남은 부분이 확인되었다. 따라서 원천리유적의 下限은 이러한 부분에 대한 인식을 가지고 검토되어야 할 것이다.

23 이천 설봉산성 출토품이 가장 근접한 철기이다.

24 양시은, 2011, 「남한에서 확인되는 고구려의 시·공간적 정체성」, 『고고학』 제10권 제2호, 중부고고학회.

34

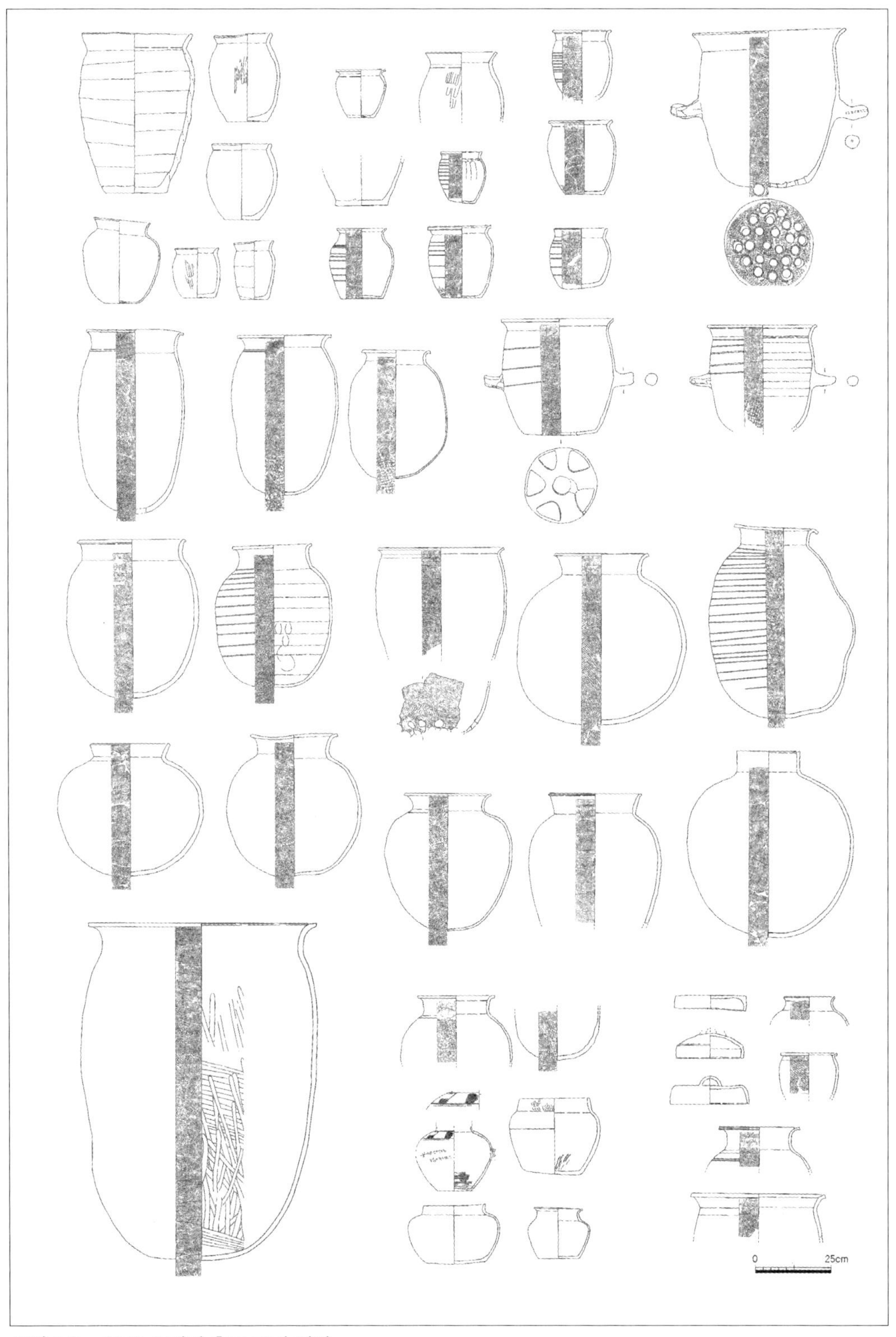

그림 10　33호 주거지 출토 토기 일괄

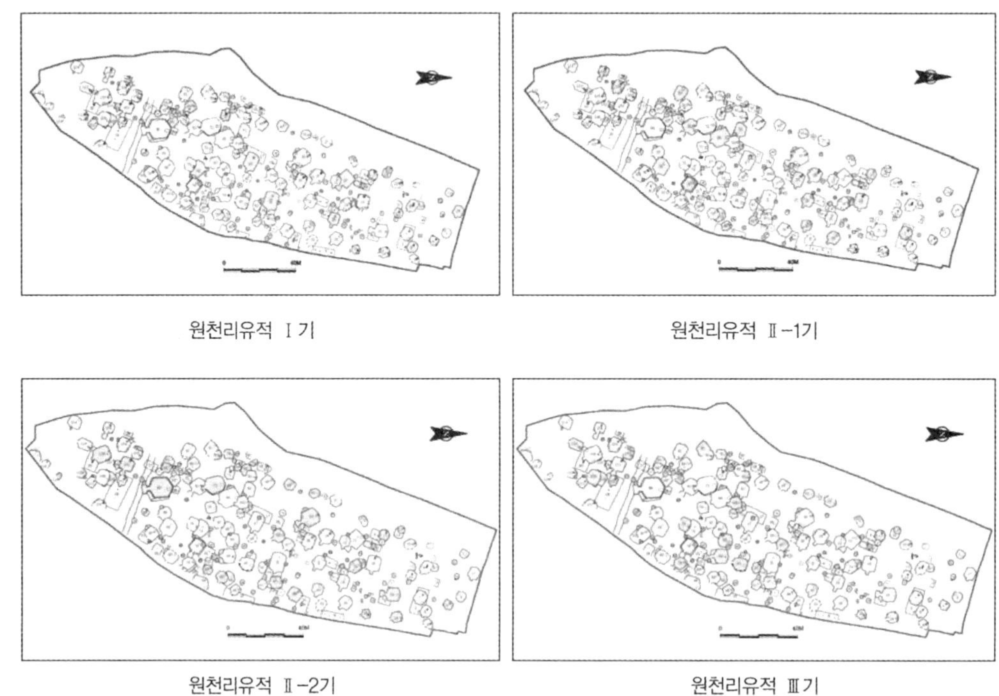

원천리유적 Ⅰ기 　　　　　　원천리유적 Ⅱ-1기

원천리유적 Ⅱ-2기 　　　　　　원천리유적 Ⅲ기

그림 11　화천 원천리유적 분기별 분포도


## 6. 화천 원천리유적Ⅱ[25]

　　원천리 유적Ⅱ는 4대강 지표조사 과정에서 확인한 유적이다. 원천리유적Ⅰ에서 남서쪽으로 약 2.4㎞가량 이격되어 있다. 유적은 아쿠아틱 리조트(원천리 578번지) 입구 맞은편 하천변으로 돌출된 충적대지에 화단과 논, 낚시터가 조성되어 있는데 이 일대가 유적이다. 일제강점기에 제작된 지도로 보아 현재 유적이 위치한 지점의 강변을 따라 서오지리로 이어지는 도로가 당시에 춘천으로 이어지는 구도로의 일부였던 것으로 보이며, 주변지역은 현재 대부분 수몰되고 일부 구간만 남아 있다. 유적의 북동쪽 지점은 현재 화단이 조성되어 있어 원 지형을 확인할 수 없었으나, 남서쪽의 논둑에서 무문토기 편, 타날문토기 편 등 다량의 토기편이 수습되었다. 한편, 춘천호에 수몰된 지점에 지석묘로 추정되는 거대한 바위가 존재하는 것을 확인하였는데 이 일대에도 청동기~철기시대의 취락이 존재하였음을 알 수 있다. 조사

---

25　예맥문화재연구원, 「Ⅳ. 화천 하천환경개선사업지구」, 『4대강 살리기 한강권역(북한강 문화재 지표조사 보고서』.

과정에서 경질무문토기, 연·경질의 타날문토기 편이 확인되었다.

원천리유적Ⅱ은 화천지역에서 춘천지역으로 연결하는 교통로에 존재하였던 취락이다.

그림 12    원천리유적Ⅱ

## Ⅳ. 북한강 상류지역 마을의 변천

지금까지 북한강 유역의 주거 평면 형태는 기본적으로 여·철자형인 것으로 인식되어 왔다. 그리고 내부 시설과 평면 구조의 변화가 발생하는 것으로 시간성을 이야기하여 왔다. 그런데 가평 대성리유적을 필두로 북한강 최상류지역에서 (장)방형의 주거지와 구들이 시설된 주거지가 확인되기 시작하였다.

(장)방형 주거지는 여·철자형 주거지와는 달리 구들이 시설된 것이 대부분이어서 기존 철기시대 주거 형태와는 계보를 달리하는 것으로 보인다. 이러한 주거지는 중부지역을 중심으로 보면 서쪽으로는 운북동유적에서 확인되었으며 포천 금주리유적, 포천 중리유적[26], 가평

---

26  임남진, 2013, 「포천 중리유적」, 『2013년 중부고고학회 발굴조사 성과』, 중부고고학회.
韓國文化遺産研究院, 2015, 『抱川 中里 馬山遺蹟』.

대성리유적, 양평 양수리유적 등에서 확인된다. 이들 주거지에서는 모두 鐵莖附銅鏃이 동반 출토된다는 점이 주목되며 낙랑(계)토기도 확인되고 있다[27]. 이들 주거지가 일견 가장 빠른 것으로 보이지만 철원 와수리유적에서 낙랑계토기 동반 이전의 철자형 주거지와 철경부동촉이 확인되어 선후 관계를 특정하기에는 어려움이 있다.

북한강 상류지역에서 가장 이른 시기의 주거는 양구 고대리유적, 화천 거례리유적, 가평 대성리유적에서 보이는 것처럼 방형의 주거 내부에 구들을 설치한 형태인 것으로 보인다. 양구 고대리유적과 화천 거례리유적에서는 낙랑(계)토기를 동반하는 양상을 보이지만 동북계 내만구연옹이 전무하다시피 하여 시기 비정 및 전파 루트에 새로운 단서를 보여 준다. 지금까지 낙랑(계)토기의 출현은 桓靈之末의 기사와 남한지역의 격자타날문토기의 출현기에 대한 견해로 인하여 기원후 2세기를 상회하지 못하는 것으로 보는 것이 대체적인 견해이다. 그러나 낙랑(계)토기의 출현이 반드시 환영지말의 기사와 관련하여 낙랑 이주민과 연결을 지을 수 있을지 의문이다. 이미 유사격자타날문이 시문된 토기는 가평 대성리유적에서 확인이 되었고 영남지역을 중심으로 주로 확인되지만 낙랑군 설치이전의 타날문토기의 존재가 확인되고 있어 굳이 격자타날문의 출현기를 기원후 2세기라는 틀에 갇혀있을 필요는 없다고 생각된다. 격자타날의 발생에 대한 상향 가능성은 소라리토성 출토 유물의 소개를 통하여 제기[28]된 바 있다. 소라리토성은 영위 시기가 嶺東七縣이 설치된 시기에 칠현 중 한 현의 治所로 사용된 것으로 이 시기에 격자타날이 사용되었다면 紀元前·後한 시기까지 연대 소급은 가능할 것으로 보인다.

지금까지 원산만을 중심으로 동북지역과 중부지역과 이루어진 교통로는 추가령 구조곡이 주 루트로 상정되어 왔다. 그러나 추가령 구조곡 이외의 교통로는 더 존재하고 있었다. 동해안을 따라 남진하는 것도 한 방법이며, 태백산맥의 곳곳에 위치하는 고대교통로를 이용하여 영동과 영서지역간 교류가 이루어졌을 것이다. 이러한 후보 교통로 중에 북한강 상류를 통한 루트를 제안하고자 한다. 소라리토성에서 출토된 유물의 대부분이 승문타날이 된 것이기는 하지만 이 지역에 이미 낙랑토기가 사용되었다는 점을 생각할 때 북한강 상류지역으로 반입 루트로 북한강 상류지역을 상정할 수 있다.

이 원산만 지역은 이미 동북 단결-끄로우노프카문화와의 교류가 이루어지는 교통로에 위

---

27  김소영은 이들 주거지를 Ⅰ단계로 분류하여 중부지역에서 가장 이른 시기의 양상으로 파악한 바 있다 (金少暎, 2012, 「中部地方 原三國時代 樂浪系遺物 出土 住居遺蹟 分析」, 江陵原州大學校 大學院 碩士學位論文.).

28  정인성, 2007, 「낙랑 '타날문 단경호' 연구」, 『江原考古學報』 第9號, 江原考古學會.

치하고 있다는 점에서 낙랑토기 이외의 양상을 살펴볼 수 있다. 이중에 가장 주목되는 것이 구들이다. 지금까지 단결-끄로우노프카문화와의 관계에 있어 북한강 상류지역 철기시대의 중심 연대와의 편차가 가장 큰 약점으로 지적되어 왔다. 하지만, 동북지역 → 웅기 송평동유적 → 원산만지역 → 북한강 최상류로 이어지는 교통로를 볼 때 지금까지 문제되었던 중심연대의 괴리는 극복할 수 있는 계기를 마련하여 준다고 할 수 있다.

북한강(그림 13)은 회양군 먹포령에서 발원하여 창도군과 김화군 동단을 지나 양구에 유입되고 있다. 이 회양군 북쪽 태백산맥 너머에는 안변군과 통천군이 위치하고 있다. 통천군에는 여러 소하천이 태백산맥 동록(東麓)에서 발원하여 동해에 유입되고 있다. 또한 북한강 상류 회양군에서 북서쪽으로 진행하면 전통적으로 알려진 원산지역으로 연결되는 추가령구조곡이 위치하고 있다. 따라서 전통적인 추가령구조곡을 통한 문화의 전파가 이루어지는 것 이외에도 북한강 상류를 통한 원산만지역과의 문화교류를 상정할 수 있다고 생각한다.

이중에 가장 중요한 문화 교류 요소중의 하나인 구들은 단결-끄로우노프카문화기에 상용된 구들의 형태가 터널식 구들로서 주거의 벽에 붙어 있는 형태와, 'ㄱ'자형 또는 'ㄷ'자형으로 시설된 것 등이 모두 확인된다. 그리고 평면 형태는 유사 여·철자형과 (장)방형 모두 확인되고 있다. 때문에 지금까지 여·철자형에 주목하였지만 (장)방형 주거에 주목할 필요가 있다. 물론 (장)방형 주거의 형태까지 계보를 동북지역에서 구할 필요는 없지만 내부 시설로 구들의 채용이 이루어진 것으로 보는 것이 자연스러울 것으로 보인다.

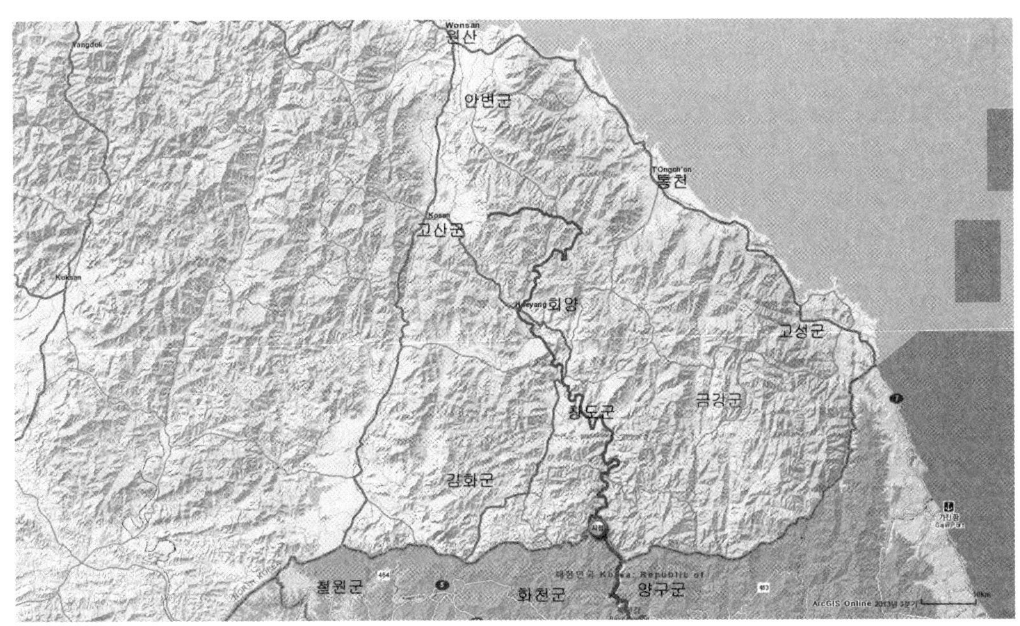


그림 13    북한강 상류지역 하천도(한국하천정보시스템)

따라서 북한강 최상류지역에서 보이는 (장)방형의 주거에 구들이 시설된 것 들은 동북지역과의 관련이 깊은 것으로 보아야 한다.

한편 소위 낙랑계 토기의 출현이다. 가장 양호한 자료가 화천 거례리유적에서 확인되고 있다. 보고자는 유적의 중심연대를 기원후 2세기 중후반으로 편년하고 있는데 이는 낙랑토기의 일반적인 편년관에 기인한 것으로 판단된다. 아울러 이러한 낙랑(계)토기의 제작자를 낙랑토기 제작기법에 충실하고 경질무문토기에도 이와 같은 기법이 확인되어 낙랑토기 제작기법을 전수받은 공인의 가능성을 제기하고 있다. 그렇지만 현재 북한강유역에서 확인되는 낙랑토기의 동반 관계를 통하여 대부분의 유적이 2세기대로 편년되는 것에는 문제가 있다. 2세기대라는 인식에는 桓靈之末(145~189)[29] 연간에 발생한 일련의 사건에 따른 유이민을 염두에 둔 것이기 때문이다. 그렇다면 유이민의 규모가 문제가 된다. 북한강 상류지역 더 나아가 중류지역과 남한 전체로 볼 때 유이민의 규모는 상당한 규모가 되어야 한다. 그렇지만 이 시기의 유이민의 규모를 가늠할 만한 근거는 불확실하다. 따라서 고고학적 사실과 문헌의 기록을 동일시하려는 연구 경향은 신중하여야 한다고 생각된다.

한편, 최근 주목받고 있는 북한강 상류지역에서 보이는 낙랑(계)토기는 기종은 비교적 단순하다. 대체적으로 분형토기, 중경호, 단경호 구연부 편 등이 이에 속하는데 일부 낙랑지역에서 제작한 것으로 보이는 분형토기 편(춘천 율문리유적 I 1호 주거지)을 제외하고는 대부분이 현지에서 제작한 것으로 보인다. 이에 비하여 영동지역의 단경호류와 서해안지역의 옹형토기 등은 거의 확인되지 않고 낙랑지역에서 보이는 고급기종의 토기류도 거의 확인되지 않는다는 점이다.

이러한 점에서 북한강 상류지역에서 보이는 낙랑(계)토기의 제작은 여러 가지로 다양한 측면에서 살펴야할 것으로 보인다. 왜냐하면 낙랑 현지에서 제작한 토기, 재지세력들이 모방한 토기, 제작기술을 습득하여 제작한 토기 등을 낙랑 현지 제작품을 제외하고는 설득력 있는 구별 방법을 제시하기에는 어려움이 있기 때문이다. 재지세력이 만들었다고 가정할 경우에도 문제는 발생한다. 낙랑 현지에서 제작 방법을 습득하였는지, 아니면 낙랑 유이민을 통하여 제작 방법을 습득하였는지, 그렇지 않다면 유이민이 만든 낙랑계 토기의 실체는 또한 무엇인지 등 등 여러 가지로 생각할 여지가 많다는 점이다. 그리고 낙랑 유이민을 상정한다 할지라도 이들은 북한강 상류지역에 정착하면서 그다지 큰 영향력을 제공하지는 않은 것으로 보인다. 이들의 등장으로 인하여 주거 형태가 변화하였거나 토기 생산 체제의 급격한 변화를 보이는 양상은 확인되지 않고 있기 때문이다. 결국은 재지세력에 낙랑 유이민이 동화되

---

29  『三國志』卷30, 魏書東夷傳韓條. 韓濊彊盛 郡縣不能制 民多流入韓.

40

는 현상을 보이고 있다고 보아야 한다. 이러한 동화현상은 전통적인 경질무문토기 생산 체제에 변화를 일으키지 않았다는 점에서 확인할 수 있다.

결국 북한강 상류지역에서 보이는 낙랑계 토기는 낙랑이 북한강 하류지역에 백제국의 전사(前史)로서 존재하였던 정치체의 성장과 연동되어 내륙 교통로를 통한 영남지역과의 교류 속에서 중요한 교통로에 위치하는 북한강유역에서 발생하였을 가능성이 더 크다. 이러한 교류 속에서 북한강 최상류지역의 주민들은 낙랑토기에 대한 존재를 충분히 인지할 수 있었고 자연스러운 방법을 통하여 모방품 또는 낙랑계토기를 생산하였다고 보는 것이 자연스럽지 않을까 생각한다.

이것은 거례리유적에서 보이는 낙랑계 토기가 이미 승문타날 이외에 격자타날 기법이 채용되어 사용하고 있는 것에서도 확인할 수 있다. 시기의 문제를 떠나서 최소한 북한강 최상류지역에서는 승문타날기법 이외에 격자타날이 상용되고 있다는 점은 모종의 변화가 일어나고 있다는 것을 시사해 준다. 특히, 이러한 두 가지의 타날기법은 후에 심발형토기 제작에 있어서는 저부는 격자타날, 상부는 승문타날을 하는 전통으로 계승되고 있는 양상으로 알 수 있다.

격자타날의 발생지역은 소라리토성을 중심으로 한 원산만 지역이거나 북한강 중·상류지

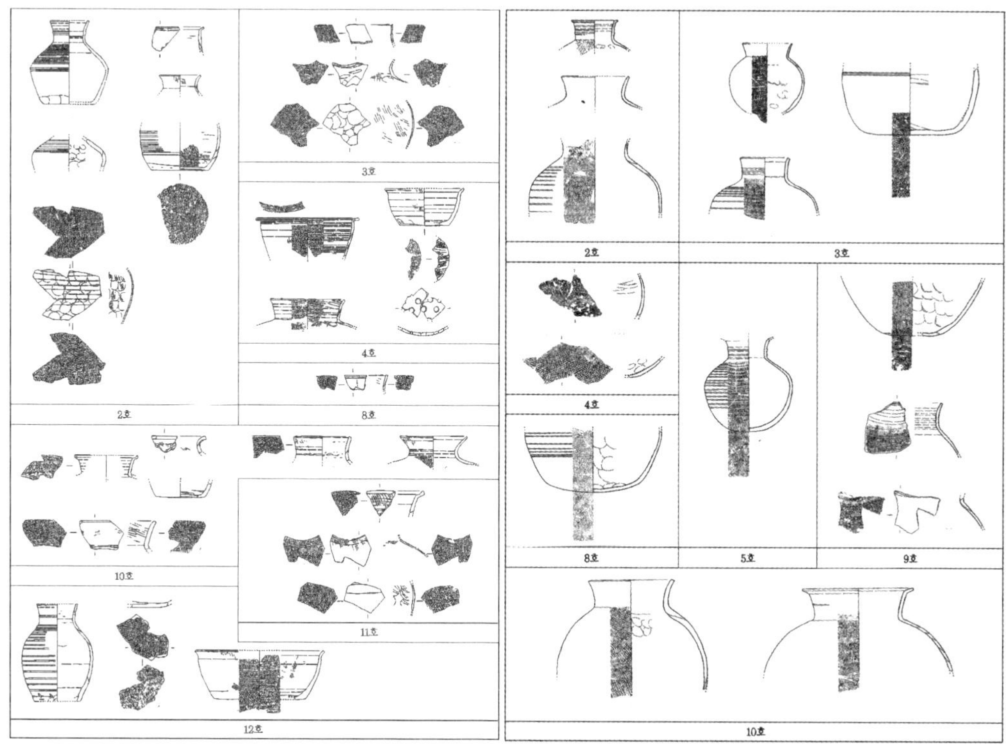

그림 14　화천 거례리유적 낙랑계토기와 타날문토기(江原考古文化研究院 2013)

역의 자체 발생 가능성[30]을 들 수 있다. 이중에 북한강 중·상류지역에서 보이는 낙랑계 토기 중에 거례리유적 출토품은 상부에 승문+저부에 격자 타날, 전면 격자 타날이 된 것들이 확인된다. 그런데 거례리의 것들은 대성리유적의 것과는 달리 내면에 승문내박자흔이 남고 외면에 2차로 격자타날을 시문한 것(3호, 9호, 11호, 12호)이 확인되고 있다. 또한 이 낙랑계토기는 경질무문토기와 동반하는 양상을 보이고 있다. 이러한 상부는 승문, 저부는 격자타날이 시문되는 전통은 이후 심발형토기에서도 확인되고 있다. 이처럼 승문(上)+격자문(下)이 시문되는 전통이 다른 지역에서는 희소하게 확인되고 있는데 북한강 상류지역을 중심으로 독자적인 토기생산체제가 지속되었을 가능성을 의미한다.

이는 북한강 상류지역이 낙랑지역과 영남지역을 연결하는 내륙교통로에 위치한다는 지리적인 이점과 동북지역과의 교류 관계 속에서 복합적으로 다양한 영향을 주고받았음을 보여주는 것으로 보인다. 특히, 원산만 지역과의 지속적인 교류 속에서 격자타날의 모티브가 차용되었을 가능성은 부정할 수 없다. 다만, 정인성의 지적과 같이 격자타날문의 존재가 대성리유적에서 확인되기도 하지만 타날문토기 제작방법에서 차이점이 확인되고 있어 그 계보가 단선적으로 정리될 수 없음은 거례리유적 출토품을 통하여 확인할 수 있다.

다음으로 북한강 상류지역의 鐵과 鐵器 生産 문제이다. 북한강 중·상류지역의 철기시대 양상을 파악하기 위한 鐵의 生産, 鐵器의 製作과 流通問題를 파악할 수 있는 유적이 드물다는 한계가 있다. 특히, 북한강 중·상류지역에는 철광석이나 사철을 원료로 철을 생산하는 제련유구는 확인되지 않고 있다. 또한 제련 작업을 통하여 생산된 괴련철을 가공하는 精練, 鑄造, 溶解, 精練鍛冶, 鍛鍊鍛冶의 과정을 보여주는 유구는 확인되지 않고 있다[31]. 다만, 가평 대성리유적에서 철기 제작 과정의 일부를 알 수 있는 것이 확인되었으며 홍천 철정리유적에서 송풍관, 천전리유적에서 철기 생산이 이루어 진 것을 증명하여주는 철재(鐵滓)가 확인되었을 뿐이다. 그리고 철기 제작에 사용하는 단야도구로는 원천리유적Ⅰ 79호 주거지에서 망치 1점, 거례리유적 12호 주거지에서 철착 1점이 확인되었을 뿐이다.

그리고 철기제작 관련 유구의 일부로 화천 원천리유적의 노바닥과 송풍관의 연결부 편 2점[32], 양구 고대리유적의 노바닥[33], 화천 위라리유적의 송풍관과 범심이 있다. 이 중에 출토

---

30  정인성, 2011,「東北아시아에서 打捺文短頸壺의 擴散-中島式 打捺文短頸壺의 이해를 위해-」,『崇實大學校 韓國基督敎博物館誌』제7호, 숭실대학교 한국기독교박물관.

31  물론, 가평 대성리유적의 경우에도 실제 철기를 제작하였던 유구는 확인되지 않았지만 8호 주거지에서 철재가 1점 출토되었고 분석 보고서를 보면 2점의 철재가 분석되었음을 알 수 있다.

32  보고서의 1561번 유물은 도랑 서쪽 상면(청27호 주거지 주변)에서 출토되었으며 1562번 유물은 102호 주거지 출입구 정지층에서 출토되었다.

33  江原文化財硏究所, 2015,『楊口 高垈里 遺蹟』.

맥락을 파악할 수 있는 것은 원천리유적과 고대리유적의 것이다. 하지만, 원천리유적 I 의 것은 주거지의 정지층이나 문화층에서 확인된 것으로 철기 제작의 가능성만을 알 수 있는 상태이다. 고대리유적의 것은 주거지 내부퇴적토에서 확인된 것으로 주거와는 직접적인 관련이 적다. 다만, 철기제작의 증거인 완형재의 존재는 적어도 구지표면에서 철기제작이 이루어진 것[34]을 보여준다. 결국, 북한강 상류지역에서는 철기제작을 보여주는 유적이 일부 유적에서 보이기는 하지만 구체적으로 확인된 곳은 우두동유적[35]에 불과하다.

이처럼 철기 제작과정을 보여주는 유구나 파생물이 적다는 것은 중요 철기의 경우는 외부에서 반입되었을 가능성이 높다는 것을 보여주고 있다. 이러한 측면에서 거례리 보고자의 철기의 분석에서 반입품과 자체 제작품으로 나누려는 시도는 유의미 하다[36].

때문에 원천리유적 Ⅱ단계에서 급증하는 철기는 이전 시기의 철기의 제작과 유통 관계가 차이가 있음을 보여주는 것이다. 원천리유적이 출현하기 前段階에는 간단한 도구는 마을 자체적인 생산이 이루어지고 중요 농공구류는 외부에서 반입이 이루어지는 流通體制를 유지하고 있었을 것이다.

즉, 원천리유적 Ⅱ단계에 들어서서는 철기(農·工具類와 武器類)의 폭발적인 증가는 모처의 철기생산 지역에서 한성백제의 북동쪽 변경의 군사적인 도시로 공급을 하면서 계획적인 통제를 하였던 것임을 보여주는 증거로 판단[37]된다.

반면에 이처럼 철기 제작에 있어 철광석이나 사철에서 괴련철 또는 (半)還元塊를 생산하는 제련과정(1차 공정), 정련단야, 초강정련, 용해의 과정(2차 공정)을 규명할 수 있는 고고학적 물질 증거가 희소하다는 점은 철기시대의 일반적인 현상일 가능성이 있다. 다만, 위라리유적에서 확인된 송풍관 편 외에 범심은 철기의 반입과정에서 유입[38]된 것이 아니라면 2차 공정(용해)이 위라리유적에서 이루어졌을 가능성이 높아 보인다.

그렇지만 현재까지 확인되는 자료를 근거로 판단하면 철기시대에는 적어도 화천과 양구지역이 중심인 북한강 상류지역은 간단한 소도구인 철기를 만드는 단련단야 공정만이 존재하였을 가능성이 높다. 그리고 한성백제의 직접적인 통치가 실시되는 시기에 위라리유적을 중

---

34 심재연, 2015, 「鐵器時代 中部地方의 鍛冶工房 研究 試論」, 『白山學報』제102호, 白山學會.

35 한강문화재연구원에서 발굴 조사한 유적으로 정식보고서가 발간될 예정이다. 이 유적이 북한강 중상류지역 최대의 철기 제작 마을로 보인다.

36 다만, 자체 제작의 가능성을 이야기 하였으나 과정에 대한 설명은 없다는 점에서 한계가 있다.

37 이처럼 철기의 폭발적인 증가 양상은 홍천 화화계리유적과 횡성 읍하리유적에서도 확인된다. 이 두 유적도 한성백제의 동쪽 변경지대 지배 양상을 보여주는 표지유적으로 판단된다.

38 중도동유적에서 범심이 확인된 바 있다(한백문화재연구원, 2013, 『춘천 중도 유적』).

심으로 철기 제작의 2차 공정이 존재하였을 가능성이 있다고 생각된다.

한편, 원천리유적 I 에서 보이는 주거의 평면 형태는 북한강 상류지역 철기시대의 전통적인 주거 양상을 보여주고 있지만 'I'자형 구들이 채용되면서 한성백제 중앙의 직접적인 통치력이 관철되고 있음을 동반 유물을 통하여 보여주고 있다. 특히, 다양한 종류의 철기, 공구류, 장신구류는 그 이전 시기에서는 볼 수 없는 폭발적인 양상으로 한성백제의 직접적인 통치를 배제하고는 해석될 수 없다고 생각된다.

그리고 주민구성은 거례리에서 조사된 석실분의 양상에서 일부 파악할 수 있다. 2기의 석실분이 조사되었는데 원천리유적의 규모에 비하여 유구수가 매우 적다. 물론, 고분이 조성 후에 멸실되었을 가능성이 있다고 하여도 단지 2기만이 확인된다는 것은 원천리유적 구성 주민들은 화천지역을 기반으로 한 토착 주민이 아닐 가능성이 있다고 생각된다. 아마도 백제 중앙과 관련된 중앙 또는 주변(畿內)지역에 기반을 둔 출신자일 가능성이 높다. 왜냐하면 화천지역 유력자의 무덤들이라면 고분의 규모나 부장품이 빈약한 이유를 설명하기 어렵다. 따라서 이 무덤들이 재지세력을 상징하는 것으로 볼 수 없다고 생각된다.

그런데 화천지역 취락의 변천을 파악할 수 있는 고고학적인 조사는 원천리유적 이외에 추가 확인조사가 진행되어야 할 것으로 보인다. 현재까지 확인된 취락의 변천은 기원후 방형주거의 출현과 여·철자형 주거의 공존, 방형주거지의 소멸과 여·철자형 주거의 유행으로 대표되는 주거 양식은 존속되지만 내부시설의 변화는 삼국의 다양한 문화 양상의 한 단면을 보여주는 양상으로 전개되고 있다.


# Ⅴ. 맺음말


북한강 최상류지역은 최근 이루어진 활발한 조사로 인하여 기원전·후까지 소급할 수 있는 유적이 확인되기 시작하였다. 특히, 주거 내부에 구들이 시설되고 낙랑(계) 토기가 동반되지만 단결-끄로우노프카문화 양상이 적다는 양상은 기존에 생각하던 북한강 상류지역의 문화 양상이 여러 계통의 문화가 복합되어 있음을 확인하였다.

특히, (장)방형계 주거에 구들이 시설되는 것이 확인되어 여·철자형 주거와는 달리 (장)방형계 주거지 단계부터 단결-끄로우노프카문화와 교류가 이루어진 것으로 파악할 수 있다. 하지만 양구 고대리유적에서는 동북계통의 토기류가 적게 동반되고 있는 특징을 보이고 있다.

낙랑(계) 토기의 출현은 북한강 상류지역의 한 특징으로 볼 수 있다. 이와 더불어 낙랑(계) 토기의 제작 시스템은 북한강 상류지역집단의 원산만을 중심으로 한 지역과의 지속적인 교류와 평양지역을 중심으로 하는 낙랑지역과 영남지역과의 교통로에 입지하는 지정학적인 위치에서 발생하였을 것으로 보인다. 특히, 격자타날의 출현은 원산만지역이 유력하지만 북한강 중·상류지역에서 발생하였을 가능성도 부정할 수 없다.

그러나 구들과 낙랑(계)토기를 동반하는 취락의 주거((장)방형, 여·철자형) 분포 양상은 밀집도가 낮은 것으로 확인되고 있어 이에 대한 검토가 필요하다.

이후, 한성백제의 영역화가 이루어지는 진척도에 따라 'I'자형 구들이 시설된 원천리마을이 출현한 것으로 판단된다.

한편, 철과 철기의 제작은 철기시대에는 간단한 도구의 생산은 가내수공업으로 가능하였으나 백제의 영역화가 이루어진 후부터 중요 철기류는 외부에서 반입된 것으로 판단되며, 한성백제의 영역화가 이루어진 이후부터는 거점 취락(위라리 등)에서 생산과 유통을 담당하였을 것으로 보인다.

참고문헌

논문

金武重, 2004, 「華城 旗安里製鐵遺蹟 出土 樂浪系土器에 대하여」, 『百濟研究』第40輯, 忠南大學校 百濟研究所.

金少映, 2012, 「中部地方 原三國時代 樂浪系遺物 出土 住居遺蹟 分析」, 江陵原州大學校 大學院 碩士學位論文.

박경신, 2012, 「중부지방 원삼국시대 취락구조」, 『고고학』 제11-2호. 중부고고학회.

______, 2015, 「북한강 유역 원삼국시대 취락의 편년」, 『崇實史學』第34輯, 崇實史學會.

방유리, 2014, 「화천 거례리 유적 횡혈식 석실분 연구」, 『江原考古研究』, 고려출판사.

심재연, 2009, 「한성백제기의 영동·영서」, 『고고학』 제8-2호, 서울경기고고학회.

______, 2015, 「鐵器時代 中部地方의 鍛冶工房 研究 試論」, 『白山學報』제102호, 白山學會.

朴淳發, 2012, 「백제, 언제 세웠나-고고학적 측면-」, 『백제, 누가 언제 세웠나』 '백제사의 쟁점' 집중토론 학술회의, 한성백제박물관.

양시은, 2011, 「남한에서 확인되는 고구려의 시·공간적 정체성」, 『고고학』 제10권 제2호, 중부고고학회.

李盛周, 2011a, 「漢城百濟 形成期 土器遺物群의 變遷과 生産體系의 變動-實用土器 生産의 專門化에 대한 檢討-」, 『韓國上古史學報』第71號, 韓國上古史學會.

______, 2011b, 「南韓의 原三國土器」, 『慶北大學校 考古人類學科 30周年 紀念 考古學論叢』.

정인성, 2007, 「낙랑 '타날문 단경호' 연구」, 『江原考古學報』第9號, 江原考古學會.

______, 2011, 「東北아시아에서 打捺文短頸壺의 擴散-中島式 打捺文短頸壺의 이해를 위해-」, 『崇實大學校 韓國基督敎博物館誌』제7호, 숭실대학교 한국기독교박물관.

한지선, 2009, 「한강을 통한 백제의 정치적 영역확장」, 『정치적 공간으로서의 한강 I』, 서울경기고고학회.


보고서

江原考古文化研究院, 2013, 『華川 居禮里 遺蹟-4대강(북한강)살리기 사업구간 내 화천 거례리 1지구 유물산포지 3구간 발굴조사 보고서-』.

강원문화재연구소, 2007, 「화천 위라리 123번지 내 유적 시굴조사」, 『2006~2007년도 소규모 발굴비 지원사업 현황과 성과』, 한국문화재조사연구기관협회.

______________, 2013, 『華川 居禮里遺蹟-4대강(북한강)살리기 사업구간 내 화천 거례리

유물산포지 1지구 5구간 문화재 발굴조사 보고서-』.

______________, 2015,『楊口 高垈里 遺蹟-양구 서천 고대지구 하천환경정비사업구간 내 문화재 발굴조사 보고서-』.

예맥문화재연구원, 2008,『양구 하리유적-양구 서천 자연형 하천 정화사업지구내 유적 시굴조사-』.

______________, 2009,「Ⅳ. 화천 하천환경개선사업지구」,『4대강 살리기 한강권역(북한강 문화재 지표조사 보고서』.

______________, 2013,『華川 原川里遺蹟-화천 원천리 2지구 유물산포지내 발굴조사보고서-』.

임남진, 2013,「포천 중리유적」,『2013년 중부고고학회 발굴조사 성과』, 중부고고학회.

韓國文化遺産硏究院, 2015,『抱川 中里 馬山遺蹟』.

한국문화재재단, 2015,「화천 위라리 123-1번지 외 1필지 축사 신축부지 내 유적 국비지원 발굴조사 약식보고서」.

한백문화재연구원, 2013,『춘천 중도 유적-4대강 살리기사업 춘천 하중도 A지구-』.

______________, 2013,『화천 거례리 유적-4대강 살리기 북한강 12공구 거례1지구 4구간 A·C~F 구역-』.

**03**  한림고고학연구소 연구 총서 2

# 화천 원천리 유적 토기에 대한 검토

한지선(국립중원문화재연구소)

## ::목차

# Ⅰ. 머리말

화천 원천리 유적은 원주지방국토관리청의 4대강(북한강)살리기 사업의 일환으로 북한강 유역 정비 등의 계획 하에 2010년과 2011년에 발굴되었다. 당시 화천지역에서 최초로 발견된 대단위 삼국시대취락이었을 뿐만 아니라 백제토기가 다량 확인되고 마구, 이식 등 위계와 관련된 유물이 출토되면서 학계의 주목을 받았다. 2013년 이 유적에 대한 발굴조사 보고서가 발간됨에 따라 베일에 싸여 있던 유적의 성격과 시기, 특징 등을 규명할 수 있게 되었다.

앞서 언급했듯이 이 유적에서는 다량의 백제토기가 출토되었고, 풍납토성 등 백제 중앙에서 확인되는 주거양식(육각형주거지+일자형부뚜막)도 다수 확인되고 있어 백제와의 밀접한 관련성이 꾸준히 제기되어져 왔다. 본 고의 목적은 출토 토기에 대한 분석이지만, 이미 토기에 대한 개별 분석은 발굴조사보고서의 분석편에서 자세히 다루고 있어 본고에서 중복된 사항을 다시 언급할 필요가 없을 것으로 여겨져 토기 세부 분석은 생략하였다. 화천 원천리 유적의 토기기종은 경질무문토기를 제외하고 약 18개 기종이 확인되고 있다(그림 1). 특히 다수를 점하는 유물은 심발과 장란형토기, 시루, 직구호류, 대호 등이고 소수의 완과 고배, 평저소호와 광구호, 병형토기 등이다. 역시 토기의 기본적인 분석도 중요하지만 토기 분석을 위해서는 유적의 시기문제에 좀 더 착목할 필요가 있을 것으로 판단되었다. 따라서 토기의 시기성을 규명할 수 있는 분석방법으로 유적 내 취사시설의 변천과 유구간 중복관계 분석을 통해 유적 내 분기설정을 시도하고 주요 토기의 변화양상과 아울러 화천 원천리 유적의 시기별 취락 변천상을 간단하게 살펴보는 순서로 논고를 진행하고자 한다.

# Ⅱ. 주거지별 출토 토기유물군 분석

화천 원천리 유적은 삼국시대 주거지가 117기가 확인되었고, 본고에서는 이러한 주거지와 그 출토유물(토기)만을 대상으로 하였기 때문에 그에 따른 분류기준도 제시하고자 한다.

먼저 평면형태는 방형(Ⅰ)과 오각형(Ⅱ), 육각형(Ⅲ)을 기준하여 나누었고, 면적의 경우 큰 방의 면적이 25㎡ 미만을 소형, 25~45㎡ 사이를 중형, 45㎡~60㎡ 사이를 대형, 그 이상을 특대형으로 구분하여 분류하였다. 이러한 면적분석은 취락 내 위계(송만영 2013, 한지선 2015)

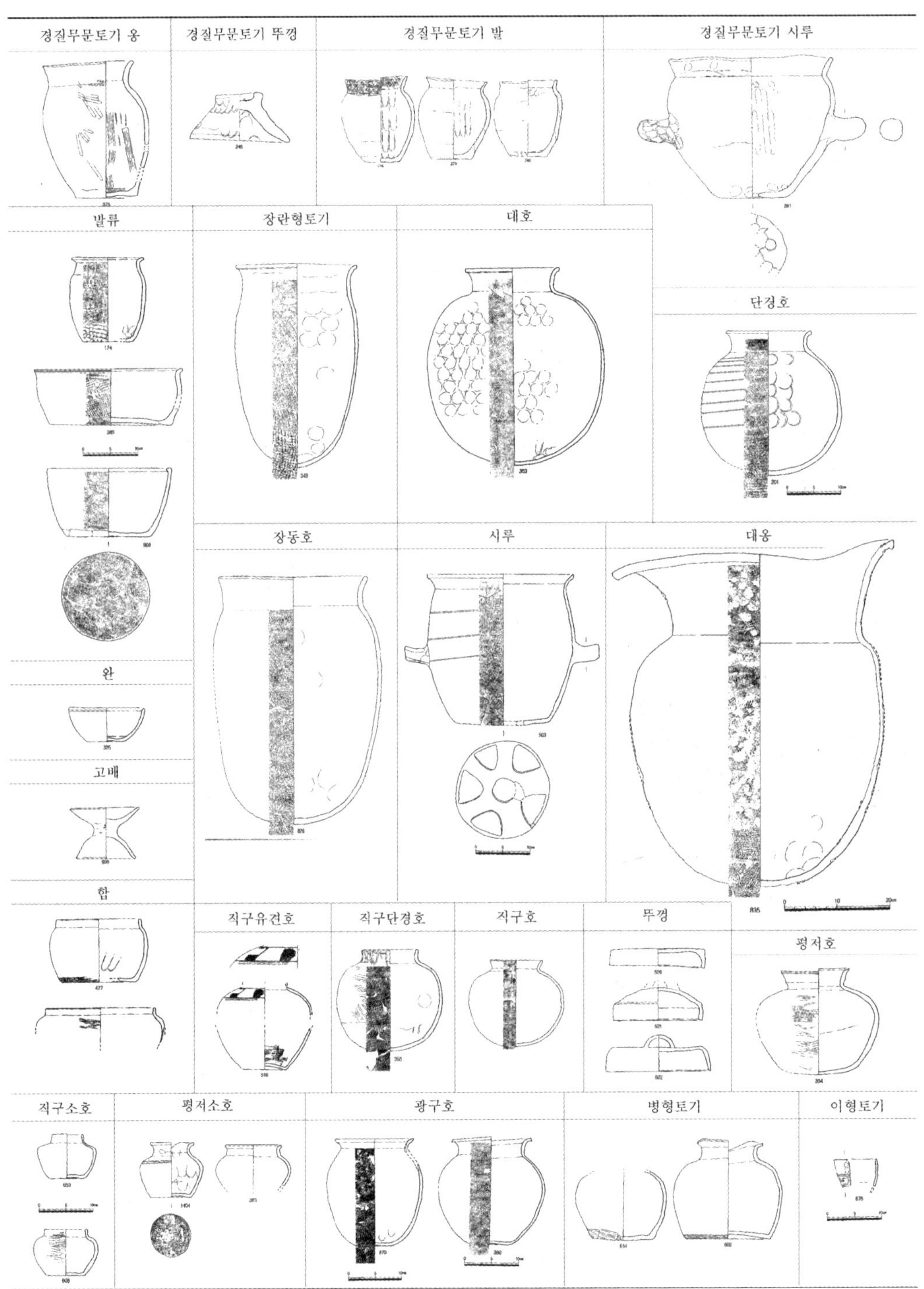

그림 1  화천 원천리 유적의 토기 기종표

를 반영할 가능성이 높기 때문에 그 중심 주거지와 주변 주거지간의 관계 분석이 중요하다고 판단하여 시도하였다. 취사시설의 경우 원천리 유적에서는 쪽구들(B)은 확인되지 않고, 노지단독(A)과 노지+일자형부뚜막(C1), 일자형부뚜막(C2)의 세 형식만 확인되고 있다. 연구사에 따르면(송만영 2010, 한지선 2013a, 박중국 2013) 이러한 평면구조와 취사시설은 시기성을 충실히 반영하고 있는 중요 지표로서 인정되기 때문에 본고에서도 주요 분류기준으로 설정하였다.

## 1. 주거지 내 취사시설별 토기 양상 분석

앞서 언급한대로 취사시설은 노지(A)와 노지+부뚜막(C1), 그리고 일자형 부뚜막(C2)의 3종이 확인된다. 이를 주거지 장축 기준으로 나누면 일자형부뚜막은 동서축을 가진 것과 남북축을 가진 것으로 다시 나뉘는데, 이미 연구사(박경신 2012, 국립문화재연구소 2013)에서 밝혀졌듯이 시기에 따라 주거지의 장축에 변화가 있고, 풍납토성의 경우 남북축을 기준하여 백제 주거지가 형성되고, 이전 시기인 원삼국시대 주거지의 경우 동서축을 보이는 양상과도 밀접한 관계가 있어 분류하였다. 취사시설이 확인가능한 주거지 85기를 대상으로 분류하였다.

표 1 화천 원천리 유적 취사시설 각종

| 유형 | A(노지) | C1(노지+부뚜막) | C2(일자형 부뚜막) | C2(일자형 부뚜막) |
|---|---|---|---|---|
| 장축 | 동서 | 동서 | 동서 | 남북 |
| 도면 | 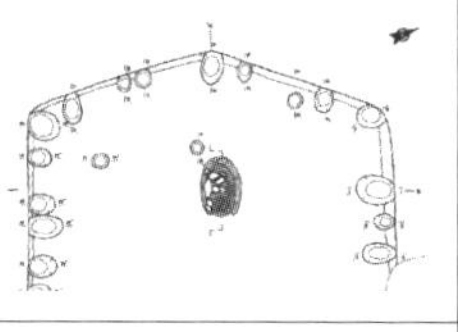 | 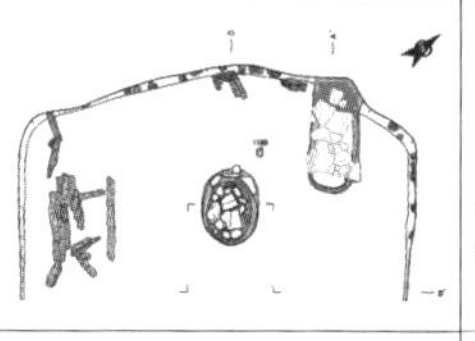 | 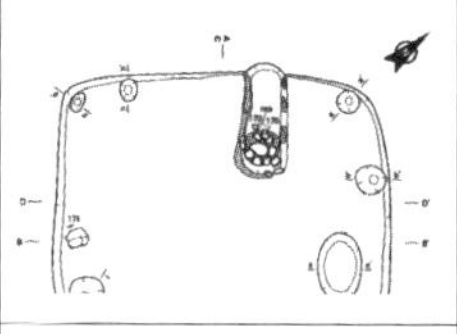 | 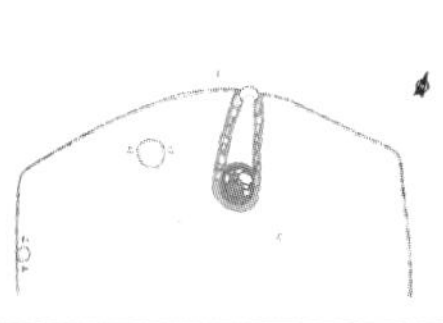 |
| 개수 | 12기 | 3기 | 33기 | 37기 |
| 유구 | 39,74,12,85,71,8,3,6, 93,44,25,13 | 47,21,105 | 88외 33기 | 96외 37기 |

이러한 취사시설 및 주거지 장축을 기준으로 주거지와 여기서 출토된 출토유물을 나열하면 그림 3과 같다. 합이나 뚜껑, 시루와 같은 백제중앙 토기양식의 경우 일자형부뚜막이 출현하는 단계부터 확인된다. 따라서 역시 노지나 일자형부뚜막과 노지가 함께 사용되는 주거지의 경우 백제와 적극적으로 접촉하기 이전 단계로 추정해 볼 수 있다.

그러나 이러한 나열이 반드시 시기를 그대로 반영해 주지 않는다. 대체적인 경향성을 보여

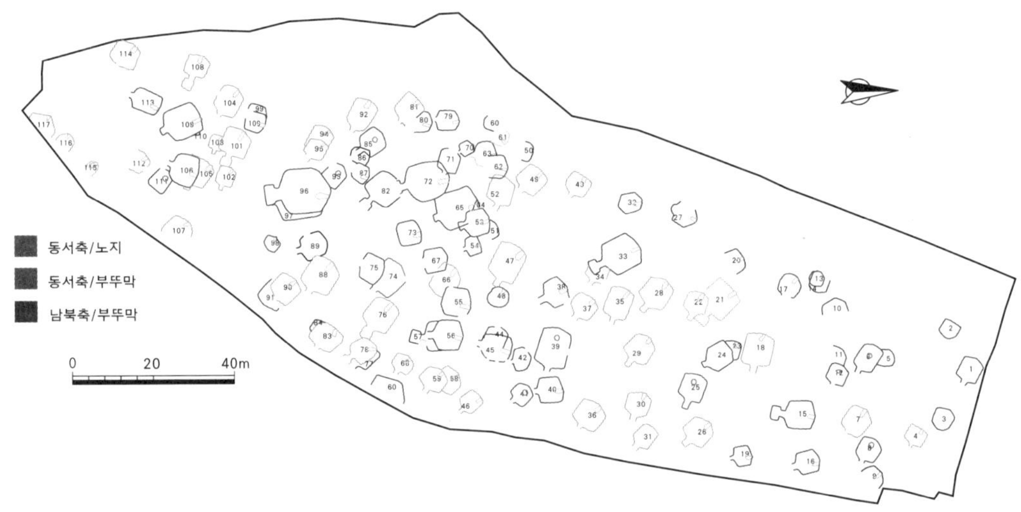


그림 2  화천 원천리 유적 유구배치도(취사시설 구분표시)

줄 뿐이다. 따라서 주거지의 중복관계를 통한 검증이 필요하다.


## 2. 주거지 중복 유구별 토기 양상 분석

중복유구 분석을 통해 유구의 선후관계를 파악해 보았다. 이렇게 검토한 내용이 다음의 〈표 2〉와 같다. 중복유구는 '선행유구 → 후행유구'로 표시하였으며, 동서축을 1, 남북축을 2로 표시하여 구분하였다. 중복유구의 패턴은 다음의 특징을 갖는다.

① 동서축에서 남북축으로의 후행양상이 뚜렷하다는 점
② 노지→노지+일자형부뚜막→일자형부뚜막으로의 후행양상이 뚜렷하다는 점
③ 동일취사시설간의 중복양상도 심하다는 점


취사시설간의 중복에 있어서 노지(A)와 노지+일자형부뚜막(C1)이 일자형부뚜막(C2)보다 중복관계에서 모두 선행하였다. 역시 시기성을 알려주는 대표적인 표지라 할 수 있다. 노지와 노지+일자형부뚜막의 중복양상은 확인되지 않는 점도 특징이다. 노지도 일자형부뚜막과 중복되며, 노지+일자형부뚜막 시설주거지도 일자형부뚜막 단독 주거지와 중복관계를 갖는다. 이는 노지시설 주거지와 노지+일자형부뚜막 시설주거지가 상호 인식하고 축조되었을 가능성도 있겠다. 한편 동서축의 일자형부뚜막 주거지와 남북축의 일자형부뚜막 주거지간의

그림 3  취사시설과 장축을 기준으로 한 주거지와 토기유물군 나열

중복도 확인되며 가장 다수 확인되는 중복양상은 남북축의 일자형부뚜막 주거지 간이다.

장축도 2개의 사례를 제외하고는 모두 동서축이 남북축에 비해 선행하고 있음을 알 수 있다. 동일취사시설 간 중복양상도 심했는데, 특히 일자형부뚜막 단계에서의 중복이 가장 두드러졌다. 다만 둔각의 육각형주거지(Ca)가 각이 선 육각형주거지(Cb)보다 선행하고 있어 이 또한 대체적인 경향과 일치하고 있음을 알 수 있다. 따라서 이러한 분석을 통해 볼 때 주거지 취사시설의 변화가 중복유구간의 변화와 거의 비슷하다는 것을 확인할 수 있다.

표 2  화천 원천리 유적의 중복유구 관계

| 장축<br>취사시설 | 동서축(1) | | | 남북축(2) |
|---|---|---|---|---|
| | A | C1 | C2 | C2 |
| 노지(A) →<br>노지+부뚜막(C1) →<br>부뚜막(C2) 간중복 | 44(?) → | | | 45(Ⅱ1) |
| | 74(Ⅲ2) → | | | 75(Ⅲ2) |
| | 85(Ⅲ1) → | | | 86(Ⅱ1) → 87(Ⅲ2) |
| | 93(Ⅲ2) → | | | 96(Ⅲ2) |
| | 111(?) → | | | 106(Ⅲ2) |
| | | 21(Ⅲ1) → | 22(Ⅲ2) | |
| | | 47(Ⅲ1) → | 48(Ⅲ2) | |
| | | 105(Ⅲ1) → | | 106(Ⅲ2) |
| 다른축<br>동일취사시설간<br>중복 | | | 23(Ⅲ1) → | 24(Ⅲ2) |
| | | | 34(Ⅲ2) → | 33(Ⅲ2) |
| | | | 66(Ⅲ2) → | 55(Ⅲ1) |
| | | | 76(Ⅲ1) → | 78(Ⅲ2) |
| 동일축<br>동일취사시설간<br>중복 | | | 94(Ⅲ2) → 95(Ⅲ2) | |
| | | | 103(Ⅱ2) → 101(Ⅲ2)<br>→ 102(Ⅲ1) | |
| | | | 58(Ⅲ2) → 59(Ⅲ2) | |
| | | | | 99(Ⅲ2) → 100(Ⅲ2) |
| | | | | 51(?) → 53(Ⅲ2) |
| | | | | 65(Ⅲ1) → 53(Ⅲ2) |
| | | | | 82(Ⅲ1) → 72(Ⅲ2) |
| | | | | 63(Ⅲ1) → 62(Ⅲ2) |
| 장축방향역전 | | | 81(Ⅲ2) | ←80(Ⅲ2) |
| | | | 37(Ⅲ2) | ←38(Ⅲ2) |

중복 유구간의 유물양상은 다음의 그림 4~6과 같다.

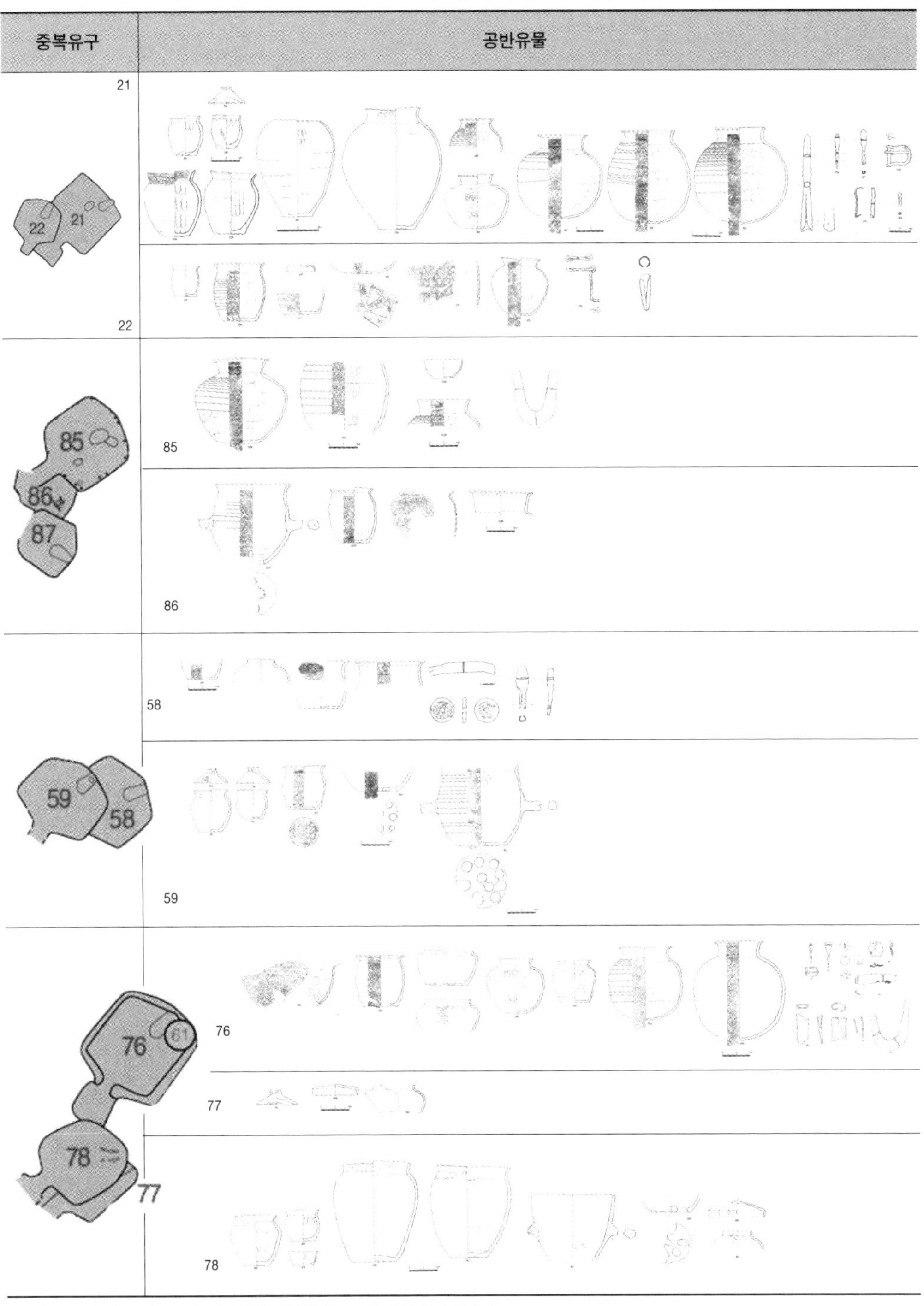

| 중복유구 | 공반유물 |
|---|---|

그림 4  화천 원천리 유적 중복 유구간 토기유물군 나열 1

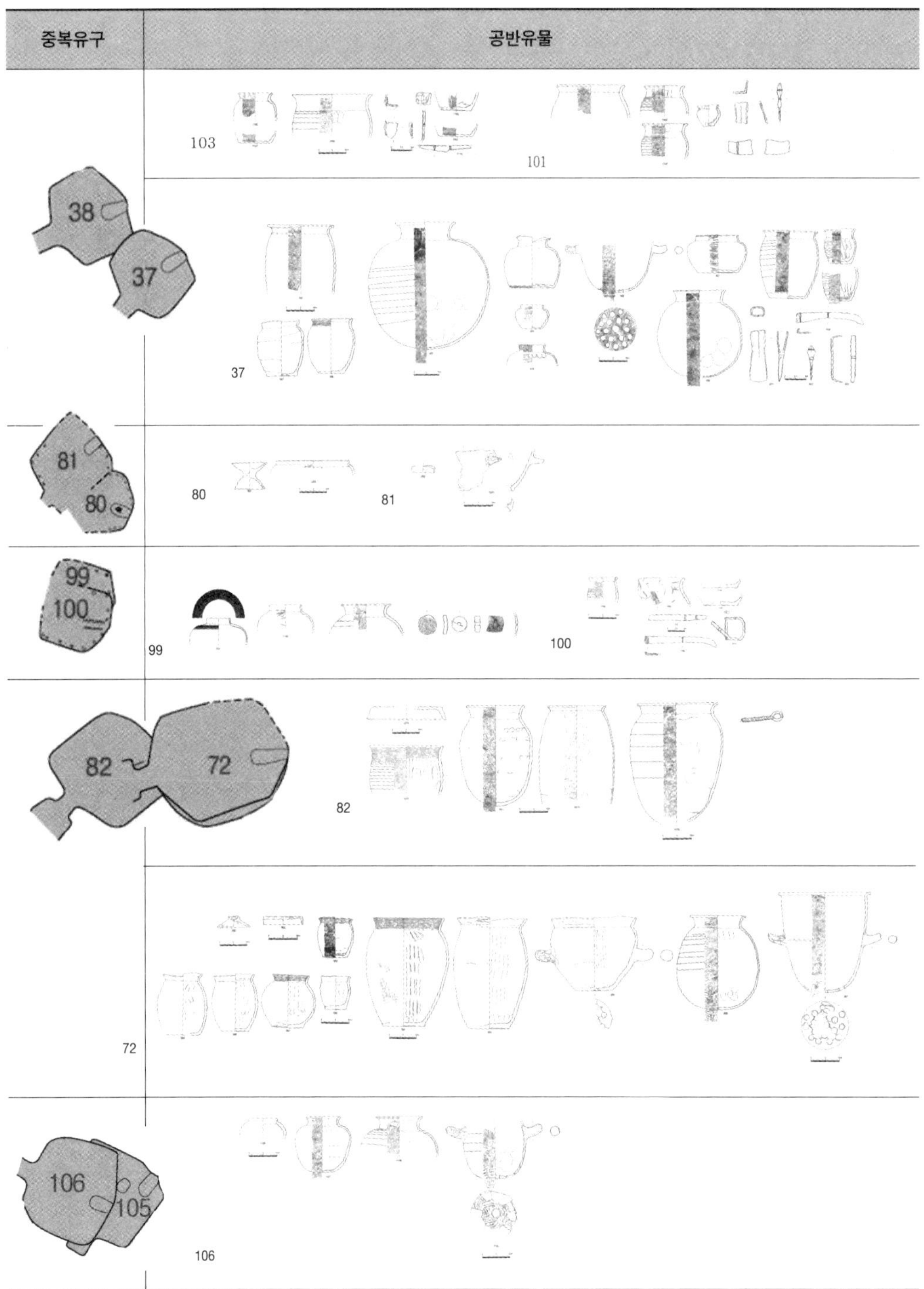

그림 5  화천 원천리 유적 중복 유구간 토기유물군 나열 2

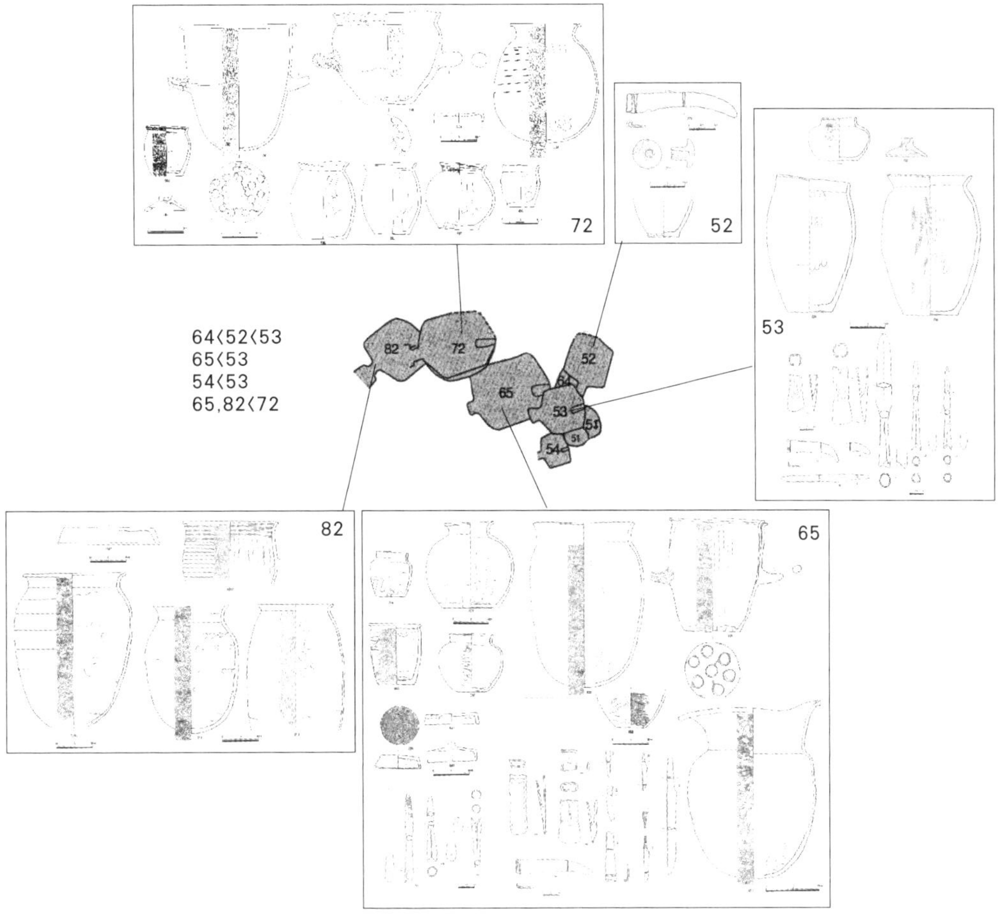



그림 6  화천 원천리 유적 중복 유구간 토기유물군 나열 3

특히 그림 6의 경우 다수의 중복관계를 통해 토기 유물군의 변천양상을 파악해 볼 수 있다는 점에서 주목된다.


# Ⅲ. 분기별 토기 양상과 취락 변천상 검토


## 1. 주요 토기기종의 변천 양상

앞서 검토한 취사시설별 변천양상과 중복유구를 통해 본 유구의 순서 배열 등에 입각하여 화천 원천리 유적의 유구와 토기유물군의 순서를 배열하였다. 여기에 신기종의 출현 및 기종 변천을 고려하여 순서배열을 시도한 것이 표 3이다. 그리고 이러한 배열 상에서 토기 기종군별 변천양상을 파악해 보기 위해 나열할 것이 그림 7~12이다. 총 토기유물군을 총 III기로 구분하였으나, II기와 III기를 다시 두 분기로 세분한 것은 유구의 중복관계를 고려한 것으로 -1기는 선행 유구를, -2기는 후행유구를 표시한 것이다. 여기서 한 가지 고려되어야 할 사항은 몇몇 유구의 경우 분기에 정확히 일치하는 것이 아니라 과도기로 추정해 볼 수 있다는 점이다. 예를 들어 21호 주거지의 경우 I기와 II기의 과도기적 양상을 보이고 있고, 37호나 40호 주거지의 경우도 II기와 III기의 과도기적 양상을 보인다. 이를 고려하여 검토된 내용을 정리해 보고자 한다.

표 3 화천 원천리 유적의 토기유물군 순서배열법에 의한 나열(* 내부퇴적토 출토 및 수습 유물 제외)

| 분기 | 호수 | 취사 | 장축 | 중복 | 중도식 옹 | 중도식 완 | 중도식 시루 | 심발 격자 | 심발 승+선 | 심발 승문 | 심발 평 | 원저단경호 격자 | 원저단경호 승+선+격 | 유견호 | 완 | 장란형토기 격자 | 장란형토기 승문 | 시루 | 대옹 | 장동호 | 구형대호 | 직구호 | 뚜껑 | 합 | 직구소호 | 직구유견호 | 고배 | 병 | 기타유물 |
|---|---|---|---|---|---|---|---|---|---|---|---|---|---|---|---|---|---|---|---|---|---|---|---|---|---|---|---|---|---|
| I | 1 | A | 동 | | ● | | | ● | ● | | | | | | | | | | | | | | | | | | | | |
| | 25 | A | 동 | | ● | | | | ● | | | | | | | | | | | | | | | | | | | | |
| | 39 | A | 동 | | ● | | | | | | | | | ● | | | | | | | | | | | | | | | 월,철촉,지석 |
| | 3 | A | 동 | | ● | | | | ● | | | ● | | | | | | | | | | | | | | | | | 철촉 |
| | 85 | A | 동 | 86선 | ● | | ● | | | | | | ● | ● | ● BF | | | | | | | | | | | | | | 유자형삽날,철촉 |
| | 8 | A | 동 | | ● | ● | | | | | | | ● | | | | | | | | | | | | | | | | 철촉 |
| | 21 | C1 | 동 | 22선 | ● | ● | | | | | | | ● | ● BF | ● BF | | | | | | | | | | | | | | 철겸,도자,철촉,철모,교구 |
| II-1 | 10 | C2 | 동 | | | | | | | ● | | | | | | | | | | | | | | | | | | | |
| | 4 | C2 | 동 | | | | | | | | ● | ● | | | | | | | | | | | | | | | | | |
| | 12 | A | 동 | 11후 | ● | | | | | | | | ● | | | | | | | | | | | | | | | | |
| | 18 | C2 | 동 | | ● | | | | | | | | ● | | | | | | | | | | | | | | | | 철겸 |
| | 13 | A | 동 | 14후 | ● | | | | | | | | ● | | | | | | | | | | | | | | | | 철준 |
| | 114 | C2 | 동 | | ● | | | | | | | | ● | | | | | | | | | | | | | | | | |
| | 35 | C2 | 동 | | ● | | | | | | | | ● | | | | | | | | | | | | | | | | |
| | 22 | C2 | 동 | 21후 | ● | | | | | | | | | | ● | | | ● 삼 | | | | | | | | | | | 철준 |
| | 112 | C2 | 동 | | | | | ● | ● | | | | ● | | | | | ● 삼 | | | | | | | | | | | |
| | 26 | C2 | 동 | | ● | | | ● | ● | ● | | | | | | | | | | | ● | | | | | | | 주조철부,철겸 |
| | 28 | C2 | 동 | | ● | ● | | | | | ● | | | | | | | ● 원 | ● | | ● | | | | | | | 주조철부,도자 |
| II-2 | 30 | C2 | 동 | | ● | | | | | ● | | | | | | | | | | ● | | | | | | | | 주조철부,주조괭이,철촉,교구,철모,동탁,판갑 |
| | 92 | C2 | 동 | | ● | | | | | | | | | | | | | | | | | ● 격 | | | | | | | 도자 |

| 구분 | 호수 | 취사 | 장축 | 중복 | 중도식 옹 | 중도식 완 | 중도식 시루 | 심발 격자 | 심발 승+선 | 심발 승문 | 심발 평 | 원저단경호 격자 | 원저단경호 승+선+격 | 유견호 | 완 | 장란형토기 격자 | 장란형토기 승문 | 시루 | 대옹 | 장동호 | 구형대호 | 직구호 | 뚜껑 | 합 | 직구소호 | 직구유견호 | 고배 | 병 | 기타유물 |
|---|---|---|---|---|---|---|---|---|---|---|---|---|---|---|---|---|---|---|---|---|---|---|---|---|---|---|---|---|---|
| Ⅱ-2 | 24 | C2 | 동 | 23후 | ● | | | | | ● | | | | | | ● | ● | ●? | | ● | ● | ● | | | | | | | 유자형삽날, 주조철부, 철겸, 철준,철촉 |
| | 108 | C2 | 동 | | ● | ● | | | | | | | ● | | | | | | | | | | ●(무) | | | | | | 도자,철준 |
| | 109 | C2 | 남 | 110선 | ● | | | | | | | | | | | | ●(원) | ● | ● | ● | | | ●(유·무) | | | | | | 유자형삽날,철겸,교구,철촉,동령 |
| | 63 | C2 | 남 | 62,70선 | ● | | | | | | | ● | | ● | | | | | | | | | ●(무) | | | | | | 지석 |
| | 40 | C2 | 남 | 41선 | ● | | | | ● | | | | | | | ●(원) | | | | | ● | | ●(격) | ● | | ●(BF) | | | 교구,철촉,도자 |
| | 37 | C2 | 동 | 38후 | ● | | | | ● | | | ● | | | | ● | ● | | | | | | ●(격) | ● | | | | ● | 철촉,철부,도자,철겸 |
| Ⅲ-1 | 86 | C2 | 남 | 85후 87선 | ● | | | | | | | | | | | ● | ● | | | | | | | | | | | | |
| | 59 | C2 | 동 | 58후 | ● | | | | | ● | | | | | | | | | ● | | | | | | | | | | 철촉,도자 |
| | 36 | C2 | 동 | | ● | | | | ● | | | ●(선) | | | | | | | ● | | | | | | | | | | 철촉,철부 |
| | 76 | C2 | 동 | 78선 | ● | | | ● | | | | ● | ●(평) | ● | | | | | | | ● | ● | | | | | ● | | 유자형삽날,철부,철겸,동령,철촉,교구 |
| | 29 | C2 | 동 | | ● | | | | ● | ● | | | | | | | ●(선) | | ● | | | | | ● | ● | ● | | | 주조철부,주조괭이철촉교구철모동탁 |
| | 99 | ? | 남 | 100선 | | | | | | | | | ● | | | | | | | | | | | | ● | ●(BF) | | | |
| | 82 | C2 | 남 | 72선 | ● | | | | | | | | | | | | ●(평) | | ● | ● | | ●(무) | | | | | | 재갈편 |
| | 65 | C2 | 남 | 53,72선 | ● | | | | ● | | | | | | | ● | ●(선) | | ● | ● | | ●(무·유) | | ● | ●(BF) | | ● | 주조단조철부,철겸,소자철모,철준,목병도 |
| | 88 | C2 | 동 | 89후 | ● | | ● | | | | | | | | | | | | | | | | | | | | ● | 도자 |
| | 80 | C2 | 남 | 81선 | ● | | | | | | | | | | | | | | | | | | | | | ● | | |
| Ⅲ-2 | 72 | C2 | 남 | 65,82후 | ● | ● | ● | | | | ● | | ● | | | ● | | ● | | | | | | | | | | 철촉도자 |
| | 69 | C2 | 남 | | ● | | | | | ● | | | | | | | ● | | | | | | | | | | | 삼지창,철부,철준,금동이식 |
| | 106 | C2 | 남 | 105,111후 | ● | | | | | | | | ● | | | ●(선) | ●(삼) | | | | | | | | | | | 도자,철촉,철겸 |
| | 55 | C2 | 남 | 66후 | ● | | | | ● | ● | | | | | | ●(유·내) | ● | | | ● | | | | | | | | 철겸,도자 |
| | 96 | C2 | 남 | 93,97후 | ● | | | ● | | | | | | | | ●(선) | | | | | | | | ● | ● | | | 주조괭이,단조철부,철겸,도자,교구,철촉,금동이식,구슬 |
| | 113 | C2 | 남 | | ● | | | | | | | | | | | | | | ● | ● | | | | | ● | | | |
| | 53 | C2 | 남 | 51,54,65,52,64후 | ● | | | | | | | | | | | | | | | | | | | | ● | ● | | | 단조철부,철겸,철모,철촉 |

| | 호수 | 취사 | 장축 | 중복 | 중도식 | | | 심발 | | | | 원저단경호 | | 유견호 | 완 | 장란형토기 | | 시루 | 대옹 | 장동호 | 구형대호 | 직구호 | 뚜껑 | 합 | 직구소호 | 직구유견호 | 고배 | 병 | 기타유물 |
|---|---|---|---|---|---|---|---|---|---|---|---|---|---|---|---|---|---|---|---|---|---|---|---|---|---|---|---|---|---|
| | | | | | 옹 | 완 | 시루 | 격자 | 승+선 | 승문 | 평 | 격자 | 승+선+격 | | | 격자 | 승문 | | | | | | | | | | | | |
| III-2 | 33 | C2 | 남 | | ● | | | | ● | ● | | | | | | | ● | ●원삼 | ● | ● | ● | ● | ●유 | ● | | BF | | | 주조괭이철겸, 재갈,등자,교구 철촉,지석, |
| | 78 | C2 | 동 | 76,77 후 | ● | ● | ● | | | | | | | | | | | | | | | ● | ●유 | | | | | | 단조철부,철촉, 도자 |

(삼: 삼각형투공, 원: 원형투공, 평: 평행선문, 유내: 유문내박자, BF: 흑색마연, 유: 유뉴식, 무: 무뉴식)

화천 원천리 유적 출토 토기류는 이미 발굴조사보고서에서 기종별로 자세히 다루고 있어 여기서는 몇 개 기종에 대해 시기변천의 요소를 중심으로 간략히 살펴보고자 하였다. 이 유적에서 가장 다수 출토된 토기 기종은 역시 심발과 장란형토기, 시루 등 취사용기이지만, 원저단경호나 유견호 등은 원삼국시대를 대표하는 기종으로 검토대상에 포함하였다. 이들 기종들은 이미 선행 연구(박순발 1989, 김성남 2004, 한지선 2005)에서도 밝혀진 바 있듯이 원삼국시대 Ⅲ기 단계에 출현하는 기종이다. 또한 분기 설정상 원천리 Ⅱ기 단계가 되면 백제토기 대부분의 기종이 출현하게 되는데, 화천 원천리 출토 백제토기 기종구성에 대해 별도로 살펴보고자 한다.

① 유견호

유견호는 원삼국시대 낙랑계토기의 영향 하에 재지적으로 모방·제작된 것으로 추정된다. 이러한 유견호는 석촌동 고분군에서 이른 시기 토광묘 단계나 화성 마하리 목곽묘 단계, 연천 학곡리 적석총이나 가평 마장리나 중도 주거지 등에서도 확인된다. 대부분 공통적으로 평저를 기본으로 하고 있으며, 어깨부분이 도드라지게 풍만하다. 또한 구순끝단이 수평을 이루고 경부에 1조의 요철면이 확인된다.

특히 화천 원천리 유적에서는 니질태토에 동체부에 마연을 시문한 것이 특징으로 Ⅰ기 단계인 노지를 사용하는 주거지에서 다수 확인되고 있다. 이후 형태는 조금 달리 하지만, 견부가 강조된 소호들이 간간히 제작되는 양상이 확인되고 있다.

② 원저단경호

원저단경호는 원삼국시대 대표적인 토기기종으로 동체 승문타날에 횡침선을 돌리고, 하부에 격자문타날을 시문한 형태가 가장 다수를 점한다. 이 점에서 화천 원천리 유적도 마찬가지인데, 대체로 구형에서 장동형으로 변화되는 양상이 확인되며, 구순의 발달양상이나 횡침선의 간격이 넓어지는 등의 양상은 다른 유적들과도 유사하다. 역시 Ⅰ기와 Ⅱ기에 집중 분

## 그림 7  분기별 유견호 양상

| 분기 | 유구 번호 | 취사 시설 | 장축 | 도면 | 비교도면 |
|---|---|---|---|---|---|
| I | 39 | A | 동 | 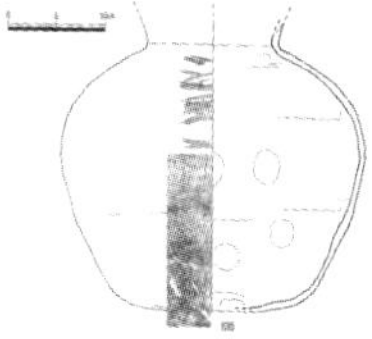 | 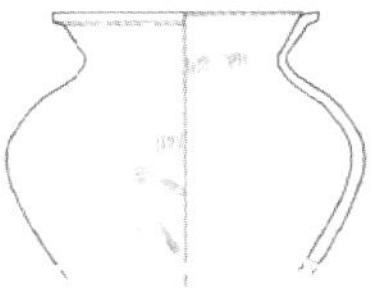 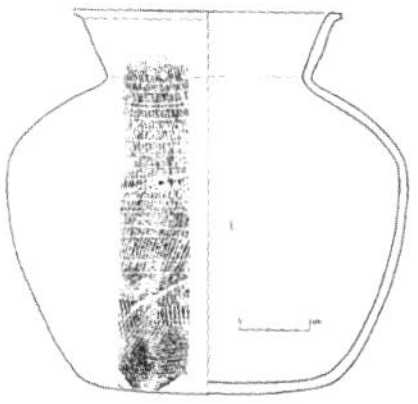 |
| | 21 | C1 | 동 | 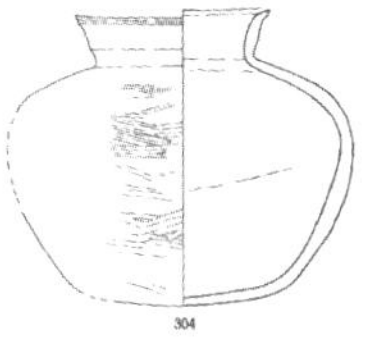 BF | 연천 학곡리적석총 4호곽 |
| | 85 | A | 동 | 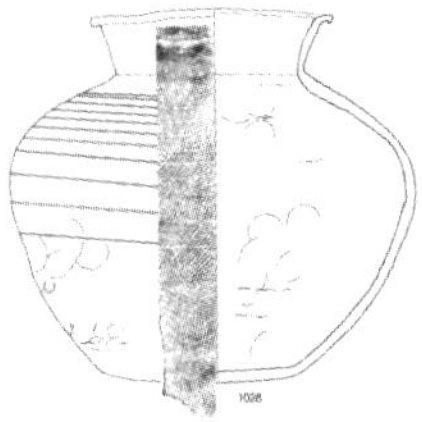 | 중도 1호 주거지 |
| Ⅱ-1 | 22 | C2 | 동 | 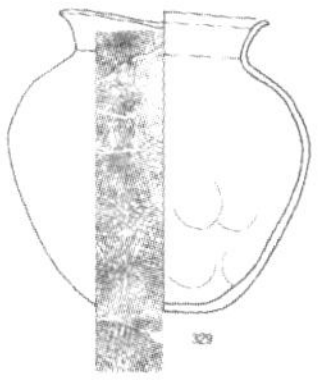 |  풍납토성 나-10호 주거지 |
| Ⅱ-2 | 63 | C2 | 동 | 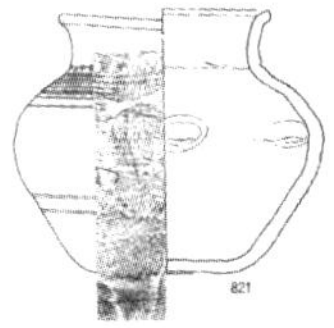 | |

## 그림 8  분기별 원저단경호 양상

| 분기 | 유구 번호 | 취사 시설 | 장축 | 원저단경호 | |
|---|---|---|---|---|---|
| I | 85 | A | 동 | 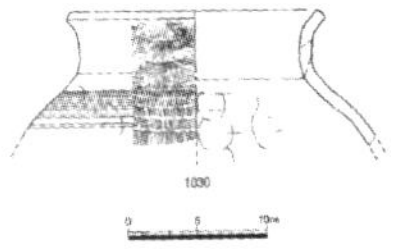 | 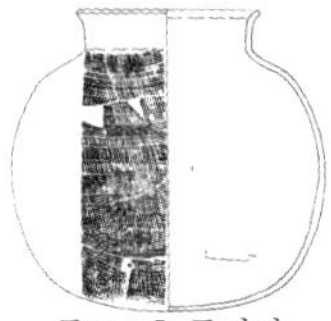 |
| | 8 | A | 동 | 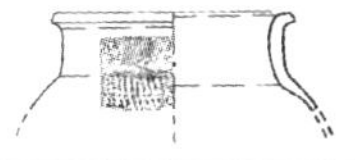 | 중도 1호 주거지 |

| 분기 | 유구번호 | 취사시설 | 장축 | 원저단경호 | |
|---|---|---|---|---|---|
| Ⅰ | 21 | C1 | 동 | 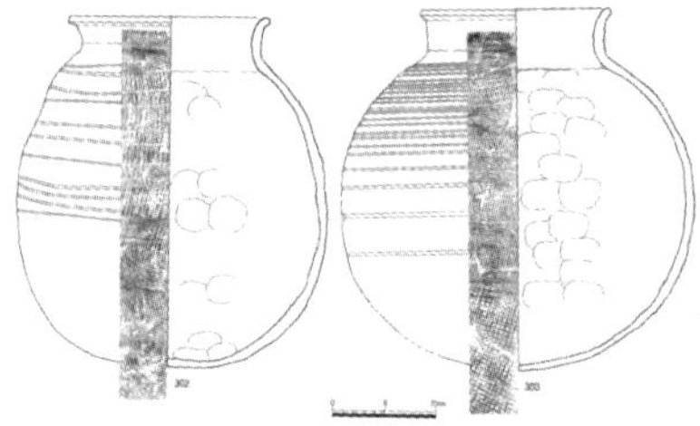 | 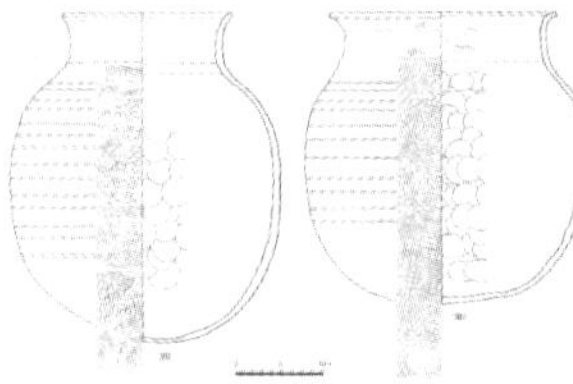 원주 가현동 18호 주거지 |
| Ⅱ-1 | 12 | A | 동 | 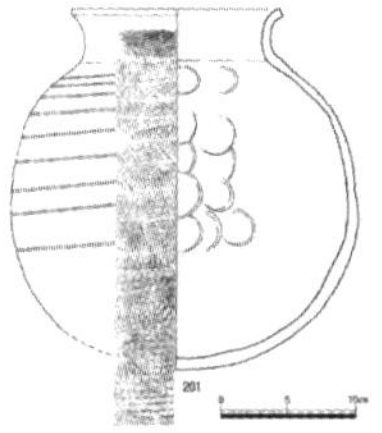 | 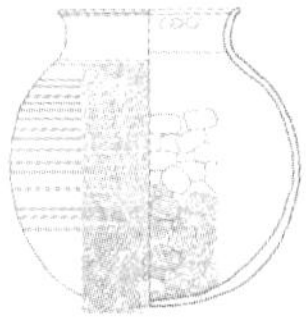 원주 가현동 26호 주거지 |
| | 18 | C2 | 동 | 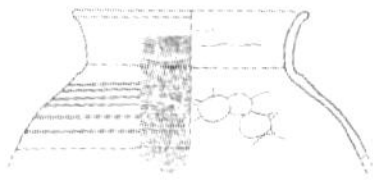 | 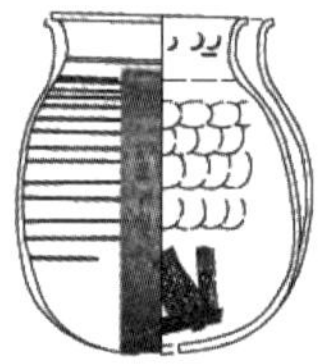 풍납 미래 나-10호 주거지 |
| | 114 | C2 | 동 | 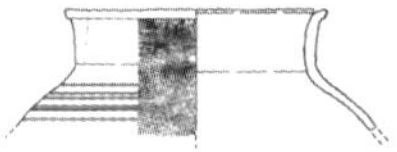 | |
| | 35 | C2 | 동 | 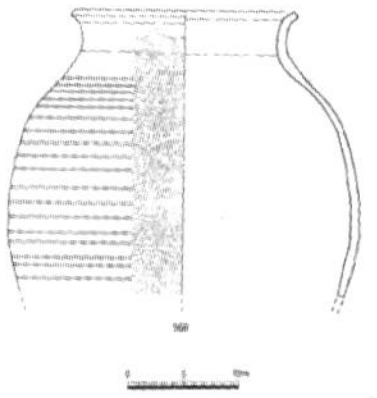 | 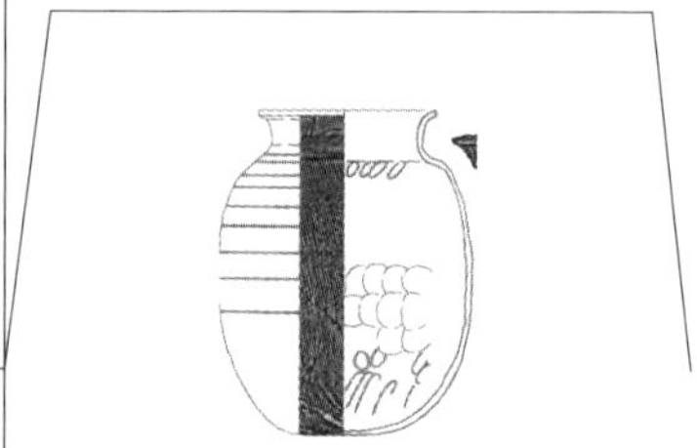 풍납 미래 가-1호 수혈 |
| Ⅱ-2 | 108 | C2 | 동 | 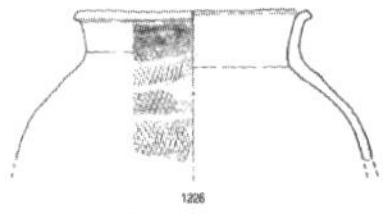 | |
| Ⅲ-1 | 76 | C2 | 동 | 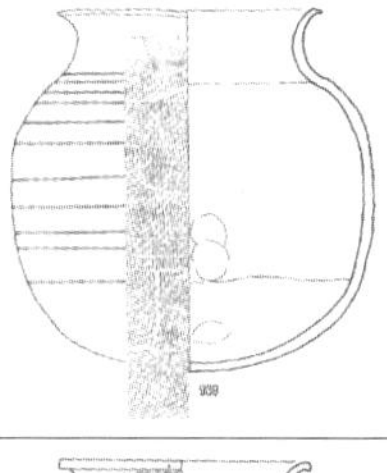 | 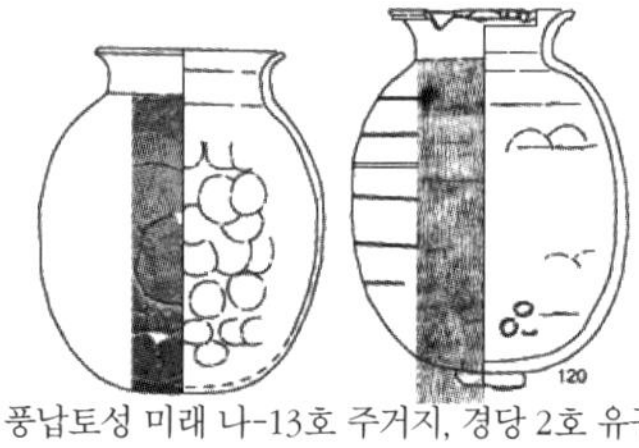 풍납토성 미래 나-13호 주거지, 경당 2호 유구 |
| Ⅲ-2 | 72 | C2 | 남 | 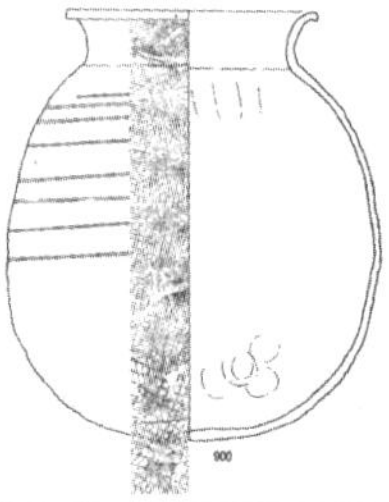 | |

포하고 있어 이 기종의 중심 시기를 엿볼 수 있다.

③ 심발

　화천 원천리 유적 출토 심발은 복원가능한 개체수 40점으로 기고 평균은 16.7cm로 10~25cm사이에 분포한다(보고서 인용). 용량의 경우 0.2ℓ~5.3ℓ까지 다양하게 확인되는데 평균 약 1.6ℓ 정도이다. 풍납토성에서 확인되는 심발의 시기적 변천 요소는 구순이 둥글거나 각진 것에서 뾰족해지거나 요철면이 형성되는 것으로의 변화, 동체부가 호형에서 원통형으로 바뀌고, 유문내박자를 사용해 기벽이 더욱 얇게 제작하며, 교차타날을 하다가 교차 없이 한 번에 때린 정연한 타날문양 등이다.

그림 9  분기별 심발 양상

| 분기 | 유구<br>번호 | 취사<br>시설 | 장축 | 격자 | 승문+선 | 승문 | 평행선문 |
|---|---|---|---|---|---|---|---|
| I | 1 | A | 동 | 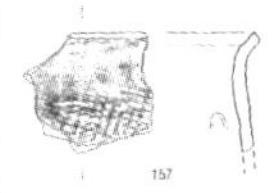 | 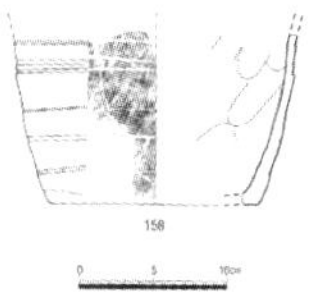 | | |
| | 3 | A | 동 | |  | | |
| Ⅱ-1 | 10 | C2 | 동 | | 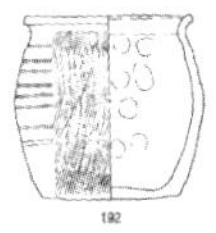 | | |
| | 112 | C2 | 동 | 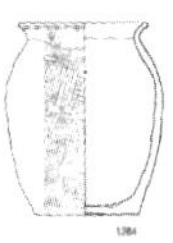 | 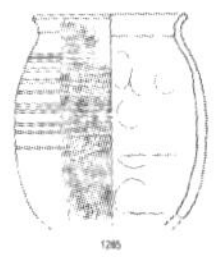 | | |
| Ⅱ-2 | 24 | C2 | 동 | |  | 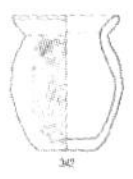 | |
| | 37 | C2 | 동 | | 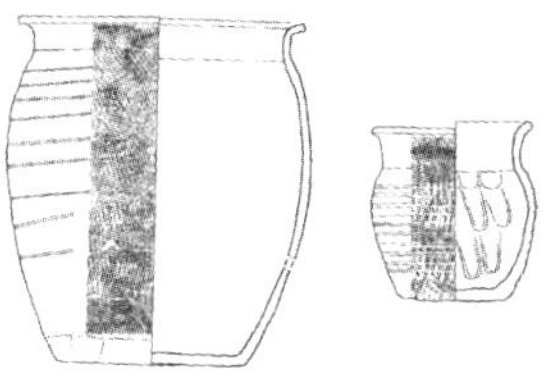 | | |

| 분기 | 유구번호 | 취사시설 | 장축 | 격자 | 승문+선 | 승문 | 평행선문 |
|---|---|---|---|---|---|---|---|
| II-2 | 40 | C2 | 남 | | | | |
| II-2 | 5 | C2 | 남 | | | | |
| III-1 | 76 | C2 | 동 | | | | |
| III-1 | 65 | C2 | 남 | | | | |
| III-2 | 33 | C2 | 남 | | | | |
| III-2 | 69 | C2 | 남 | | | | |
| III-2 | 72 | C2 | 남 | | | | |
| III-2 | 55 | C2 | 남 | | | | |

　화천 원천리 유적 출토 심발에서는 변천을 명확하게 파악하기는 어렵다. 그래도 가장 늦은 형태를 갖는 심발은 55호 주거지 출토품으로 역시 III기에 해당되면서 풍납토성 나-60호 수혈 등 최말기 유구에서 출토되는 심발의 양상과 유사하다. 대체적으로 III기의 심발이 II기보다 동체부가 약간 중심부에서 중상위로 이동되고 동체부가 약간 더 원통화된 형태가 확인된

64

다. 평행선문 타날의 경우 Ⅲ기에 해당되는 72호 주거지에서 확인된다.


④ 시루

시루의 경우 호형과 구순이 약간 바깥으로 벌어진 원통형의 형태를 갖는 것이 일반적인데, 화천 원천리 유적에서는 이 두 형식이 모두 확인되면서도 수적으로는 원통형 형태의 비중이 높다. 시루의 용량은 7.7ℓ~21.3ℓ의 대형 시루까지 확인되는데, 평균 약 12ℓ이다. 가장 용량이 큰 것은 33호 주거지 시루로 21.3ℓ인데, 해당 주거지도 특대형에 해당한다. 이외에도 12ℓ 넘

**그림 10 분기별 시루 · 장란형토기 양상**

| 분기 | 유구 번호 | 취사 시설 | 장축 | 중도식 시루 | 타날문토기 시루 | 장란형토기 격자문타날 | 장란형토기 승문타날 |
|---|---|---|---|---|---|---|---|
| Ⅰ | 85 | A | 동 | 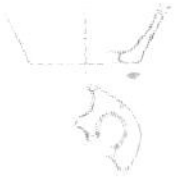 | | | |
| Ⅱ-1 | 28 | C2 | 동 | | | | 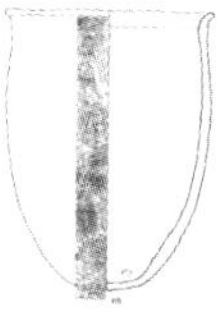 |
| | 112 | C2 | 동 | | 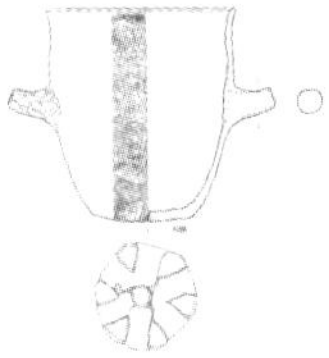 | | |
| Ⅱ-2 | 109 | C2 | 남 | | 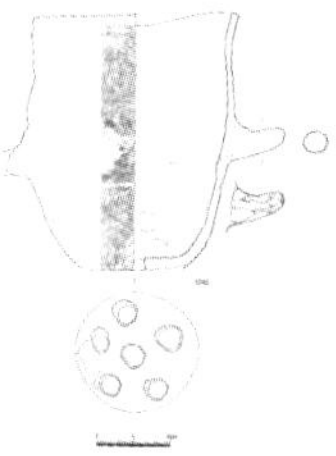 | | |
| | 24 | C2 | 동 | | 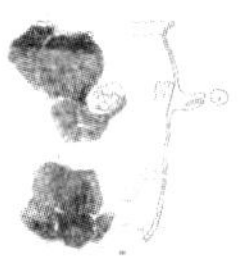 | |  |
| | 40 | C2 | 남 | | 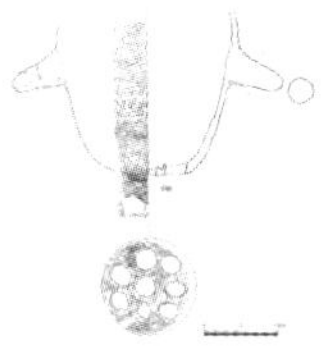 | | 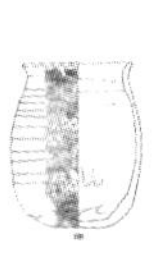 |

| 분기 | 유구번호 | 취사시설 | 장축 | 중도식 시루 | 타날문토기 시루 | 장란형토기 격자문타날 | 장란형토기 승문타날 |
|---|---|---|---|---|---|---|---|
| Ⅱ-2 | 37 | C2 | 남 | | 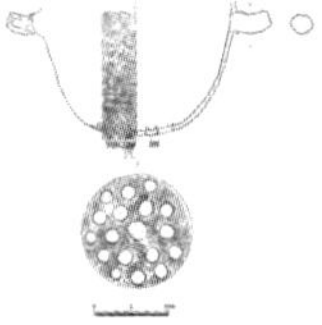 | | 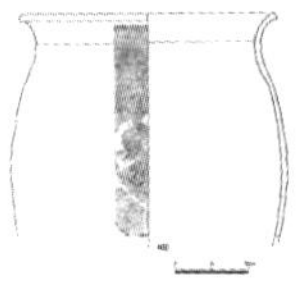 |
| | 59 | C2 | 동 | | 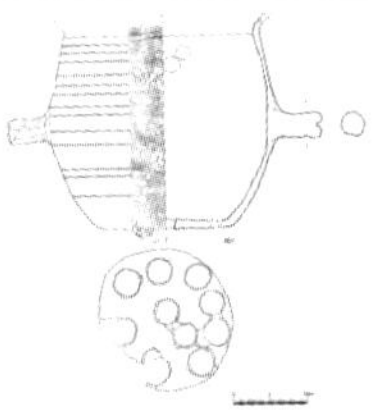 | | |
| Ⅲ-1 | 65 | C2 | 남 | | 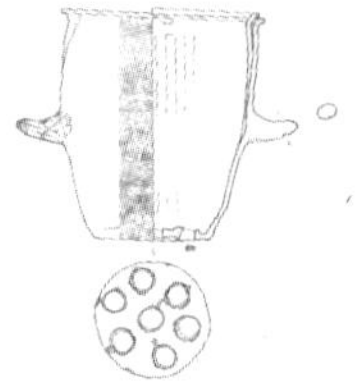 | 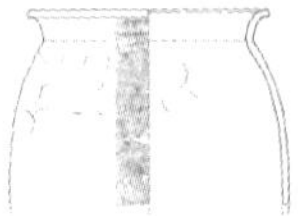 | 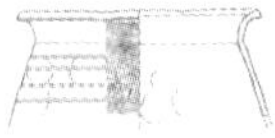 |
| | 86 | C2 | 남 | | 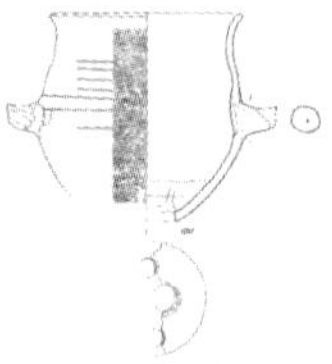 | | |
| | 106 | C2 | 남 | | 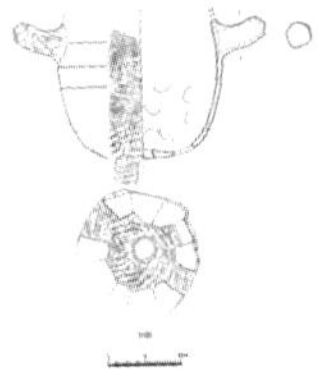 | | |
| Ⅲ-2 | 33 | C2 | 남 | | 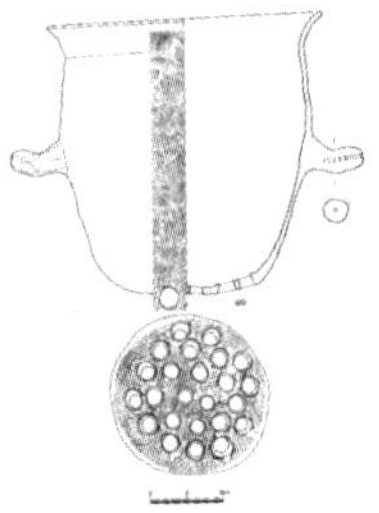 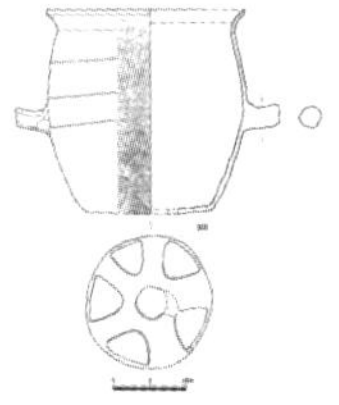 | | 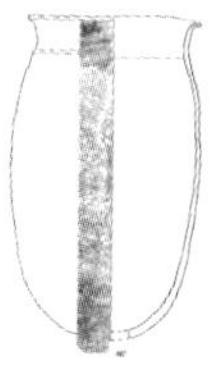 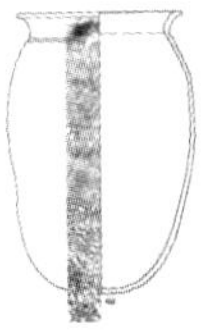 |

| 분기 | 유구 번호 | 취사 시설 | 장축 | 중도식 시루 | 타날문토기 시루 | 장란형토기 격자문타날 | 장란형토기 승문타날 |
|---|---|---|---|---|---|---|---|
|  | 72 | C2 | 남 |  |  |  |  |
| Ⅲ-2 | 113 | C2 | 남 |  |  |  |  |
|  | 55 | C2 | 남 |  |  |  |  |

는 시루의 경우 예외도 있지만 대체로 대형급의 주거지에서 확인되고, 10ℓ 이하는 중소형의 주거지에서 확인되고 있어 주거 면적과 시루 용량이 비례하는 양상이다. 이는 심발이나 장란형 토기의 용량군이 주거 면적당 차이가 보이지 않는 점과는 대조적으로 역시 시루가 밥을 지어 먹는 실질적인 취사용기로 먹는 섭취 인원의 수가 반영되었을 가능성이 있는 것으로 생각된다.

화천 원천리 유적에서는 매우 다양한 형태의 시루가 확인되고 있다. 투공에 있어서도 삼각 형 투공은 이른 시기부터 늦은 시기까지 존재하고, 작은 원형투공이나 큰 원형투공 등도 분 기마다 대부분 분포하고 있어 투공형태에 따른 변천상을 파악하기 어렵다. 다만 발형에서 점 차 호형, 원통형, 원저형 등으로 다양화 되는 양상이 33호 주거지에서 일괄 출토되는 시루를 통해 확인할 수 있다.

⑤ 장란형토기

장란형토기의 용량은 8ℓ와 12ℓ 전후가 다수 확인되고 소형의 장란형토기(40호 주거지)는 용량이 3ℓ로 부뚜막에서 사용한 흔적이 있기 때문에 심발로 분류하지 않고 장란형토기에 포 함시켰다. 이와 유사한 자료로는 풍납토성(가-21호 수혈)에서 이미 출토된 바 있다. 108호 주거지에서는 삐침구연이 확인되고 있고 69호와 55호 주거지에서는 유문내박자 흔적 등이 확인되고 있어 장란형토기 형식 중 가장 발달된 형식을 취하고 있는 것을 알 수 있다. 원삼국 ~백제 한성기 장란형토기는 대부분 격자문이나 승문타날을 치는 경우가 절대 다수인데, 본

유적에서는 Ⅲ기에 해당하는 82호 주거지에서 평행선문 타날을 한 장란형토기가 한 점 확인되었다.

⑥ 구형대호와 장동호

구형대호는 높이 40cm 이상의 원저호류를 별도로 분류하고 설정한 기종이다. 분기를 구분하여 토기도면을 나열하였지만 시기성을 파악할 수 있는 형태적 변이는 잘 파악되지 않는다. 꾸준히 경부가 좁은 형태로 제작되며, 직립구연과 외반구연을 한 형태가 지속된다. 장동호의 경우도 지속적으로 제작되는데, 경부가 직립하는 형태에서 부드럽게 외반하는 형태로의 변화상이 확인된다.

⑦ 직구호류

직구호류는 한성백제 토기기종 중 가장 대표적인 것으로, 처음에는 직구의 모티브가 원저호류에 결합되어 나타나다가(직구호), 직구유견호나 직구단경호의 정형화된 형태로 발전하는 것으로 알려져 있다(한신대학교 박물관 2004). 화천 원천리 유적에서 확인되는 직구호류는 직구호, 합, 직구유견호, 직구소호인데, 견부에 횡침선 2조에 문양대가 시문된 원저형의 직구단경호의 경우는 확인되지 않고, 견부 문양대는 모두 직구유견호에서만 확인된다. 직구

**그림 11 분기별 구형대호 · 장동호 · 대옹 양상**

| 분기 | 유구<br>번호 | 취사<br>시설 | 장축 | 구형 대호 | 장동호 | 대옹 |
|---|---|---|---|---|---|---|
| Ⅱ-1 | 14 | ? | 동 | | 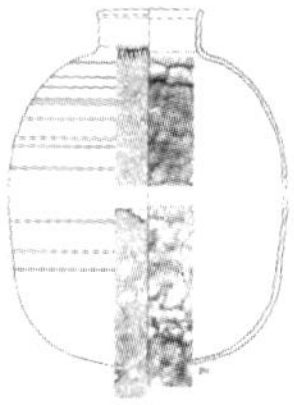 | |
| | 26 | C2 | 동 | 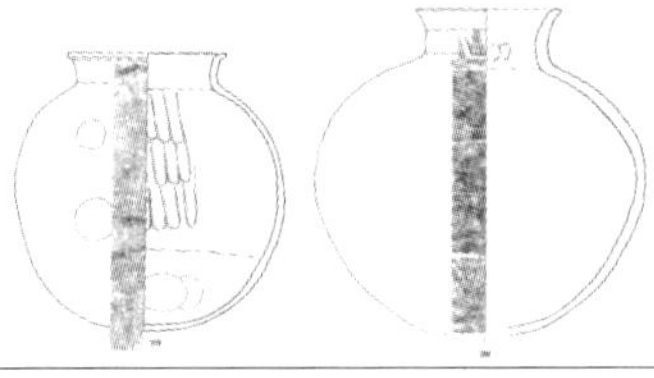 | | |
| | 30 | C2 | 동 | | 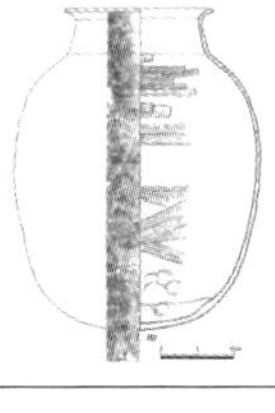 | |

68

| 분기 | 유구번호 | 취사시설 | 장축 | 구형 대호 | 장동호 | 대옹 |
|---|---|---|---|---|---|---|
| | 92 | C2 | 동 | 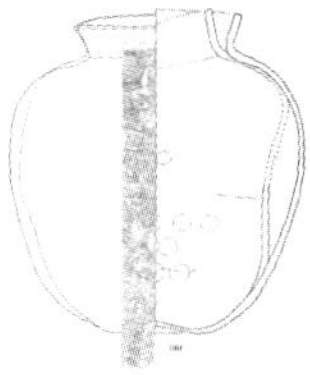 | | 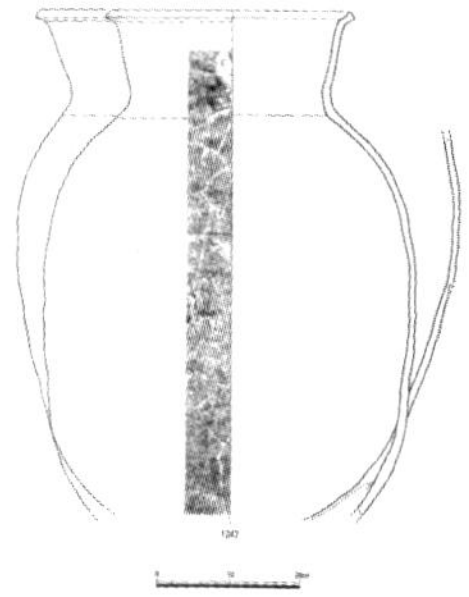 |
| | 24 | C2 | 동 | 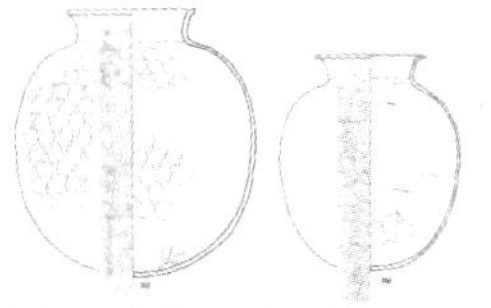 | | |
| Ⅱ-2 | 109 | C2 | 동 | 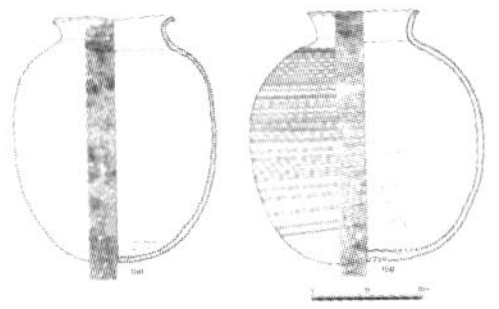 | 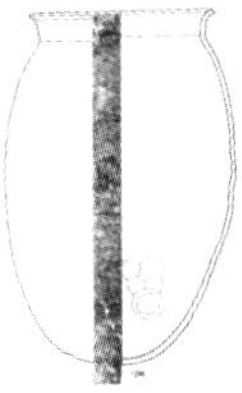 | |
| | 40 | C2 | 남 | 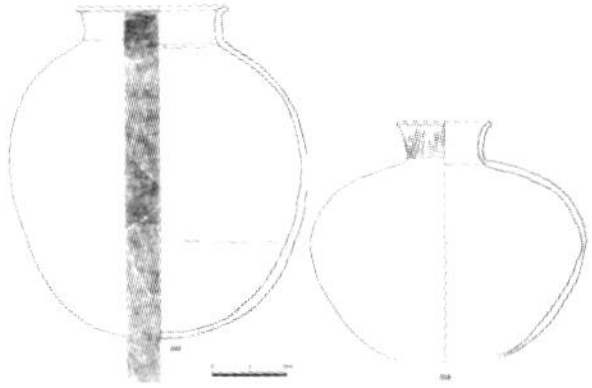 | | |
| | 37 | C2 | 동 | 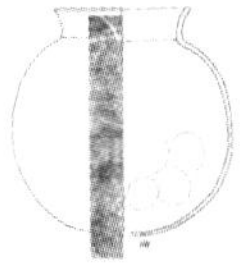 | | |
| | 76 | C2 | 동 | 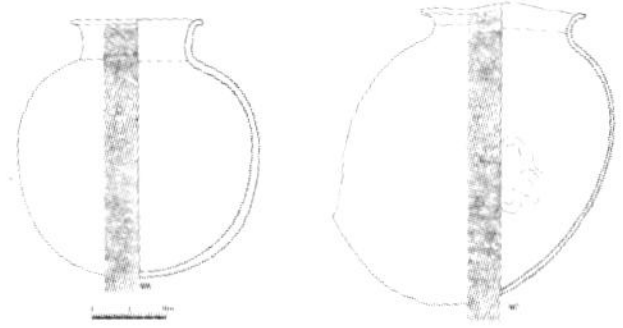 | 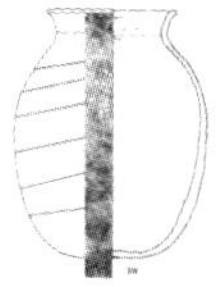 | 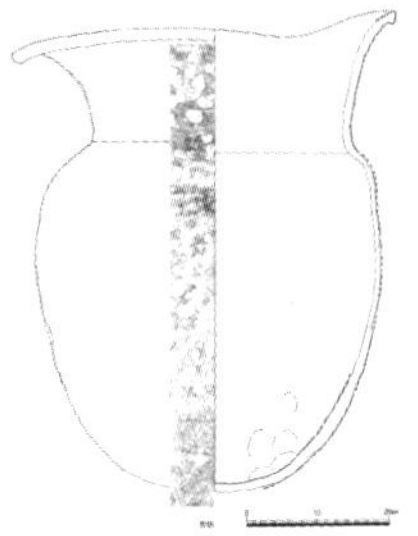 |
| Ⅲ-1 | 82 | C2 | 남 | | 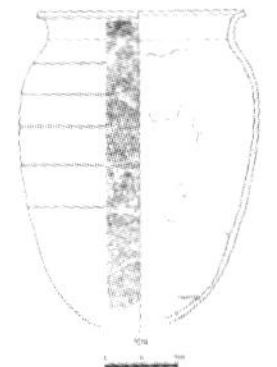 | |
| | 65 | C2 | 남 | | 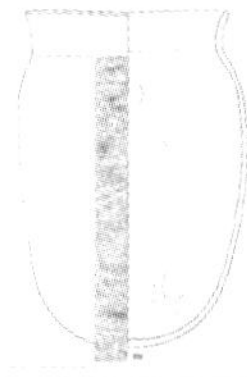 | |

| 분기 | 유구 번호 | 취사 시설 | 장축 | 구형 대호 | 장동호 | 대옹 |
|---|---|---|---|---|---|---|
| Ⅲ-2 | 55 | C2 | 남 | | | |
| | 33 | C2 | 남 | | | |

유견호는 모두 흑색마연토기로 제작되었으며, 이외에 직구호도 회색 연질 내지 중경질의 소성도를 보이고, 동체부 마연을 시문했다. 37호 주거지와 24호 주거지 직구호의 경우우 구순에 종방향의 암문처럼 마연을 드문드문 시문한 것이 주목된다. 한편, 합은 견부가 동그랗게 성형되는 것(37호 주거지)과 각지게 성형되는 것(76호 주거지)으로 나뉘는데, 풍납토성에서의 경우는 후자가 전자에 비해 늦게 출현하고 있다. 그리고 32호 주거지 출토품과 같이 경질로 단단하게 제작되는 것이 가장 늦게 확인되는 양상이다. 요철과 같은 장식대는 확인되지 않고, 동체부 전면에 마연을 하였다. 합의 경우는 자체로 모방해 제작한 형태가 다수 확인된다.

직구유견호는 저부가 말각 평저형으로 견부에 동최대경이 위치하면서 견부 문양대를 갖는 특징이 있다. 모두 흑색마연토기(도면에 BF로 표시)로 제작되며, 40호 주거지 출토품을 제외하고 견부문양대가 있는 경우 재지에서 생산되었다기보다는 백제중앙으로부터의 위세품으로 사여받았을 가능성이 클 것으로 추정된다. 견부 문양대는 99호 주거지 출토품의 경우 기본 삼각형 침선을 연달아 그려 넣는 방식으로 시문된 것이고, 33호 주거지 것의 경우 가락동 2호분에서 확인되는 것과 유사하게 마름모꼴로 시문하고 그 가운데를 격자로 채워 넣는 방식으로 시문되었다. 역시 풍납토성 등 백제 한성기 중앙양식을 비교 할 때 후자가 전자에 비해 늦게 출현한다[1]. 또한 Ⅲ기에 해당되는 시기에만 이러한 흑색마연토기 직구유견호가 확인되고 있는 점도 주목된다. 이는 다음 장에서 보다 자세히 살펴보고자 한다.

---

1  99호 주거지 출토 직구유견호는 풍납토성 경당지구 196호 유구 출토품과 문양대의 모티브가 유사하고, 33호 주거지 출토품은 가락동 2호분 출토품과 모티브가 유사하다. 시기적으로 196호 유구가 가락동 2호분보다 빠를 것으로 추정된다.

**그림 12 분기별 직구호류 양상**

| 분기 | 유구번호 | 취사시설 | 장축 | 직구호 | 합 | 직구유견호 | 직구소호 |
|---|---|---|---|---|---|---|---|
| Ⅱ-2 | 24 | C2 | E | 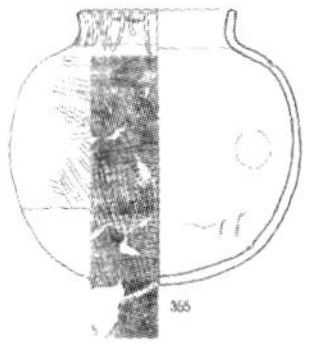 | | | |
| | 37 | C2 | E | 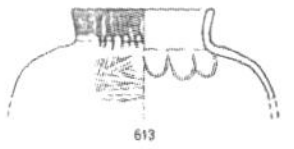 | 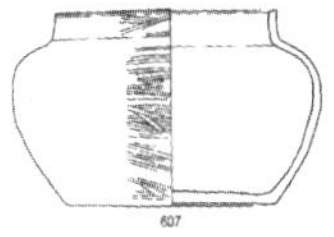 | 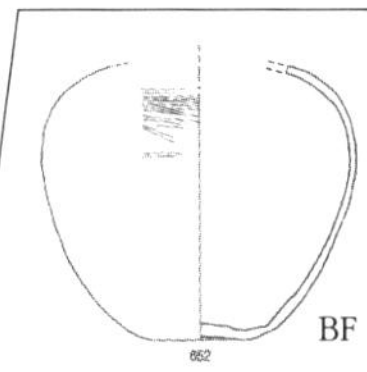 | 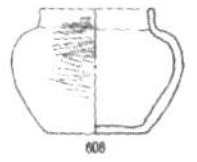 |
| | 40 | C2 | S | | | | 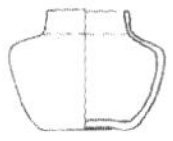 |
| Ⅲ-1 | 99 | ? | S | 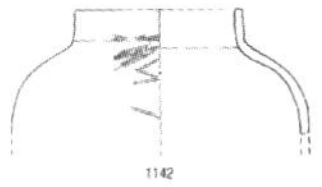 | | 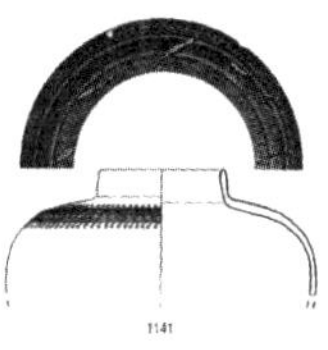 | |
| | 29 | C2 | E | 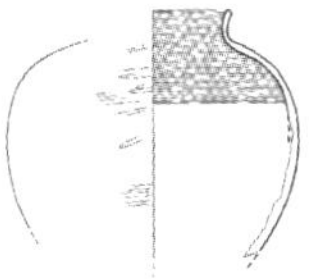 | 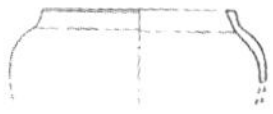 | | 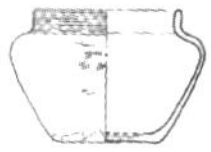 |
| | 76 | C2 | E | | 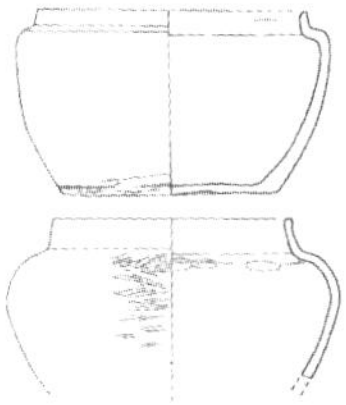 | | |
| | 65 | C2 | S | | 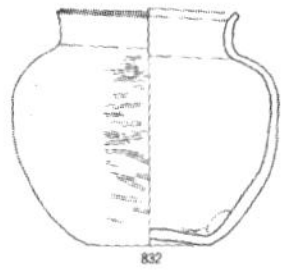 | 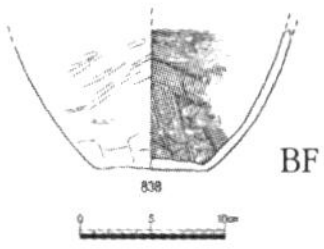 | |
| Ⅲ-2 | 33 | C2 | S | | 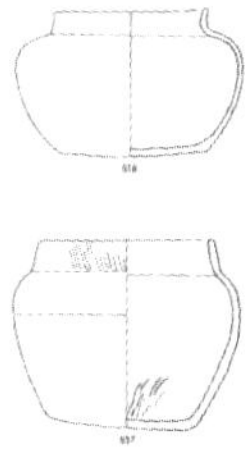 | 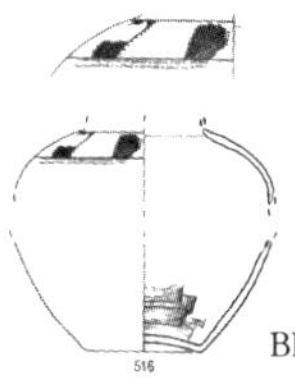 | |

| 분기 | 유구번호 | 취사시설 | 장축 | 직구호 | 합 | 직구유견호 | 직구소호 |
|---|---|---|---|---|---|---|---|
| | 53 | C2 | S | | | | |
| Ⅲ-2 | 96 | C2 | S | | | | |
| | 113 | C2 | S | | | | |

## 2. 토기를 통해 본 유적의 편년적 위치와 취락변동

화천 원천리 유적은 영서지역에서 백제토기가 다량 출토된 거의 유일한 취락으로 그 중요도는 이루 말 할 수 없을 것이다. 이 유적에서 확인되는 기종은 직구호류(직구유견호, 직구단경호, 직구소호)와 합, 뚜껑이 다수를 점하고 있고 기타로는 고배, 평저소호, 병형토기와 완 등이 있다. 삼족기나 기대, 세, 개배[2] 등은 확인되고 있지 않고 고배의 경우도 한성백제 양식의 고배가 아니기 때문에 열외로 하면 '뚜껑, 병, 직구호류와 합류' 등 이 4개 기종이 백제토기를 대표하여 이 유적에 다량 출토되었다고 할 수 있다. 이러한 백제토기를 정리한 것이 그림 14이다.

직구유견호는 견부문양대가 잔존하는 경우는 2점, 평저형의 저부쪽만 잔존하는 경우 등이 확인된다. 직구호의 경우 동체부에 마연을 하고 하부에 격자자문을 타날하거나, 상부 마연흔적만 확인되는 예를 모두 포함하였는데, 견부 문양대는 한 점도 확인되지 않았다. 이는 백제토기 자체가 유입되었다라기 보다는 직구형의 모티브와 간단한 제작 방식(기본기형과 마연 등 표면정면방식)이 유입된 결과로 보인다. 합도 마찬가지인데, 풍납토성 출토 합의 형식구분상 견부가 둥글게 성형된 형식과 각지게 성형된 형식이 상호 공존하고 있는 양상도 이러한 한성백제토기양식의 모방의 결과로 보인다. 그러나 풍납토성에서는 견부에 요철면 성형을 하거나, 경질로 제작 되는 등 변화양상이 확인되지만 원천리 유적에서는 거의 고정된 형태가 계속 제작되고 있고, 경질제작품은 32호 주거지에서 한 점 확인되는데 역시 Ⅲ-2기에 해당된다.

---

2 43호 주거지 출토품(678)이 개배로도 추정이 가능한데, 흑색마연토기로 제작되었으며 동체에서 그대로 직립해 구연으로 이어지고 구순은 뾰족한 형태로 마무리되어 있다. 일명 '뚝배기형 토기'로 분류되는 개배의 일종일 가능성이 있다.

| 기본형태 | | 세부형태 | | 해당 유물 |
|---|---|---|---|---|
| A | | a | | 풍납 경당 196호유구 |
| | | b | | 풍납197 가-31호수혈 |
| | | b_2 | | 풍납197 가-31호폐기유구 |
| | | c | | 화천 원천리 99호 주거지 |
| B | | a | | 화천 원천리 46호주거지 |
| | | a_2 | | 화천 원천리 46호주거지 |
| | | a_3 | | 가락동 2호분 |
| | | a_4 | | 화천 원천리 33호주거지 |
| C | | a | | 가락동 2호분<br>해미 기지리 Ⅱ-27호<br>분구묘 1호 토광<br>용인 신갈동 6호 주구토광묘<br>서산 부장리 8호 분구묘 분구<br>천안 용원리 72호 토광묘<br>천안 용원리 9호 석곽묘 |
| | | a_2 | | 천안 화성리 A-2호묘 |
| | | b | | 풍납197 가-31호폐기유구 |
| | | c | | 용인 보정리 소실 |

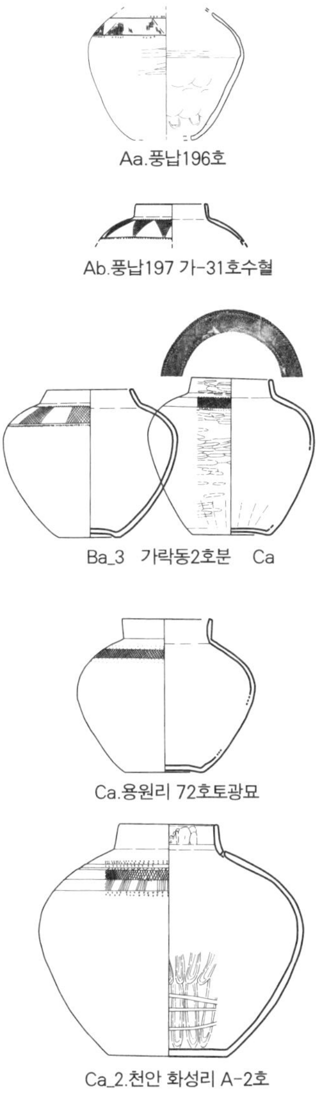

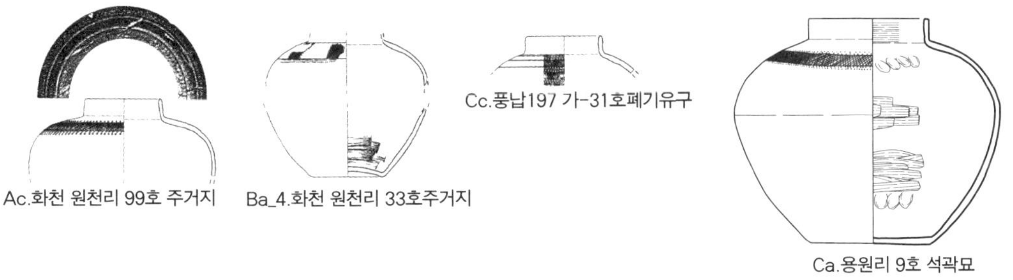

Aa.풍납196호

Ab.풍납197 가-31호수혈

Ba_3　가락동2호분　Ca

Ca.용원리 72호토광묘

Ca_2.천안 화성리 A-2호

Ac.화천 원천리 99호 주거지　Ba_4.화천 원천리 33호주거지

Cc.풍납197 가-31호폐기유구

Ca.용원리 9호 석곽묘

그림 13  직구유견호 견부문양대 각종

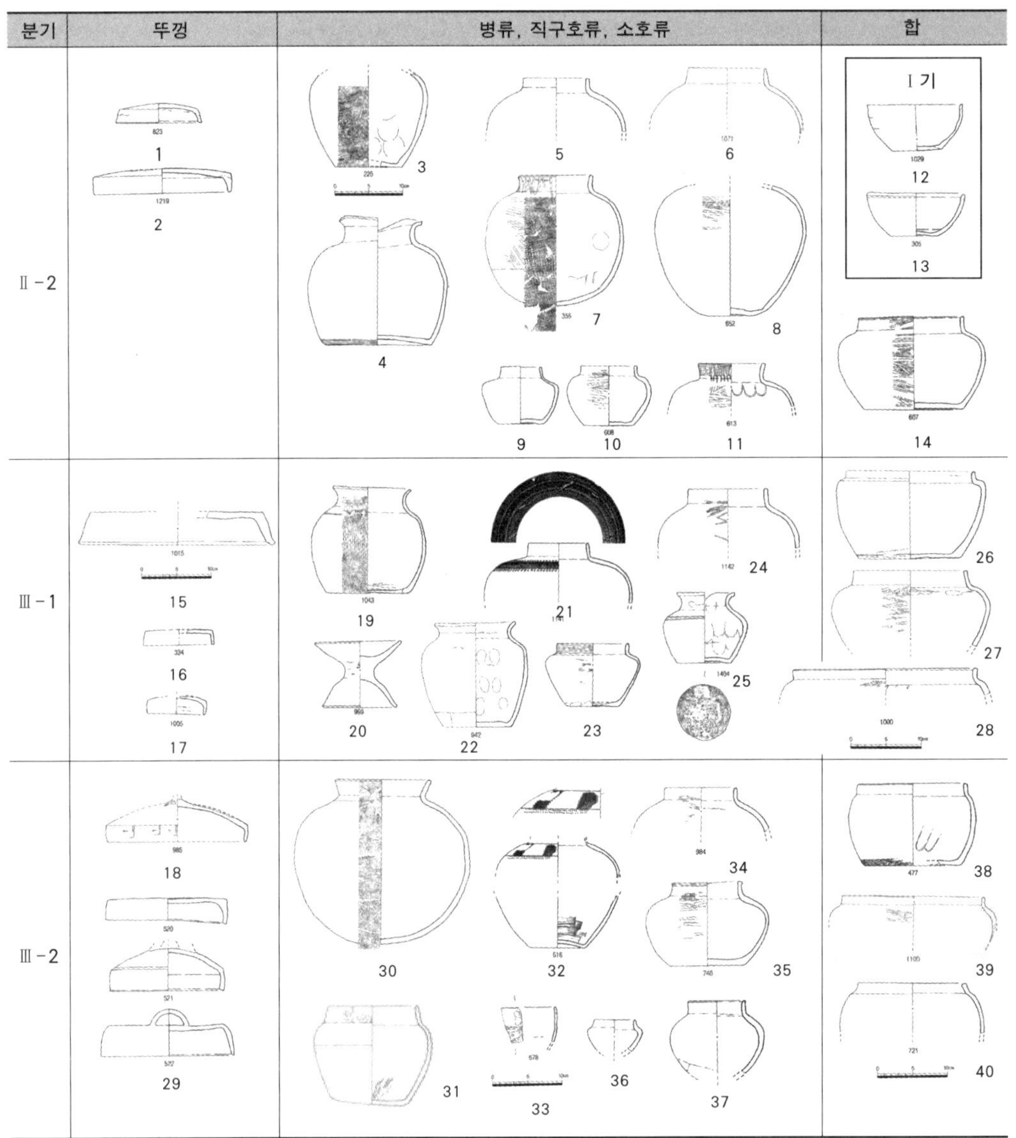

그림 14  화천 원천리 유적 출토 백제토기 각종

(1. 63호,  2. 108호,  3. 15호,  4 · 10 · 11 · 14. 37호,  5. 58호,  6. 92호,  7. 24호,  8 · 40. 40호,  12. 85호,  13. 21호,  15. 82호,  16. 22호,  17. 81호,  19. 88호,  20 · 28. 80호,  21. 99호,  22 · 26 · 27. 76호,  23. 29호,  25. 42호,  29 · 30 · 31 · 32. 33호,  33. 43호,  18 · 34. 78호,  35. 53호,  36 · 39. 96호,  37. 113호,  38. 32호,  40. 51호)

　　이렇듯 직구형의 뚜껑이 덮여지는 기종이 다수를 점하다 보니 뚜껑의 수량도 그만큼 다량 출토된 것 같다. 뚜껑은 무뉴식과 유뉴식이 모두 확인되며, 유뉴식의 경우 돌기형과 고리형이 확인된다.

　　이렇게 백제토기 기종구성은 이 유적의 편년적 위치를 추정하는데 중요한 요소이다. 그와

74

관련하여 청주 신봉동 유적의 사례를 예로 들고자 한다. 물론 신봉동 유적과 화천 원천리 유적이 직접적으로 비교하기에는 지역과 중심시기가 약간 다르지만, 백제 한성기 토기가 재지세력의 물질문화에 깊이 흘러들어간 양상이 확인되고, 한성백제 중앙과의 토기 제작 기술 및 기종 구성 등이 공유되는 양상이 밀접한 동시기성을 유지하고 있다는 연구(한지선 2013a)에 기초하여 비교 검토를 시도해 보았다. 청주 신봉동 유적의 조영 시기는 4세기말에서 6세기때까지 장기간 사용된 묘역이지만 그 중심 시기는 대체로 5세기 중~후반인 한성백제기 말기에 해당한다(한지선 2013c). 이 유적에서 확인되는 백제토기기종은 직구호류와 합, 뚜껑을 다수 포함하고 있으며, 이외에도 광구호와 평저소호, 대호와 대옹, 병 등이 출토되었다.

가장 다수를 점하는 기종은 광구호와 평저소호이고 병류도 화천 원천리 유적 출토 병형토기보다 경부 조임이 발달된 형태이다. 특히 직구호류들이 대부분 경질로 제작되는 특징도 확인된다. 합의 경우도 견부 요철면 성형이나 경질로 제작 되는 등 백제토기의 5세기 전중반 이후의 변화상을 잘 보여주고 있다.

따라서 청주 신봉동 유적이 보다 백제중앙 양식토기의 종류가 많고, 그 변화상도 매우 뚜

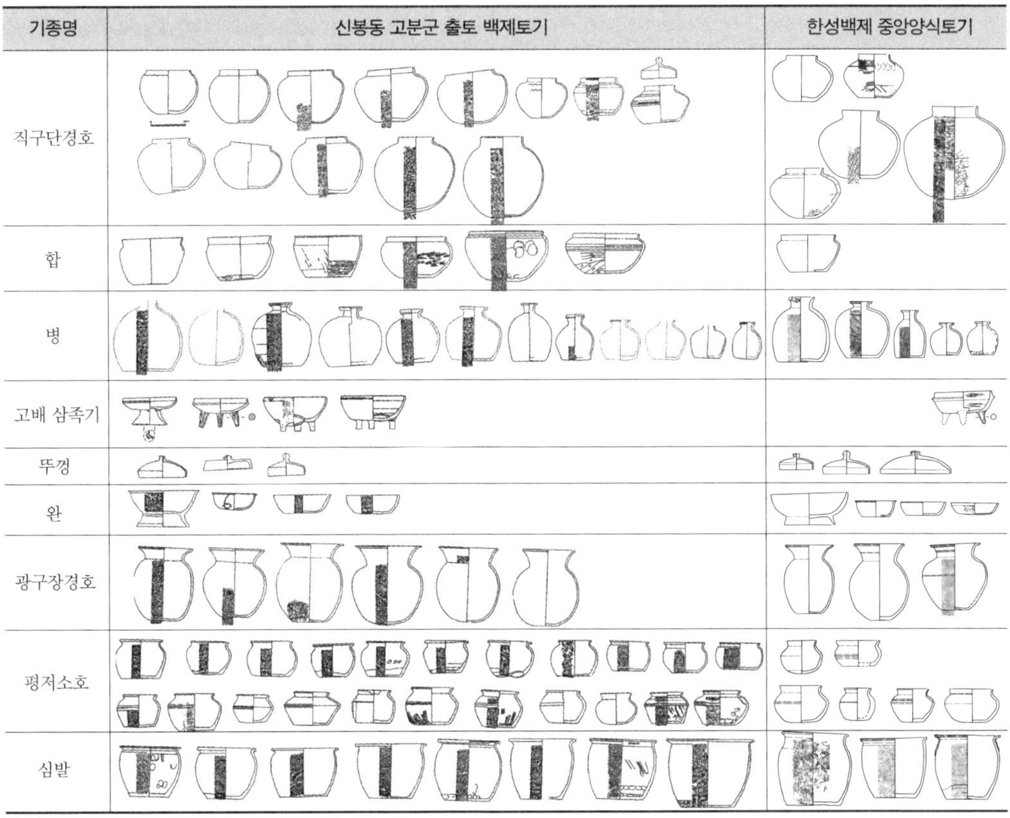

| 기종명 | 신봉동 고분군 출토 백제토기 | 한성백제 중앙양식토기 |
| --- | --- | --- |
| 직구단경호 | | |
| 합 | | |
| 병 | | |
| 고배 삼족기 | | |
| 뚜껑 | | |
| 완 | | |
| 광구장경호 | | |
| 평저소호 | | |
| 심발 | | |

그림 15 청주 신봉동 유적 출토 백제토기 각종

렷하면서도 중앙양식과 유사함을 알 수 있다. 한편 포천 자작리 유적 2호 주거지는 화천 원천리 유적 유물 조합과 비슷한 양상이다. 정형적인 고배, 삼족기는 나오지 않으면서 심발, 장란형토기, 시루, 동이, 대옹, 뚜껑, 단경호류와 대호류 등이 확인되고 있다. 화천 원천리의 경우 기대와 기와 등은 확인되지 않았지만 토기유물군의 조합이나 유물의 형태적 특성 등을 볼 때 시기상 비슷할 것으로 판단된다. 이밖에도 동시기에 해당 할 것으로 추정되는 유적은 가평 항사리, 남양주 장현 유적 등이 있다.

따라서 앞서 살펴본 기준들과 청주 신봉동 유적과 포천 자작리 유적 등과 같이 백제 한성기 중~후반기에 해당 유적과의 비교를 통해 화천 원천리 유적의 편년적 위치를 가늠하는 것이 합리적일 것으로 판단된다.

이렇게 주거지의 취사시설과 장축의 변화 그리고 유구의 중복관계 검토를 통해 총 3시기로 유적의 분기를 설정하였다.

Ⅰ기의 경우 노지와 노지+일자형부뚜막이 시설된 주거지로, 백제토기는 확인되지 않고 유견호와 원저단경호를 중심으로 경질무문토기가 다수 확인되는 유구가 여기에 해당된다. 특히 직구유견호의 경우 85호 주거지에서는 흑색마연토기로 확인되고 있어 주목된다. 직구유견호와 원저단경호는 원삼국시대 Ⅲ기 단계에서 다수 확인되는 대표적인 유물로 이 유물군을 통해 Ⅰ기가 원삼국시대에 해당됨을 알 수 있다. 심발은 승문타날+선이 시문된 형태의 무경식이 확인된다. 시기는 대량 3세기 말에서 4세기 전반에 해당될 것으로 추정된다.

앞서 설명한 대로 Ⅱ기와 Ⅲ기의 세분된 분기는 중복관계를 기준하여 선후차에 의해 나누었기 때문에 유물 검토를 통해 볼 때 크게 시간차가 나지는 않을 것으로 추정된다. 따라서 Ⅱ-1기와 Ⅱ-2기, 그리고 Ⅲ-1기와 Ⅲ-2기의 시간차

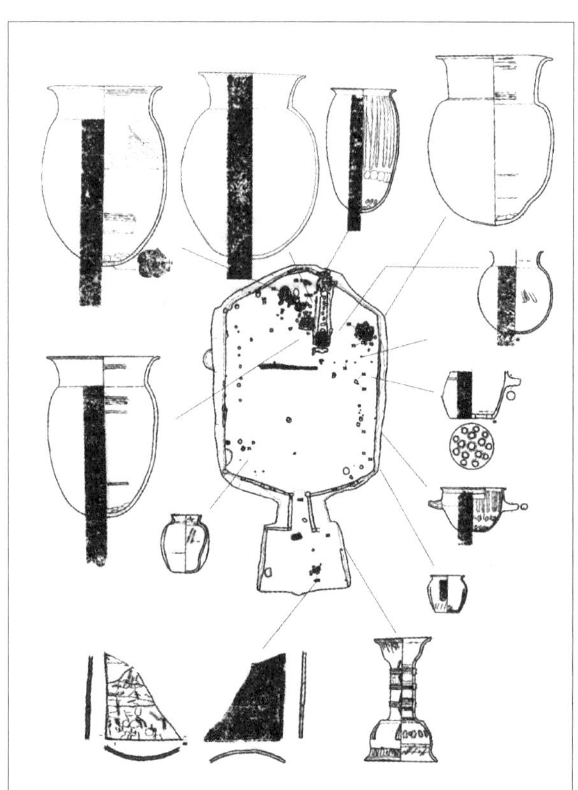

그림 16  포천 자작리 유적 2호 주거지와 출토유물(경기문화재단 기전문화재연구원 2005)

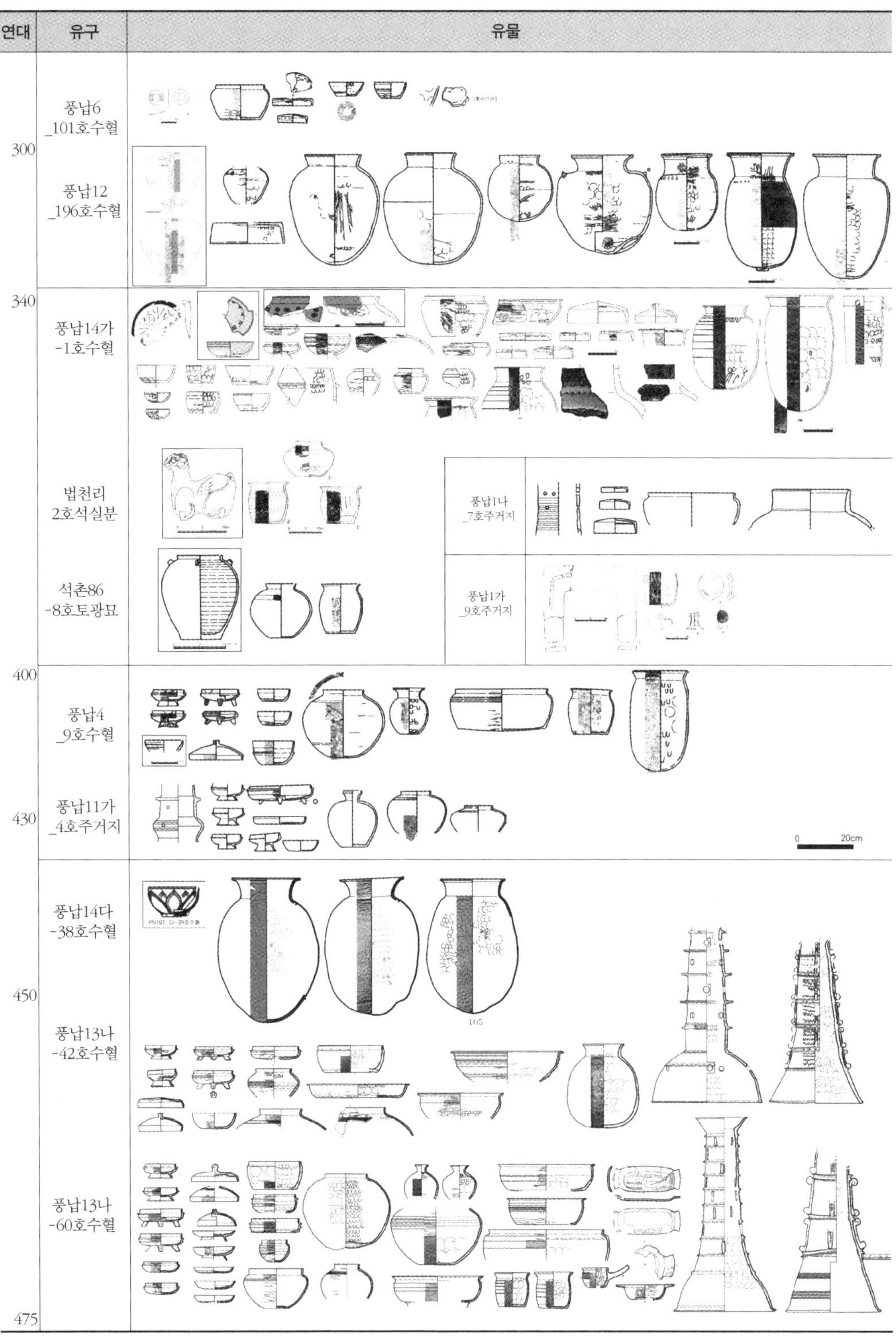

그림 17  풍납토성 시기별 공반유물 나열(한지선 2013a)

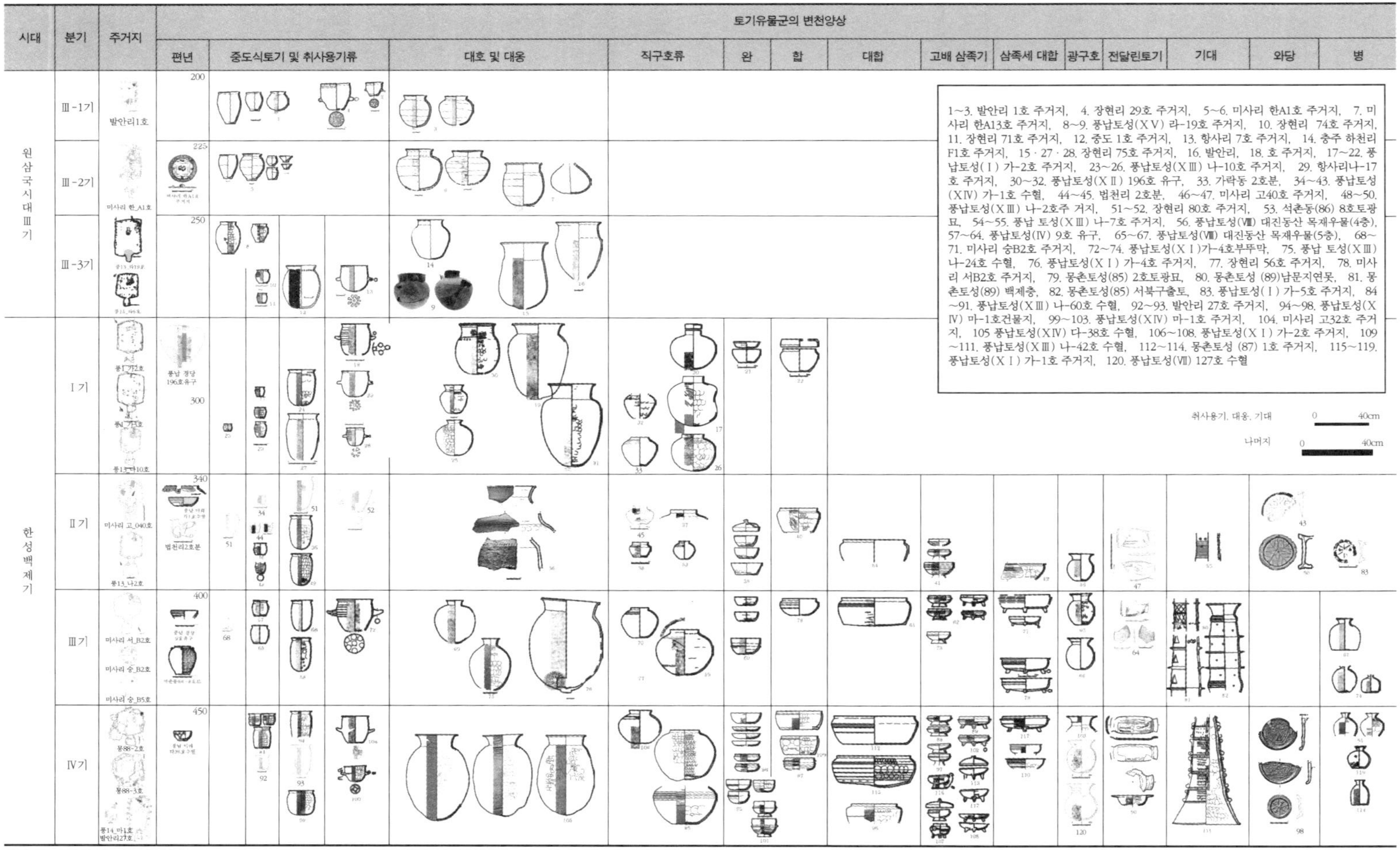

그림 18 한성백제기 원삼국Ⅲ기 ~ 한성백제기 편년표(한지선 2013a)

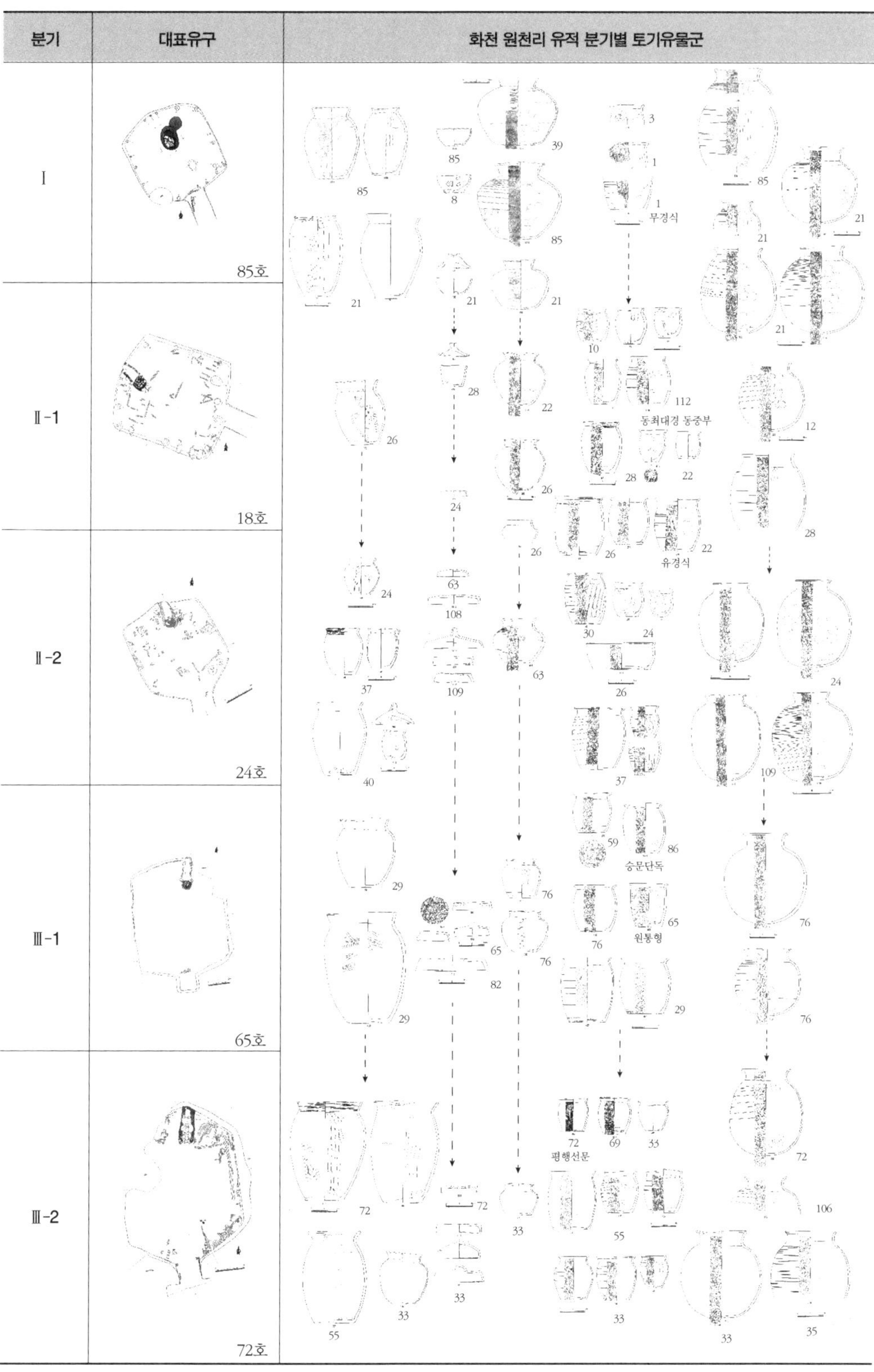



그림 19  화천 원천리 유적 토기유물군 분기배열표(1, 숫자=주거지번호)

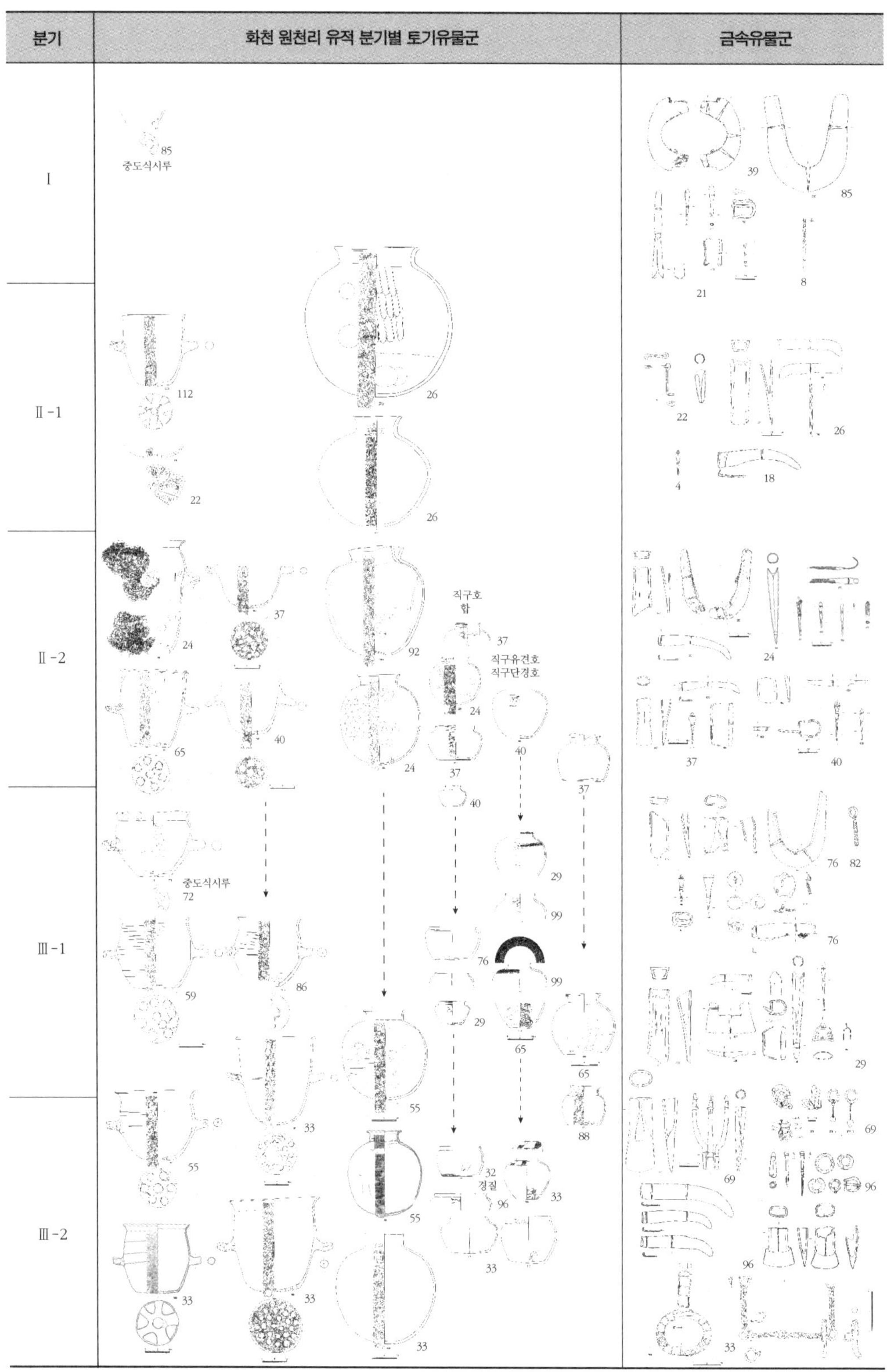



그림 20  화천 원천리 유적 토기유물군 분기배열표(2, 숫자=주거지번호)

는 크지 않지만 토기 기종구성상의 특징은 약간씩 확인된다.

Ⅱ기는 일자형부뚜막이 본격적으로 주거지에 시설되는 단계로 주축은 여전히 동서축이 우세하다. 이 단계부터 백제토기가 본격적으로 유입된다. Ⅱ기를 다시 Ⅱ-1기와 Ⅱ-2기로 나누었는데, 이 두 분기의 시간차는 크지 않았을 것으로 추정되나, Ⅱ-1기는 백제토기 중에서도 취사용기를 중심으로 시루, 승문타날의 장란형토기와 함께 저장용기인 대옹이나 구형대호 등의 출현이 이 시기의 특징이라고 하겠다. Ⅱ-2기는 합이나 직구호류 등 백제토기 중앙양식토기가 유입되는 시기로 Ⅱ-1기에 확인되는 시루는 삼각형투공을 하고 있는데, 이러한 삼각형투공의 형태는 원삼국시대부터 백제 한성기까지 이어지는 중부지역 대표적인 투공형태로(한지선 2005) 이 지역에서 출토되는 양상은 백제와의 교류의 흔적일 가능성이 높다. 이외에도 경부가 좁아진 대호류의 존재도 이전 시기 대형의 경질무문토기를 대체하는 저장용기의 발달 사례이다. 이때부터 백제 중심지역과의 일정 교류가 진행되기 시작한 것으로 추정된다. Ⅱ-2기는 특히 합 기종이 다수 확인되는데, 합은 백제토기 기종으로는 지방 유적에서 다수 확인되고 있는 대표적인 기종이다[3]. 직구호류의 경우 동체부는 구형으로 마연을 하고, 구연부는 종방향으로 암문을 한 것이 특징이다. 특히 37호 주거지에서 출토되는 합의 경우 백제 중앙에서 제작해 유입된 것일 가능성도 있어 백제와의 점진적인 접촉이 이루어지고 있음을 알 수 있다. 이외에 직구소호와 병형토기 등이 일부 확인된다. 40호 주거지에서는 직구유견호로 추정되는 흑색마연토기가 확인되고 있지만 Ⅲ기에서 확인되는 견부 문양대가 시문된 형태는 아니다. 이 시기부터 본격적으로 백제토기가 다수 유입되고 모방 제작되는 단계에 들어서는 것으로 판단된다. 시기는 대략 4세기 중반에서 후반사이로 추정된다.

Ⅲ기는 백제의 대표적인 위세품으로 알려져 있는 흑색마연토기 직구유견호가 확인된다. 이외에도 백제토기 기종 다수가 본격적으로 확인되는 단계이다. 특히 흑색마연토기 직구유견호의 경우 풍납토성이나, 서울 가락동 3호분에서 확인되는 견부 문양대와 유사한 문양대가 확인되기도 하며 병이나, 직구소호류도 출토 빈도가 높아진다. 흑색마연토기 뿐만 아니라 장신구로 금동이식이 확인되고, 등자나 재갈 등 마구류가 다수 확인되는 것은 Ⅲ기만의 특징이다. 이는 본격적으로 백제 중앙의 적극적인 개입이라는 정치적인 상황과 맞물려 있었을 것으로 추정된다. 이 시기 화천 원천리 유적에서 가장 특대형의 주거지가 축조되고(96호 주거지, 106.2㎡) 그 면적이 동시기 영서지역에서 가장 크다는 점도 이와 무관하지 않을 것이다.

---

3 합이 확인되고 있는 중부지역 지방 유적은 화천 원천리 유적을 비롯한 횡성 읍하리, 춘천 중도동 등 영서지역과 남양주 장현, 양주 옥정동, 연천 강내리, 파주 선유리, 인천 중삼동, 광주 장지동, 광명 소하동 유적 등이다.

Ⅲ-1기와 Ⅲ-2기도 앞선 Ⅱ기와 같이 시기차는 크지 않을 것으로 추정되지만, 중복관계에 있어서 선후가 나뉘는 경우를 구분한 의도와 더불어 합[4]과 같이 토기 양식의 변화상이 확인 되는 경우 등을 분기의 기준으로 삼았다. Ⅲ기의 절대연대는 대략 4세기 말엽에서 5세기 전 반에 해당될 것으로 추정된다.

표 4 화천 원천리 유적의 분기 설정

| 분기 | 주요특징 | | | 공반 토기 기종구성 | 공반금속기 |
|---|---|---|---|---|---|
| | 장축 | 취사 시설 | 평면 형태 | | |
| Ⅰ | 동서축 | A C1 | 오각형 우세 | 중도식토기, 심발, 유견호(BF), 원저단경호, 완(BF) | 월, 철겸, 유자형 삽날, 철촉, 지석, 철모, 철겸, 교구 |
| Ⅱ-1 | 동서축 | C2 | 육각형 (둔각) 우세 | 중도식토기, 심발, 유견호, 원저단경호, 완, + 장란형토기, 타날문토기 시루, 구형대호 | +철준, 주조철부 |
| Ⅱ-2 | 동서축 남북축 | C2 | 육각형 (둔각) 우세 | 중도식토기, 심발, 말각평저유견호, 원저단경호, 완 + 장란형토기, 타날문토기 시루, 구형대호 + 장동호, 직구호, 합, 직구소호, 뚜껑(무뉴식) | +동령, 판갑 |
| Ⅲ-1 | 동서축 남북축 | C2 | 육각형 (각짐) 우세 | 중도식토기, 심발, 원저단경호, 장란형토기, 타날 문토기 시루, 구형대호, 장동호, 합, 직구소호, 뚜껑 (유뉴식), 말각평저유견호, 직구호 소멸 + 직구유견호(BF), 직구단경호, 고배, 병 | + 동탁, 금동이식, 삼지창, 목병도 |
| Ⅲ-2 | 남북축 | C2 | 육각형 (각짐) 우세 | 중도식토기, 심발, 원저단경호, 장란형토기, 타날 문토기 시루, 구형대호, 장동호, 합, 직구소호, 뚜껑 (유뉴식), 직구유견호(BF), 직구단경호 | + 등자, 재갈 |

그림 21은 분기별 취락의 주거지 분포양상을 표현한 것이다.

먼저 Ⅰ기의 경우 남북으로 길고 동서로 좁게 분포하는 것이 특징이다. 그 중에서도 대형 급는 배치상 가운데, 소형급들은 외곽으로 분포한다. 중·대형의 주거지의 경우 74, 47, 38, 21호 주거지의 배치에서 보이는 바와 같이 거의 지그재그모양의 등간격으로 위치하고 있음 을 알 수 있다. 따라서 취락 내 취락중심구역이 존재한다기보다는 분산 배치된 양상이다.

Ⅱ기의 경우 유적의 밀집도가 더욱 커지면서 거주 영역 또한 확대되는 양상이 확인된다.

---

4 견부가 도드라지면서 전면 마연을 시문한 중경질로 제작되나가 백제 한성기 말에는 견문의 도드라짐이 줄고, 경질로 제작되면서 마연을 시문하지 않는 양상이 두드러진 변화상으로 확인된다(한지선 2005). 화 천 원천리 유적에서도 이러한 변화상이 확인된다.

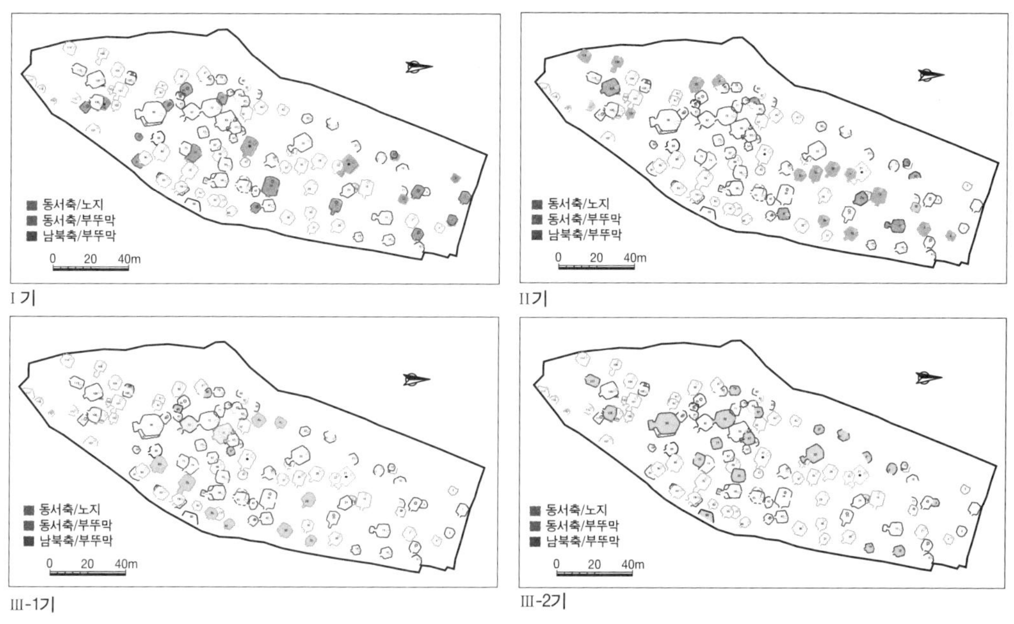

**그림 21 화천 원천리 유적의 분기별 취락 변천양상**

Ⅱ기는 대형 및 특대형의 주거지가 전체 주거권역의 중심부에서 약간 북쪽으로 치우쳐 밀집 분포하고 있고, 소형의 주거지가 외곽에 남북으로 길게 열상 배열이 되는 양상이다.

Ⅲ-1기는 82호나 65호 주거지를 중심으로 중심지가 이동하여 집중 밀집한 양상을 보이고, Ⅱ기에서는 활용되지 않던 강변까지 취락이 확장되고 있다. 주거지의 면적의 비율은 Ⅱ기에 비해 커지고 있는데, 이러한 양상은 신분제 등의 위계질서가 Ⅱ기에 비해 더욱 강화된 것으로 판단된다. 신분의 위계를 잘 보여주는 것으로 알려진 흑색마연토기의 경우 Ⅲ-1기와 Ⅲ-2기에서 모두 확인되고는 있지만, Ⅲ-2기는 흑색마연토기류보다는 무기류와 장신구류의 출토량이 증가한다. 이는 계급성의 표식이 변화하고 있음을 보여주는 것으로 이해된다. 중심권역은 96호와 72호 주거지를 중심으로 이루어지고 있고, 이는 Ⅲ-1기 단계의 중심권역과 거의 중복이 되고 있다. 또한 Ⅰ·Ⅱ기 단계의 취락이 남북으로 길게 열상으로 늘어진 배치양상이라면 Ⅲ기는 동서방향으로 배열된 양상이다.

정리하면 Ⅰ기는 취락이 분산배치된 양상이라면, Ⅱ기는 4~5기 정도의 대형 주거지를 중심으로 중심권역을 형성하고 있고, Ⅲ-2기 단계에는 특대형의 1~2기 특대형 주거지를 중심으로 집적화되고 있다.

이러한 취락 내 주거지의 배열방식의 변화가 어떠한 정치·사회적 의미를 갖는지는 향후 좀 더 연구가 이루어져야 할 것으로 보인다.

# Ⅳ. 맺음말

유적에서 백제토기가 다수 확인된다는 것은 백제중앙에서 그만큼의 관심과 영향력을 행사했을 가능성이 높다. 특히 백제중심지에서 멀리 떨어져 邊境의 역할을 하는 지역인 만큼 백제중앙으로서는 상당히 중요 요충지로 인식했을 것을 짐작해 볼 수 있다.

화천 원천리 유적의 취락 형성시기는 3세기 말~4세기 전반대(Ⅰ기)로 추정된다. 이때는 영서지역 재래의 취사시설인 노지를 사용하면서 새롭게 일자형부뚜막이 막 도입되는 원삼국시대 말기에 해당될 것으로 판단된다. 취락이 확대되는 Ⅱ기의 중심연대는 4세기 중반~후반이고, 백제의 중앙에서 직접 사여에 의한 정치력을 강화하는 시기로 추정되는 Ⅲ기는 4세기 말엽에서 5세기 전반대에 해당 될 것으로 추정된다. 화천 지역은 한성백제 영토의 東界에 해당하는 지역이기 때문에 백제문화의 유입이 활발히 이루어져 재지의 주거양식을 빠르게 변화시켜 나간 것을 볼 수 있다. 영서지역은 2~3세기대 대형의 주거지와 함께 각종 외래계토기의 출토상을 보아 가평과 춘천일대를 중심으로 세력을 형성하고 있었을 가능성이 높다. 그러나 이들 지역에서는 백제토기가 전혀 확인되고 있지 않다는 점에서 중심세력의 변동이 있었을 가능성이 높은데, 주목되는 유적이 백제토기가 출토되면서 일자형부뚜막이 채용되고 있는 화천 원천리 유적과 홍천 성산리 유적이다. 홍천 성산리 유적의 경우는 이전 노지(A)단계 때 보다 일자형부뚜막(C)을 시설한 주거지군의 면적이 넓고 편차도 크게 나타난다. 이는 화천 원천리 유적의 경우도 마찬가지인데, 일자형부뚜막(C) 단계에서 대형의 주거지가 다수 축조되고 있음을 확인할 수 있다(한지선 2015).

3세기말 4세기대에는 이전 시기에 두각을 보이지 않던, 다시 말해 즉 주거지가 크기가 작고 밀집도가 적은 취락이었던 화천 원천리 유적에 일자형부뚜막이 들어오면서 폭발적으로 취락의 규모가 커지고 위세품으로 분류되는 흑색마연토기 견부문양대가 있는 유견호라던가, 합, 각종 마구류 등이 확인된다는 점은 백제 중앙의 비호아래 영서지역 내 신흥세력으로서의 정치력이 확대되었기 때문으로 추정된다.

## 참고문헌

金成南, 2004,「百濟 漢城樣式土器의 形成과 變遷에 대하여」,『고고학』3-1호, 서울경기고고학회.

박경신, 2012,「중부지방 원삼국시대 취락구조」,『고고학』11-2호. 중부고고학회.

朴淳發, 1989,「漢江流域 原三國時代 土器의 樣相과 變遷」,『韓國考古學報』제232집, 韓國考古學會.

유은식, 2011,「동북계토기로 본 강원지역 중도식무문토기의 편년과 계통」,『숭실대학교 한국기독교박물관지』제7호, 숭실대학교 한국기독교박물관.

이준호, 2009,「중도식토기의 개념과 상대편년에 대한 검토」,『정리적 공간으로서의 한강 I 』, 서울경기고고학회.

송만영, 2010,「六角形住居址와 漢城期 百濟聚落」,『韓國考古學報』74, 韓國考古學會.

韓志仙, 2005,「百濟土器 成立期의 樣相에 대한 再檢討」,『百濟研究』제41집, 忠南大學校 百濟研究所.

______, 2013a,「漢城百濟期 聚落과 土器遺物群의 變遷樣相」,『中央考古研究』제12호, 中央文化材研究院.

______, 2013c,「신봉동 백제고분군 출토 토기유물」,『신봉동 고분군을 새롭게 보다』, 충북대학교박물관.

______, 2013b,「중부지역 원삼국시대 타날문토기의 발생과 전개」,『중부지역 원삼국시대 타날문토기의 등장과 전개』, 제10회 매산기념강좌, 숭실대학교 한국기독교박물관.

______, 2015,「삼국시대 영서지역 정치체와 물질문화 변화」,『중부지역 한성기 백제 주변 정치체의 동향』, 제12회 매산기념강좌, 숭실대학교 한국기독교박물관.


國立文化財研究所, 2013,『風納土城 ⅩⅤ』.

______________, 2012a,『風納土城 ⅩⅢ』.

京畿道博物館, 2004,『抱川 自作里遺蹟 I 』,京畿道博物館 遺蹟調査報告 制14冊.

경기문화재단 기전문화재연구원, 2005,『漢城百濟 考古資料集 上』.

(재)예맥문화재연구원, 2013,『華川 原川里遺蹟』.

忠北大學校博物館, 1983,『清州新鳳洞百濟古墳群發掘調査報告書-1982年度 調査』.

______________, 1990,『清州 新鳳洞-A地區 土壙墓群 發掘調査報告書』.

______________, 1993,『清州 新鳳洞 百濟古墳群 發掘調査報告書-1990年度 調査』.

_______________, 1995,『淸州 新鳳洞 古墳群』.

_______________, 1996,『淸州 新鳳洞 古墳群-1995年度 調査』.

_______________, 2002,『淸州 新鳳洞 百濟古墳群-2000년도 발굴분 조사보고서』.

_______________, 2005,『淸州 新鳳洞 古墳群-2003年度 調査』.

한신大學校博物館, 2004,『風納土城Ⅳ-慶堂地區 9號 遺構에 대한 發掘報告-.

# 원삼국~한성백제기 화천지역 출토 철기 검토

## -원천리유적을 중심으로-

이상길(예맥문화재연구원)

## ::목차

# Ⅰ. 서론

현재까지 화천지역에서 발굴조사된 원삼국~한성백제기에 해당하는 유적 중 철제유물이 출토된 유적은 거례리유적과 원천리유적으로, 거례리유적에서는 20점의 철제유물이 낙랑(계)토기와 공반하여 출토되었고, 원천리유적에서는 백제토기류와 함께 다량의 농공구류와 무기류, 마구류 등을 포함하여 327점의 철제유물이 출토되었다.

이들 두 유적은 북한강유역 최상류에 위치한 유적으로, 기존에 북한강유역에서 단편적으로만 확인되던 한성백제기 유적들과 달리 원천리유적은 대규모 취락에 대한 조사가 이루어졌고, 다수의 주거지간에 중복관계가 확인됨에 따라 상당기간 동안 조영되었던 취락으로 판단된다. 또한 거례리유적은 낙랑관련 유물이 동반하는 취락이 북한강 최상류지역으로 확장되는 양상을 보여주는 유적이라는 점에서 특징적이다.

본고에서는 거례리유적 출토 철제유물과 함께 원천리유적에서 출토된 철제유물을 중심으로 분석을 시도하여 북한강 최상류에 위치한 화천지역의 철기류의 변화양상 및 그에 따른 시간적 위치를 설정해 보고자 한다. 먼저, Ⅱ장에서는 주요 기능별 철제유물의 형식분류[1]를 시도하였다. Ⅲ장에서는 철제유물 중 가장 많은 수량을 차지하는 철촉을 대상으로 슴베와 경부의 유무, 촉신-경부간 길이의 변화가 시간성과 관련이 깊다는 점(金斗喆 2002: 87-90)에 착안하여 형식별로 순서배열하였으며, 주거지의 평면형태, 노시설, 공반유물, 중복관계를 통해 철촉의 순서배열의 타당성을 검증하는 작업을 진행하였다. 이를 통해 설정된 각 단계에 따라서 철촉과 공반하는 주요 기능별 철제유물의 형식변화를 검토하였다. 마지막으로 기존에 연구된 철촉과 마구 등 편년에 유용한 자료를 바탕으로 유적의 단계별 시간적 위치에 대하여 살펴보았다.

# Ⅱ. 형식분류

다음은 화천지역에서 조사된 거례리유적과 원천리유적의 철제유물 출토현황표이다.

---

1  본고의 형식분류안은 북한강유역의 원삼국~한성백제기에 출토된 철제유물을 대상으로 한 것으로 필자의 학위논문에 근거한 것임을 밝혀둔다.

　이상길, 2014,『原三國~漢城百濟期 北漢江流域의 鐵器文化』한신대학교 대학원 석사학위논문.

| 번호 | 유적 | 농구 | 공구 | 무구 | 마구 | 생활용구 | 기타 | 보고서 |
|---|---|---|---|---|---|---|---|---|
| 1 | 거례리 | U자형구1 | 도자9, 철착1 | 목병도2,<br>철촉6 | | 교구1 | 용도미상1,<br>철기편2 | 江原考古文化研究院,<br>2013 |
| 2 | 원천리 | 주조괭이30,<br>철겸31,U자<br>형구5 | 단조철부12,자<br>귀3,도자52,철<br>착4,철사1,망<br>치1,철추1,凹<br>자형철기2 | 목병도8,<br>철모7,철<br>준9,철촉<br>69,월1,소<br>찰9 | 재갈5,등<br>자1,마갑4,<br>운주·금구<br>18,편자2 | 교구18,<br>꺾쇠13,<br>철정2,작<br>살1,집게1 | 용도미상7,<br>철소재3,철<br>기편7 | 예맥문화재<br>연구원, 2013 |

먼저, 거례리유적에서는 주거지 12기가 조사되었다. 이중 6기의 주거지에서 21점의 금속유물이 출토되었고 철제유물은 20점이다. 원천리유적에 비하여 수량은 빈약한 편이지만 북한강유역에서 조사된 유적 중 비교적 다량의 철제유물이 출토된 편이다.

원천리유적에서는 주거지 117기, 수혈 88기, 구상유구 1기, 분묘유구 1를 포함하여 모두 207기의 유구가 조사되었다. 이중 66기의 주거지와 7기의 수혈, 구상유구, 문화층에서 모두 348점의 금속유물이 출토되었고, 철제유물이 327점[2]을 차지한다.

## 1. 농구류

### 1) 주조괭이

원천리유적의 주거지 21기와 수혈 2기에서 30점이 출토되었다. 완형을 포함하여 분석 가능한 것은 16점이다.

형식은 인부너비의 변화와 관련된 평면형태와 철대의 유무를 기준으로 세분되고, 다음 세 가지 형식(ⅡA· ⅡC· ⅢC식)이 확인된다.

먼저, ⅡA식과 ⅡC식은 신부의 양측이 직선이거나 중간이 살짝 잘록하며. 인부로 거의 직선적으로 내려오고, 인부는 호선을 이룬다. 길이는 16~18cm, 인부 너비는 5cm이하, 공부 너비는 5cm 내외로, 공부 너비가 인부 너비보다 약간 크거나 같다. 대부분 ⅡA식으로 상면에는 철대가 관찰되지 않는다. ⅡC식은 철대의 주출정도가 약하지만 4조의 철대가 희미하게 관찰된다.

ⅢC식은 신부 양측이 점차 선형이나 직선으로 벌어지고, 신부 너비는 인부 양측 혹은 신부 하단에서 최대를 이룬다. 인부는 호선을 이루거나 직선에 가깝다. 길이는 18~19cm 내외

---

2   장신구류와 마구류 중 동탁과 동령, 동편을 제외한 수치이고, 환형운주 및 금구의 경우 한 개체를 추정하기가 불분명하여 개별로 수량을 파악하였다.

표 2  북한강유역 출토 주조괭이 형식분류안

| 공부 단면 | 평면형태 | 철대 유무 | 형식 |
|---|---|---|---|
| 제형 | 역제형(Ⅰ) | 無(A) | ⅠA식 |
| | 장방형(Ⅱ) | 無(A) | ⅡA식 |
| | | 2조(B) | ⅡB식 |
| | | 4조(C) | ⅡC식 |
| | 제형(Ⅲ) | 無(A) | ⅢA식 |
| | | 4조(C) | ⅢC식 |

이며, 공부 너비는 5cm 내외, 인부 너비는 5~7cm로 공부에 비해 인부의 너비가 크다. 신부 하단으로 갈수록 상면 중앙의 2조 철대는 점차 희미해지고, 양 측의 2조 철대는 인부 부근까지 이어진다. ⅡC식에 비해 철대의 주출정도가 강하여 철대의 윤곽이 뚜렷하다. 다만, 일부는 수

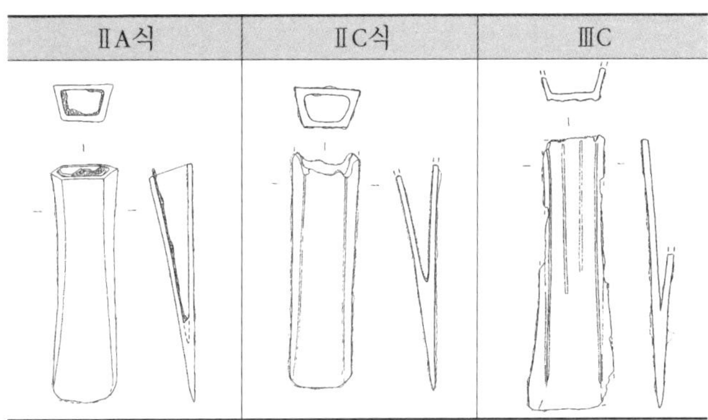



그림 1  원천리유적 출토 주조괭이(1/6)

(ⅡA식: 원33호,  ⅡC식: 원26호,  ⅢC식: 원30호)

화로 인하여 녹이 두텁게 형성되어있어 철대의 유무를 관찰할 수 없으나 유적·내에서 관찰 가능한 Ⅲ식은 모두 4조의 철대가 형성되어 있기 때문에 나머지 것들 역시 ⅢC식으로 판단된다.

2) 철겸

원천리유적의 주거지 21기와 수혈 1기, 지표에서 모두 31점이 출토되었다. 완형을 포함하여 겸의 전체적인 형태를 파악 할 수 있는 것은 21점이다.

형식분류는 인부의 형태변화를 파악하기 위하여 인부의 형태를 기준으로 직인과 곡인으로, 다시 선단부의 형태와 기부 단의 형성 유무에 따라서 세분된다. 그 결과, 4가지 형식(ⅠAa · ⅠBa · ⅠCa · ⅡCb식)이 확인된다.

표 3  북한강유역 출토 철겸 형식분류안

| 인부 형태 | 선단부 형태 | 기부 단 | 형식 |
|---|---|---|---|
| 직인(Ⅰ) | 직선인 것(A) | 무(a) | ⅠAa식 |
| | 각진 것(B) | | ⅠBa식 |
| | 곡선인 것(C) | | ⅠCa식 |

| 인부 형태 | 선단부 형태 | 기부 단 | 형식 |
|---|---|---|---|
| 곡인(Ⅱ) | 곡선인 것(C) | 무(a) | ⅡCa식 |
| | | 유(b) | ⅡCb식 |

| ⅠAa식 | ⅠBa식 |
|---|---|
| ⅠCa식 | ⅡCb식 |

그림 2　원천리유적 출토 철겸(1/6)

(ⅠAa식: 원21호, ⅠBa식: 원33호, ⅠCa식: 원81호, ⅡCb식: 원18호)


3) U자형구

거례리유적의 주거지 1기에서 1점, 원천리유적 주거지 4기와 지표에서 각각 1점씩 5점이 출토되었다.

형식분류는 평면형태에 따라서 U자형과 凹자형으로 나뉜다. U자형은 계측적 속성으로서 평면형태를 'U'자형과 'V'자형으로 세분하기 위해 최대너비/중간너비 값 1.1을 기준으로 나누었으며, 다시 길이 20cm를 기준으로 대형과 소형으로 세분하였다. 대상유적에서는 3가지 형식(ⅠBa·ⅠBb·Ⅱ식)이 확인된다.

평면형태 U자형은 모두 원천리유적에서 출토된 것으로 최대너비/중간너비 값이 1.1이하 이면서 소형인 ⅠBa식과 대형인 ⅠBb식이 확인된다.

한편, 소형인 ⅠBa식은 목판 삽입부가 내측 전체에 있고, 대형인 ⅠBb식은 양 이부에 국한해 형성된 것이 특징적이다.

평면형태 凹자형인 Ⅱ식은 거례리유적 출토품으로 1/2정도 결실되었으나 형태를 파악하기에는 문제가 없다. 이부의 목판삽입부가 ⅠBa·ⅠBb식에 비해 깊게 형성되어 있는데, 가평 대성리유적 출토품과 유사하다.


표 4　북한강유역 출토 U자형구 형식분류안

| 평면형태 | 최대너비/중간너비 | 길이 | 형식 |
|---|---|---|---|
| U자형(Ⅰ) | 1.1이상(A) | 소형(a) | ⅠAa식 |
| | 1.1이하(B) | 소형(a) | ⅠBa식 |
| | | 대형(b) | ⅠBb식 |
| 凹자형(Ⅱ) | · | · | Ⅱ식 |

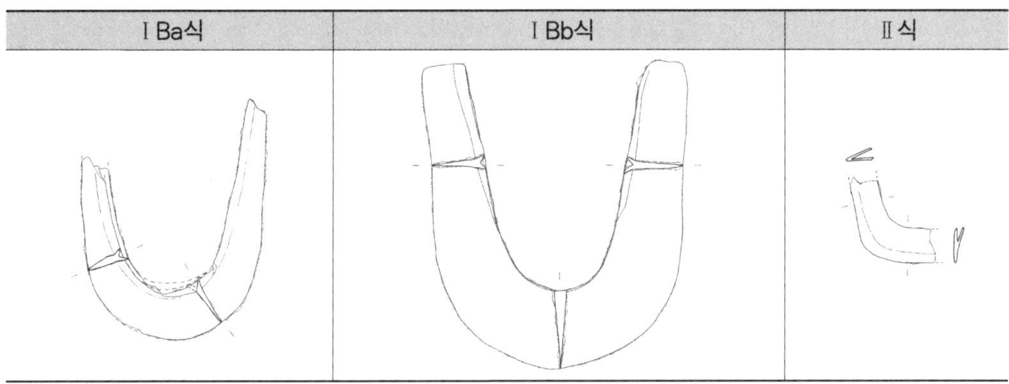



그림 3    거례리 · 원천리유적 출토 U자형구(1/6)

(ⅠBa식: 원76호, ⅠBb식: 원85호, Ⅱ식: 거12호)


## 2. 공구류


### 1) 단조철부

단조철부는 기존에 크기와 상관없이 자귀와 함께 분류되어왔다. 이와 관련하여 이남규 (1997: 23, 2002: 78)는 길이10cm, 인부너비 5cm미만의 것은 도끼보다 자귀의 사용가능성 을 지적하였고, 단조철부가 도끼로서 기능하기 위해서는 최소한의 인부너비가 필요할 것으 로 판단된다. 따라서 본고에서는 용도를 결정하는데 인부의 너비가 중요한 요소라고 판단 하여, 인부의 너비를 기준으로 단조철부와 단조자귀를 분류하였다. 그 결과, 대략 인부너비 5cm 미만을 단조자귀, 이상을 단조철부로 분류하였다.

원천리유적의 주거지 9기에서 모두 12점이 출토되었다. 대부분 1점씩 출토되었고, 53호 주 거지와 96호 주거지에서 각각 2점과 3점이 수습되었다. 이 가운데, 2점의 공부편을 제외하고 분석 가능한 것은 10점이다.

형식분류는 제작방식과 관련된 것으로 보이는 명목적 속성 중 견부의 유무와 공부의 접합 형태를 기준으로 하였고, 4가지 형식(ⅠA · ⅡA · ⅡB · ⅡC)이 확인된다.


표 5    북한강유역 출토 단조철부 형식분류안

| 견부 유무 | 공부 단접형태 | 형식 |
|---|---|---|
| 유견식(Ⅰ) | 'ㅣ'자형(A) | ⅠA식 |
| | 'ㅣㅣ'자형(B) | ⅠB식 |
| 무견식(Ⅱ) | 'ㅣ'자형(A) | ⅡA식 |
| | 'ㅣㅣ'자형(B) | ⅡB식 |
| | 역'Y'자형(C) | ⅡC식 |

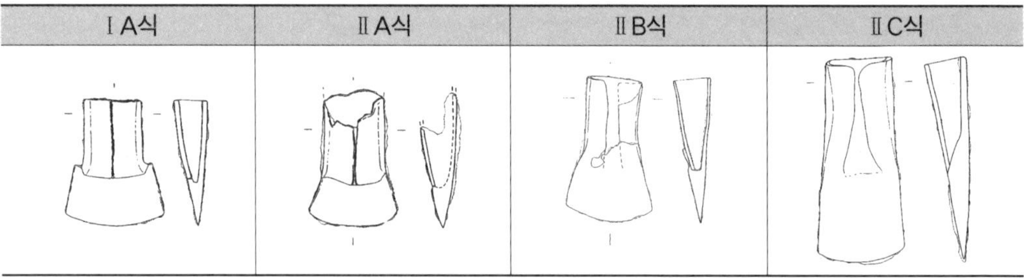



그림 4    원천리유적 출토 단조철부(1/6)

(ⅠA식: 원96호,  ⅡA식: 원96호,  ⅡB식: 원20호,  ⅡC식: 원33호)


유견식이고 공부의 단접형태가 정연한  ⅠA식은 1점이 확인되고, 무견식이고 공부의 단접형태에 따라서  ⅡA식은 1점, ⅡB식은 2점, ⅡC식은 6점이 확인된다. 대부분 무견식이고 공부 단접형태가 역'Y'자형이 다수를 차지한다.


## 2) 자귀

원천리유적의 주거지 3기에서 각각 1점씩 3점 출토되었다. 형식분류는 주조와 단조로 나뉘며, 단조철부와 같이 공부의 접합형태를 기준으로 세분된다. 주조품의 경우 가평 대성리유적 출토품으로 이조돌대철부를 자귀로 전용한 것으로 예외적인 경우이다. 원천리유적에서는 2가지 형식이 확인된다.

3점 모두 단조품으로서 공부 단접형태가 'ㅣ'자형인 ⅡA식(1점)과 역'Y'자형인 ⅡC식(2점)이 확인된다.



그림 5    원천리유적 출토 자귀(1/6)

(ⅡA식: 원37호,  ⅡC식: 원36호)

한편, 단조철부 및 자귀의 제작기법과 관련된 공부의 접합형태에 대해 좀 더 살펴보면, 가장 많은 것을 차지하는 것은 공부 상단에서부터 하단으로 내려오면서 벌어진 역'Y'자형(C)으로 13점 중 8점이다. 이는 하나의 철소재를 이용하여 공부 부분을 넓게 펴서 말아 올려 간단하게 제작한 것으로

표 6    북한강유역 출토 자귀 형식분류안

| 견부 유무 | 공부 단접형태 | 형식 |
|---|---|---|
| 주조(Ⅰ) | · | Ⅰ식 |
| 단조(Ⅱ) | 'ㅣ'자형(A) | ⅡA식 |
|  | 역'Y'자형(C) | ⅡC식 |

판단된다. 공부의 접합형태가 정연하게 붙어있는 '|'자형(A)은 3점이고, 일정한 폭으로 벌어져 있는 '||'자형(B)은 1점으로 X-ray 사진과 외형상 관찰 결과, 공부 접합형태 '|'자형에 해당하는 37호와 96호 주거지 출토품의 경우, 37호 주거지 출토품은 X-ray상에서 공부와 신부의 경계가 공부의 단접선 보다 더 위에 위치하고 있어 공부를 따로 제작하여 단접한 것을 알 수 있고, 96호 주거지 출토품 역시 공부를 따로 제작하여 신부에 단접한 것을

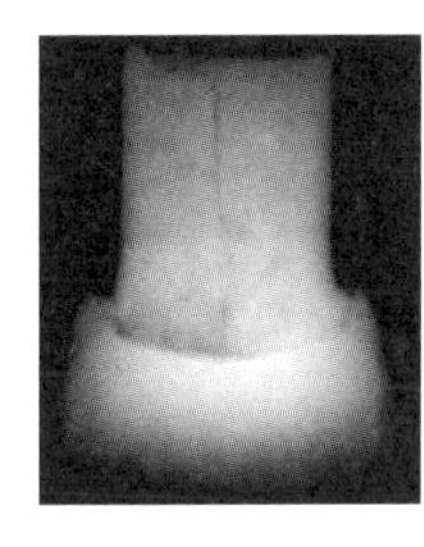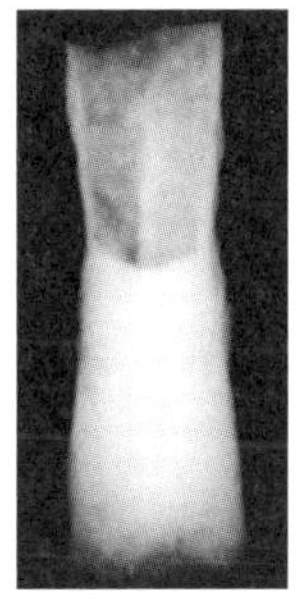

그림 6　X-ray 사진

(원96호(左), ⅡA1식: 원37호(右))

알 수 있다. 따라서 원천리 유적에서 출토된 단조철부의 제작방식은 위와 같이 2가지가 확인되며 공부의 접합형태가 벌어진 것들이 주류인 것으로 보아 하나의 철소재를 이용하여 간단하게 공부를 말아 올려 제작하는 방식이 선호되었던 것으로 판단된다.

## 3) 철착

거례리유적과 원천리유적의 주거지에서 각각 1점씩 출토되었다. 용도는 목공구로서의 기능이 일반적이지만 단야구와 함께 출토 된 경우에는 철기를 제작하는 도구로 판단할 수 있다. 형식분류는 인부의 형태와 공부의 유무에 의해 나누어진다. 2가지 형식(ⅠA · ⅡA식)이 확인된다.

| ⅠA식 | ⅡA식 |
|---|---|

그림 7　거례리 · 원천리유적 출토 착(1/6)

(ⅠA식: 거12호, ⅡA식: 원117호)

표 7　북한강유역 출토 철착 형식분류안

| 공부 유무 | 인부 형태 | 형식 |
|---|---|---|
| 無(Ⅰ) | 양인(A) | ⅠA식 |
| | 편인(B) | ⅠB식 |
| 有(Ⅱ) | 양인(A) | ⅡA식 |
| | 편인(B) | ⅡB식 |

ⅠA식은 거례리유적 출토품으로 상부가 결실되었으나 세장한 형태로 무공식이다. ⅡA식은 원천리유적 출토품으로 유공식이고 인부가 양인이다. 공부 내부에 뼈가 박혀있는 상태로

출토되었다. 유공식 착은 북한강유역에서도 3점만 출토된 것으로 인부가 유일하게 양인이다.

4) 도자

거례리유적의 5기 주거지에서 9점이 출토되었고, 원천리유적의 26기 주거지에서 49점, 2기의 수혈과 문화층에서 각각 1점씩 52점이 출토되었고, 이 가운데 분석 가능한 것이 29점이다.

형식분류는 환두부의 유무에 따라서 환두도자와 무환두도자로 나뉘며, 관부의 형태와 경부 단의 꺾임 유무에 따라서 세분된다. 거례리와 원천리유적에서는 3가지 형식(ⅡB1 · ⅡB2 · ⅡC2)이 확인된다.

표 8  북한강유역 출토 도자 형식분류안

| 환두부의 유무 | 관부의 형태 | 경 단부의 꺾임 | 형식 |
|---|---|---|---|
| 환두도자(Ⅰ) | 무관(A) | · | ⅠA식 |
|  | 편관(B) | · | ⅠB식 |
| 무환두도자(Ⅱ) | 무관(A) | ·(경 단부 결실) | ⅡA식 |
|  | 편관(B) | 유(1) | ⅡB1식 |
|  |  | 무(2) | ⅡB2식 |
|  | 양관(C) | 무(2) | ⅡC2식 |

ⅡB1식(5점)은 관부가 편관이고 경 단부의 꺾임이 있는 것으로 거례리 출토품 중 관부와 경 단부가 결실된 4점을 제외하면 모두 ⅡB1식에 해당한다. ⅡB2식(19점)과 ⅡC2식(5점)은 원천리유적 출토품으로 ⅡB2식은 편관이고 경단부의 꺾임이 없는 것으로 북한강유역에서 일반적으로 확인되는 형태이고, ⅡC2식은 관부가 양관으로 경단부의 꺾임이 없는 것으로 북한강유역에서도 원천리유적에서만 확인된다.

| ⅡB1식 | ⅡB2식 | ⅡC2식 |
|---|---|---|

그림 8  거례리 · 원천리유적 출토 도자(1/4)

(ⅡB1식: 거4호,  ⅡB2식: 원76호,  ⅡC2식: 원59호)

## 3. 무구류

### 1) 목병도

거례리유적의 주거지 2기에서 1점씩 2점이 출토되었고, 원천리유적의 8기 주거지에서 각각 1점씩 8점이 출토되었다. 분석 가능한 것은 원천리유적 출토품 6점으로 완형은 3점이다.

형식분류는 성정용(2000:126-127)의 분류안에 의거해서 환두의 유무와 관부의 형태, 경부와 관부의 비율(경부너비/관부너비)[3]을 기준으로 분류된다.

표 9  북한강유역 출토 목병도 형식분류안

| 환두 유무 | 관부형태 | 경/관비율 | 형식 |
|---|---|---|---|
| 有(Ⅰ) | 편관(B) | 광경형(1-0.75이상) | ⅠB1식 |
| | | 중경형(2-0.6~0.75) | ⅠB2식 |
| 無(Ⅱ) | 무관(A) | 광경형(1-0.75이상) | ⅡA1식 |
| | 편관(B) | 광경형(1-0.75이상) | ⅡB1식 |
| | | 세경형(3-0.6이하) | ⅡB3식 |
| | 양관(C) | 중경형(2-0.6~0.75) | ⅡC2식 |
| | | 세경형(3-0.6이하) | ⅡC3식 |

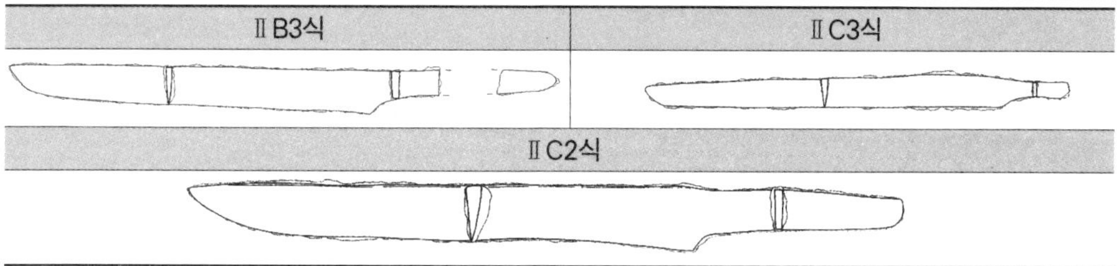


그림 9  원천리유적 출토 목병도 형식(1/4)

(ⅡB3식: 원37호,  ⅡC2식: 원65호,  ⅡC3식: 원46호)

이에 의하면, 모두 3가지 형식(ⅡB3· ⅡC2· ⅡC3식)이 확인되는데, 관부의 형태는 편관 혹은 양관으로 무관은 확인되지 않으며, 경부비율은 광경형을 제외하고 중경형과 세경형만이 확인되는 특징을 보인다.

---

3   경부비율을 구하는데 있어서 경부 중간의 너비를 기준으로 하였으며, 경부가 일부 결실된 경우에는 잔존하는 끝부분의 너비를 기준으로 하였다.

2) 철모

　원천리유적은 북한강유역에서는 유일하게 철모가 출토된 유적으로 주거지 3기에서 6점,
지표에서 봉부편 1점이 출토되었으며, 분석 가능한 것은 주거지 출토품 6점이다.

　성정용(2000:110-114)은 기부의 형태(직기형-Ⅰ·연미형-Ⅱ)와 관부의 유무(유-A·
무-B)에 따른 명목적 속성간의 조합과 계측적 속성으로서 전체길이와 봉부비율(두께/너비)
간의 조합이 상관관계가 있는 것으로 보고 형식을 분류하였다.

표 10　북한강유역 출토 철모 형식분류안

| 기부형태+관부유무 | 전체길이+봉부비율(두께/너비) | 형식 |
| --- | --- | --- |
| 연미형(Ⅱ)+有(A) | 장형+편능형(33cm이상+0.47이하-a) | ⅡAa식 |
| | 단형+편능형(33cm이하+0.47이하-b) | ⅡAb식 |
| | 단형+능형(33cm이하+0.47이하-c) | ⅡAc식 |

그림 10　원천리유적 출토 철모(1/6)

(ⅡAa식: 원53호,　ⅡAb식: 원53호,　ⅡAc식: 원65호)

　이에 따르면 원천리유적에서는 3가지 형식이 확인된다. 6점 모두 기부형태가 연미형이고 관부가 형성된 것이다. 이 중 ⅡAa식은 장형이면서 봉부단면 편능형으로 53호 주거지에서 1점이 확인된다. ⅡAb식은 단형이면서 봉부단면 편능형으로 21호 주거지에서 1점, 53호 주거지에서 2점이 확인되는데, 53호 주거지 출토 2점의 봉부비율(두께/너비)은 각각 0.43과 0.46으로 봉부단면이 능형에 가깝고, 21호 주거지 출토품은 0.37로 같은 형식 내에서도 차이를 보인다. ⅡAc식은 단형이면서 봉부단면 능형으로 65호 주거지에서 출토된 2점이다. 각각의 봉부비율은 0.69와 0.58로 능형에 해당하지만, 모두 수화로 인해 녹이 두텁게 형성되어있어 실제로는 봉부비율의 값이 더 작을 것으로 보인다.


3) 철준

　원천리유적의 9기 주거지에서 각각 1점씩 출토되었다. 철판을 말아서 단접하여 간단하게

98

제작한 것으로 단접선이 신부의 중상위부터 선단부까지 형성되어있다. 길이는 10~20cm 내외이다. 기부의 형태를 알 수 있는 것은 8점으로 연미형 4점, 직기형 4점이 존재한다. 공부 측면에는 자루를 고정하기 위한 구멍을 뚫은 것이 있다.

표 11 북한강유역 출토 철준 형식분류안

| 공부형태 | 길이 | 형식 |
|---|---|---|
| 직기형(Ⅰ) | 15cm미만(A) | ⅠA식 |
| 연미형(Ⅱ) | 15cm이상(B) | ⅡB식 |

형식분류는 기부의 형태를 기준으로 직기형(Ⅰ)과 연미형(Ⅱ)으로 나뉘고, 길이 15cm를 기준(A·B)으로 세분된다. 그 결과, 기부 형태가 직기형이고, 15cm 미만의 ⅠA식과 공부 형태가 연미형이고, 15cm이상인 ⅡB식이 확인된다. 신부가 결실된 2점을 제외하고 ⅠA식이 4점, ⅡB식이 3점 확인된다.

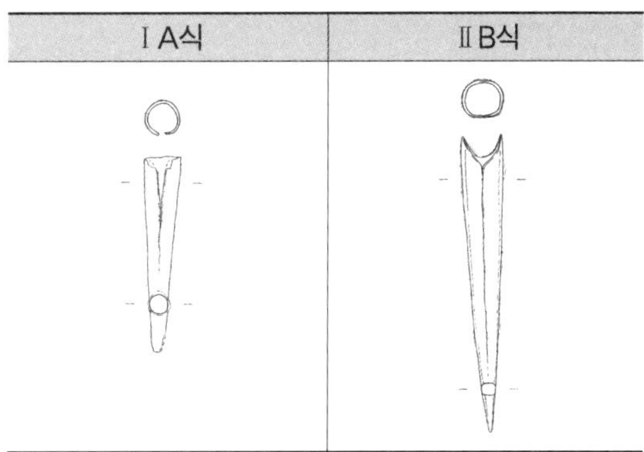


그림 11  원천리유적 출토 철준 형식(1/6)

(ⅠA식: 원13호,  ⅡB식: 원24호)

4) 철촉

모두 74점의 철촉이 출토되었다. 거레리유적의 경우는 주거지 2기에서 5점이 출토되었고, 모두 無莖式촉에 해당한다. 원천리유적은 주거지 33기에서 63점, 수혈 2기에서 3점, 구에서 1점과 지표에서 수습된 2점을 포함해 모두 69점이 출토되었고, 모두 莖部를 갖추거나 銎部가 달린 형태로 슴베가 없는 無莖式 철촉은 출토되지 않았다.

형식분류는 슴베의 유무와 공부의 유무에 따라 無莖式, 有莖式(無頸式, 有頸式), 銎部式으로 나뉘고, 촉신부 너비에 따라 세형계와 광형계로 나뉜다. 그리고 촉신부의 평면형태에 따라 유엽형, 능형, 착두형, 원추형으로 나뉘고, 有頸式촉에 한하여 촉신-경부간 길이를 기준으로 短頸式, 中頸式, 長頸式으로 세분된다.

표 12 북한강유역 출토 철촉 형식분류안

| 莖部·頸部의 有無 | 너비 | 촉신부 형태 | 촉신-경부간 길이 | 형식 |
|---|---|---|---|---|
| 無莖式(Ⅰ) | · | 평기형(1) | · | Ⅰ1식 |
| | · | 역자형(2) | · | Ⅰ2식 |

| 莖部 · 頸部의 有無 | | 너비 | 촉신부 형태 | 촉신-경부간 길이 | 형식 |
|---|---|---|---|---|---|
| 有莖式 | 無頸式(Ⅱ) | 1.9cm미만(A) | 유엽형(3) | · | ⅡA3식 |
| | | | 능형(4) | · | ⅡA4식 |
| | 有頸式(Ⅲ) | 1.9cm미만(A) | 유엽형(3) | 중경(b) | ⅢA3b식 |
| | | | 능형(4) | 단경(a) | ⅢA4a식 |
| | | | | 중경(b) | ⅢA4b식 |
| | | | | 장경(c) | ⅢA4c식 |
| | | | 착두형(5) | 단경(a) | ⅢA5a식 |
| | | | | 중경(b) | ⅢA5b식 |
| | | | | 장경(c) | ⅢA5c식 |
| | | 1.9cm이상(B) | 능형(4) | 중경(b) | ⅢB4b식 |
| | | | | 장경(c) | ⅢB4c식 |
| | | | 착두형(5) | 중경(b) | ⅢB5b식 |
| | | | | 장경(c) | ⅢB5c식 |
| | | | 역자형(2) | 중경(b) | ⅢB2b식 |
| 鋬部式(Ⅳ) | | 1.9cm미만(A) | 유엽형(3) | · | ⅣA3식 |
| | | | 능형(4) | · | ⅣA4식 |
| | | | 원추형(6) | · | ⅣA6식 |
| | | 1.9cm이상(B) | 유엽형(3) | · | ⅣB3식 |

다음은 거례리와 원천리유적에서 출토된 철촉의 촉신부 너비 분포표와 촉신-경부간 길이 분포표이다. 결과적으로 無莖式촉 만이 출토된 거례리유적을 제외한 원천리유적 출토품을 대상으로 하였다.

촉신부의 너비 분포는 無莖式촉과 편을 제외하고 63점을 대상으로 하였다. 대략 1.9cm를 기준으로 1.9cm 이하는 세형계촉(A), 1.9cm 초과는 광형계촉(B)으로 분류된다.

촉신-경부간 길이에 따른 분류는 有莖式촉 중에서 有頸式촉에 한하였으며, 편을 제외하

표 13 　촉신부 너비 분포(左) 및 촉신-경부간 길이 분포(右)

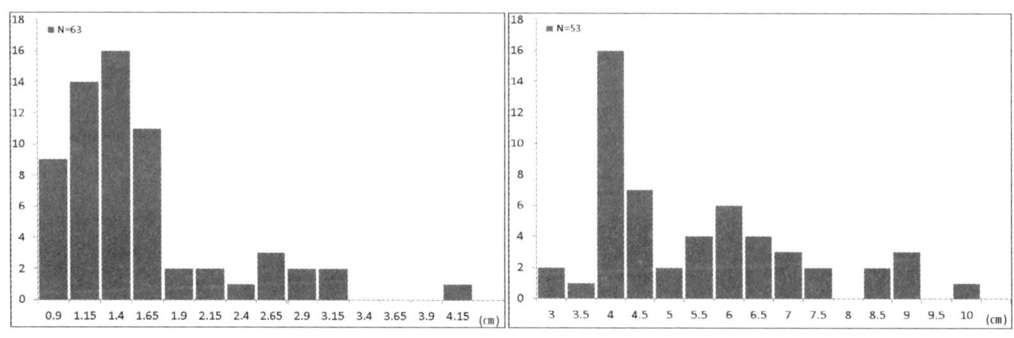


100

고 53점을 대상으로 하였다. 단경촉은 4.5cm이하에서 빈도분포를 보이고, 중경촉은 4.5cm 초과~7.5cm 이하를 기준으로 하였고, 7.5cm를 초과하는 철촉을 장경촉으로 분류하였다.

다음은 촉신부 너비와 촉신-경부간 길이의 상관관계표이다. 능형촉의 경우, 촉신-경부간의 길이 증가와 촉신부 너비가 함께 연동하여, 세형계촉은 촉

표 14 촉신부 너비 및 촉신-경부간 길이 상관분포

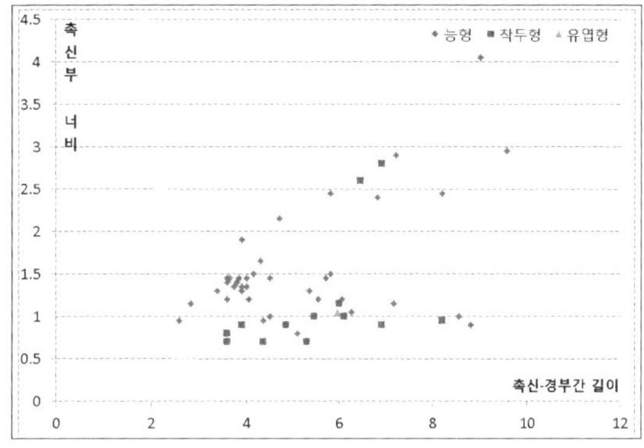


신부 너비가 작아지면서 촉신-경부간 길이가 증가하고, 반대로 광형계촉은 촉신부 너비가 커지면서 촉신-경부간 길이가 증가하는 모습이다. 착두형촉의 경우, 세형계촉은 촉신부 너비의 변화와 관계없이 촉신-경부간 길이가 증가하고, 광형계촉은 촉신부 너비가 커지면서 촉신-경부간 길이 역시 증가한다. 세형계 착두형촉의 경우, 다른 세형계촉보다 촉신부 너비

| Ⅰ2식 | ⅡA4식 | ⅢA3b식 | ⅢA4a식 | ⅢA4b식 | ⅢA4c식 | ⅢA5a식 | ⅢA5b식 |
|---|---|---|---|---|---|---|---|

| ⅢA5c식 | ⅢB4b식 | ⅢB4c식 | ⅢB5b식 | ⅣA3식 | ⅣA4식 | ⅣA6식 | ⅣB3식 |
|---|---|---|---|---|---|---|---|

그림 12 거례리 · 원천리유적 출토 철촉 (1/4)

( Ⅰ2식: 거9호, ⅡA4식: 원4호, ⅢA3b식: 원72호, ⅢA4a식: 원109호, ⅢA4b식: 원24호, ⅢA4c식: 원17호, ⅢA5a식: 원72호, ⅢA5b식: 원72호, ⅢA5c식: 원72호, ⅢB4b식: 원30호, ⅢB4c식: 원53호, ⅢB5b식: 원76호, ⅣA3식: 원21호, ⅣA4식: 원39호, ⅣA6식: 원109호, ⅣB3식: 원58호)

가 작고, 더 이상 세형화가 진행되지 않은 것으로 보인다. 따라서 촉신-경부간의 길이 변화만 간취되는 것으로 판단된다.

위와 같은 속성 변화에 근거한 형식분류 결과, 거례리유적과 원천리유적에서는 16가지의 세부 형식이 확인되고, 전체 74점 중에서 형식분류가 가능한 것은 68점이다.


## 4. 마구류

### 1) 재갈

마구류는 원천리유적에서 확인되었다. 먼저 재갈은 주거지 3기와 수혈 1기, 문화층에서 5점이 출토되었다. 이 중 완형은 2점으로 33호 주거지 출토 鑣轡와 28호 수혈 출토 板轡이다. 다음은 재갈의 속성표이다.

표 15　재갈 속성표(권도희, 2012: 206 표2 수정후 인용)

| 번호 | 유구명 | 함유 | 함 | | | 유환 | 인수 | | |
|---|---|---|---|---|---|---|---|---|---|
| | | | 연식 | 철봉형태 | 입문용금구 | | 철봉형태 | 외환형태 | 인수호 |
| 1 | 주22호 | × | 2 | 1조 | × | × | 1조 | 꺾인원형 | × |
| 2 | 주33호 | 표 | 2 | 3가닥꼬은 1조 | 'ㄷ'자형 | × | 2조 | 삽자루형 | × |
| 3 | 주82호 | | | 3가닥꼬은 1조 | | | | | |
| 4 | 수28호 | 경판 | 2 | 3가닥꼬은 1조 | × | × | 2조 | 삽자루형 | × |
| 5 | 문화층 | | | | | | 2조 | 삽자루형 | |

출토 재갈에 대한 특징을 구성요소 별로 살펴보면 다음과 같다. 먼저 銜留는 33호 주거지와 28호 수혈에서 확인된다. 33호 주거지 재갈의 함유는 鑣로 봉상의 立聞用金具를 표에 박아 銜의 외환에 걸쳐 놓았다. 입문용금구는 'ㄷ'자형으로 단부는 리베팅하여 뭉툭하다. 28호 수혈 재갈의 함유는 경판으로 평면형태 원형에 가깝고 상부에는 入聞이 형성되어 있다. 종방향으로 銜留孔이 뚫려있고, 함유공을 가로질러 銜留金具가 리베팅되어 있다.

銜은 22·33·82호 주거지와 28호 수혈에서 확인된다. 22호 주거지의 것을 제외하고 모두 1조선의 철봉을 S자형으로 구부려 겹친 다음 3줄 꼬기기법으로 제작한 것이며, 3~5정도 꼬았다. 함 외환에는 遊環의 채용 없이 바로 引手의 내환과 표(33호 주거지) 혹은 경판(28호 수혈)이 연결되어 있다. 22호 주거지 출토품은 1조선의 철봉으로 S자형으로 구부려 함의 내환과 외환을 만든 것으로 환부의 직경이 좁아 별도의 함유를 외환에 연결시킬 수 없는 형태이다.

102

인수는 22·33호 주거지, 28호 수혈, 문화층에서 확인된다. 22호 주거지 출토품을 제외하고 2조선으로 제작된 삽자루형 인수로 3점 모두 제작방식에 약간씩의 차이가 있다. 33호 주거지의 것은 1줄의 철봉을 구부리고 양쪽을 각기 꼰 다음 한쪽 단부를 구부려 반대쪽 단부에 리베팅한 것이다. 28호 수혈의

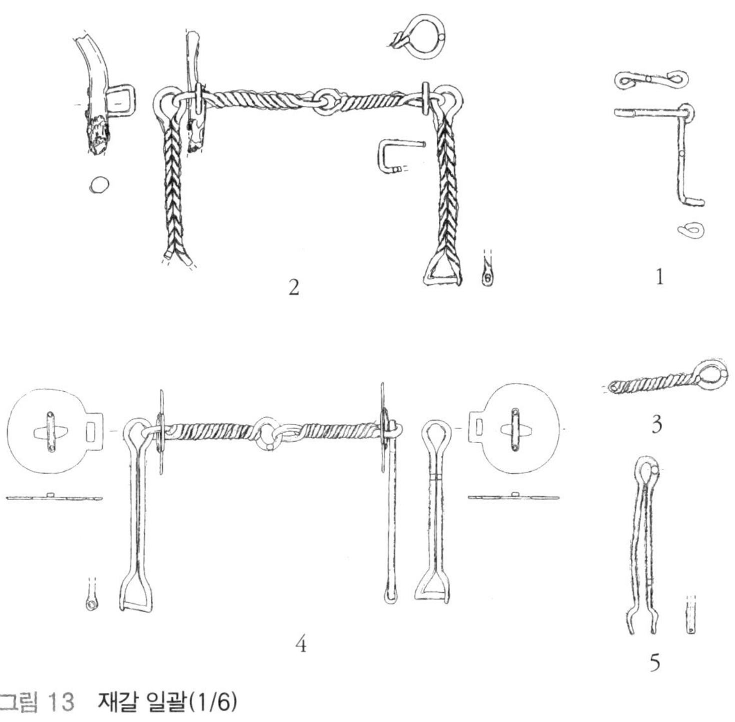



그림 13  재갈 일괄(1/6)

(1: 원22호,  2: 원33호,  3: 원82호,  4: 원수28호,  5: 문화층)

것은 철봉을 꼬지 않고 한쪽 단부를 구부려 반대쪽 단부에 리베팅한 것이고, 문화층의 것은 철봉을 꼬지 않고, 단부 양쪽에 못을 박아 리벳팅한 형태이다. 22호 주거지의 것은 1조선의 철봉을 이용하여 인수를 제작한 것으로 외환이 굽어있다. 인수 4점 모두 외환에 연결한 引手壺는 확인되지 않았다.

## 2) 등자

33호 주거지에서 표비와 함께 출토된 것으로 교구와 함께 수습되었다. 柄部와 輪部에 걸쳐 목심 내·외측 면 전체를 철판으로 보강하고 병부에 4개, 윤부에 15개의 원두정을 박아 리베팅한 木心鐵板被輪鐙이다. 윤부 상단에는 전·후면에 '一'자 형태의 철판을 덧대고 원두정을 박아 보강하였고 철판에는 1개의 원두정과 3개의 못을 박은 구멍이 관찰된다. 이처럼 윤부 상단 전·후면에 철판을 보강하는 것은 등자의 목심 제작방식과 관련된 것으로, 목심의 제작방식 중 하나는 단면 방형 또는 제형의 목봉을 구부려 윤부를 제외한 부분을 끈 등을 이용하여 고정시키고 윤부와 병부의 경계부분에 별도의 삼각형 형태의 나무를 끼워 넣고 철판으로 목심부를 보강하는 방식이다(權度希 2006: 343). 따라서 윤부 상단 전·후면에 '一'자 형태의

103

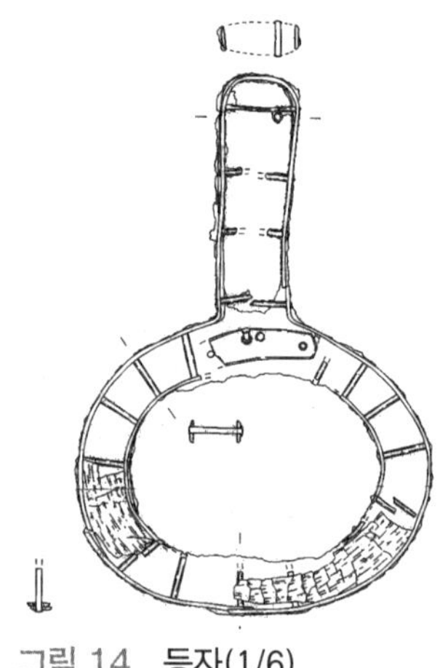

그림 14  등자(1/6)

(원33호)

철판을 보강하여 목심이 벌어지는 것을 방지한 것으로 비록 목질이 잘 보이지 않지만 등자의 목심 제작방식은 위와 같았을 것으로 보인다. 그리고 병부 전면의 상단에 원두정이 잔존하는 것으로 보아 병부를 철판으로 보강했던 것으로 판단된다.

3) 기타

33호 주거지와 28호 수혈에서 재갈, 등자와 함께 이를 연결하는 교구와 금구가 출토되었고, 77호 주거지와 115호 주거지에서는 환형의 운주와 금구 등이 수습되었다. 이 외에 마갑이 30호 주거지에서 4점 출토되었으며, 동탁이 29·30·76호 주거지에서 4점, 동령이 76·109·115호 주거지에서 3점이 출토되었다. 지표에서는 근대 것으로 보이는 편자 2점이 수습되었다.

# Ⅲ. 기능별 변화양상 및 편년

본장에서는 철제유물의 변화양상을 검토하기 위한 사전작업으로 촉의 형식변화에 근거한 단계설정을 시도하여 각 단계별로 촉과 함께 공반하는 주요 기능별 철제유물 중 형식간 변화가 간취되는 것들을 중심으로 변화양상을 파악하고, 기존 연구성과에 근거하여 단계별 편년을 시도하고자 한다.

한편, 거례리유적은 철촉과 공반하는 다른 철기류들이 빈약한 상태이긴 하지만, 주거지 형태와 내부시설, 토기류 등이 같은 양상이기 때문에 철촉과 공반하지 않아도 본문에 포함시키도록 하겠다.

## 1. 단계설정

다음은 촉의 발생순서배열표(표16·그림 15)이다. 순서배열은 촉의 형식변화에 근거해 無莖

式촉→無頸式촉→有頸式촉으로, 有頸式촉은 다시 촉신-경부간의 길이를 기준으로 단경→중경→장경촉의 순으로 순서배열하였으며, 순서배열에서 제외된 공부식촉은 유구간의 중복관계에 따라 추가하여 다음의 순서배열표를 작성하였다.

　그 결과, 無莖式촉, 銎部式촉, 無頸式촉, 有頸式촉의 순으로 출현하고, 有頸式촉은 다시 단경→중·장경촉의 순으로 순서배열되는 것을 알 수 있으며, 각 단계는 촉의 형식변화에 더하여 주거지의 평면형태, 노 시설, 토기류, 주거지간 중복관계를 통해 크게 원삼국시대인 거례

**표 16　철촉 순서배열표**

| 시기 | 유구번호 | 無莖式(I) | 無頸式(II) 세형(A) 능형(2) 중경(c) | 有頸式(III) 세형(A) 유엽형(1) 중경(c) | 有頸式(III) 세형(A) 능형(2) 단경(a) | 有頸式(III) 세형(A) 능형(2) 중경(b) | 有頸式(III) 세형(A) 능형(2) 장경(c) | 有頸式(III) 세형(A) 착두형(3) 단경(a) | 有頸式(III) 세형(A) 착두형(3) 중경(b) | 有頸式(III) 세형(A) 착두형(3) 장경(c) | 有頸式(III) 광형(B) 능형(2) 중경(b) | 有頸式(III) 광형(B) 능형(2) 장경(c) | 有頸式(III) 광형(B) 착두형(3) 중경(b) | 銎部式(IV) 세형(A) 유엽형(1) | 銎部式(IV) 세형(A) 능형(2) | 銎部式(IV) 세형(A) 원추형(4) | 銎部式(IV) 광형(B) 유엽형(1) | 주거지 평면형태 방형 | 주거지 평면형태 '몸·凸'자형 오각형 | 주거지 평면형태 '몸·凸'자형 육각형 | 주거지 평면형태 '몸·凸'자형 방형 | 주거지 내부시설 구들 | 주거지 내부시설 노지 | 주거지 내부시설 'ㅣ'자형부뚜막 | 주거지 출토유물 낙랑(계)토기 | 주거지 출토유물 백제토기 | 중복관계 |
|---|---|---|---|---|---|---|---|---|---|---|---|---|---|---|---|---|---|---|---|---|---|---|---|---|---|---|---|
| 거례리 단계 | 거9호 | ●4 | | | | | | | | | | | | | | | | | ● | | | | ● | | ● | | |
| 거례리 단계 | 거11호 | ● | | | | | | | | | | | | | | | | | | | ● | ● | ● | | ● | | |
| 원천리 I단계 | 원39호 | | | | | | | | | | | | | | ● | | | | | ● | | | ● | | | | |
| 원천리 I단계 | 원85호 | | | | | | | | | | | | | | ● | | | | | ● | | | ● | | | ● | 선 |
| 원천리 II단계 | 원4호 | | ● | | | | | | | | | | | | | | | ● | | | | | ● | | | | |
| 원천리 II단계 | 원21호 | | ● | | | | | | | | | | | ● | | | ● | ● | | | | | | | | ● | 선 |
| 원천리 II단계 | 원15호 | | | ● | | | | | | | | | | | | | | | | ● | | | ● | | | | |
| 원천리 II단계 | 원37호 | | | ● | | | | | | | | | | | | | | | | ● | | | ● | | | ● | |
| 원천리 II단계 | 원40호 | | | ●2 | | | | | | | | | | | | | | | | ● | | | ● | | | ● | |
| 원천리 II단계 | 원43호 | | | ● | | | | | | | | | | | | | | | ● | | | | ● | | | | |
| 원천리 II단계 | 원49호 | | | ● | | | | | | | | | | | | | | | ● | | | | ● | | | | |
| 원천리 II단계 | 원51호 | | | ● | | | | | | | | | | | | | | ● | | | | | ● | | | ● | |
| 원천리 II단계 | 원90호 | | | ● | | | | | | | | | | | | | | ● | | | | | ● | | | | |
| 원천리 II단계 | 원109호 | | | ●3 | | | | | | | ● | | | | | | | ● | | | | | ● | | | | |
| 원천리 II단계 | 원77호 | | | ● | | | | | | | | | | | | | | ● | | | | | ● | | | | 선 |
| 원천리 II단계 | 원97호 | | | | | | ● | | | | | | | | | | | ● | | | | | ● | | | | 선 |
| 원천리 II단계 | 원58호 | | | | | | | | | | | ● | | | | | | ● | | | | | ● | | | | 선 |
| 원천리 II단계 | 원76호 | | | ● | | | | | ● | | | | | | | | | ● | | | | | ● | | | | 선 |
| 원천리 III단계 | 원수78호 | | | ● | | | | | | | | | | | | | | ● | | | | | ● | | | | |
| 원천리 III단계 | 원78호 | | | ● | | | | | | | | | | | | | | ● | | | | | ● | | | ● | 후 |
| 원천리 III단계 | 원24호 | | | ● | | ● | | ● | | | | | | | | | | ● | | | | | ● | | | | |
| 원천리 III단계 | 원수39호 | | | ● | | ● | | | | | | | | | | | | ● | | | | | ● | | | | |
| 원천리 III단계 | 원30호 | | | ● | | | | | ● | | | | | | | | | ● | | | | | ● | | | | |
| 원천리 III단계 | 원41호 | | | ●2 | | ● | | | | | | | | | | | | ● | | | | | ● | | | ● | |
| 원천리 III단계 | 원29호 | | | ● | | | | | | | | | | | | | | ● | | | | | ● | | | | |
| 원천리 III단계 | 원59호 | | | ● | | | | | | | | | | | | | | ● | | | | | ● | | | | 후 |
| 원천리 III단계 | 원101호 | | | ● | | | | | | | | | | | | | | ● | | | | | ● | | | | 후 |
| 원천리 III단계 | 원구상 | | | | | | | | ● | | | | | | | | | ● | | | | | | | | | |
| 원천리 III단계 | 원96호 | | | | | | | ●2 | | | | | | | ● | | | ● | | | | | ● | | | | 후 |
| 원천리 III단계 | 원17호 | | | | ● | | ● | | | | | | | | | | | ● | | | | | ● | | | | |
| 원천리 III단계 | 원36호 | | | | | | ● | | | | | | | | | | | ● | | | | | ● | | | | |
| 원천리 III단계 | 원72호 | | | ● | ● | | | ●2 | ●4 | | | | | | | | | ● | | | | | ● | | | | 후 |
| 원천리 III단계 | 원33호 | | | | | | | | | | ● | ● | | | | | | ● | | | | | ● | | | | |
| 원천리 III단계 | 원53호 | | ● | | | | | | | | | ● | | | | | | ● | | | | | ● | | | ● | 후 |
| 원천리 III단계 | 원106호 | | | | | | | | | | | | | | | ● | | ● | | | | | ● | | | ● | 후 |

리단계와 한성백제기인 원천리단계로 나눠고, 원천리단계는 다시 3단계의 단계 설정이 가능하다.

거례리단계는 無莖式촉이 출현하는 단계로 다른 형식의 촉들과의 공반예는 확인되지 않는다. 無莖式촉을 반출하는 주거지의 평면형태는 출입구가 없는 방형 혹은 출입구가 있는 여·철자형으로 주거공간은 오각형이다. 내부시설로서 노 시설은 노지 혹은 노지+구들이 설치된 양상이고, 유물은 낙랑(계)토기가 공반한다.

원천리 Ⅰ단계는 공부식촉이 출현하는 단계로 공부식촉의 수량이 2점으로 한정되어 다른 형식의 촉들과의 공반 예는 확인되지 않는다. 공부식촉은 모두 세형계로 평면형태 능형촉이 확인된다. 원천리유적에서 대부분의 주거지가 노 시설로서 'Ⅰ'자형 부뚜막을 채용하는 것과 달리 모두 노지를 채용하고 있으며 'Ⅰ'자형 부뚜막을 채용한 주거지와의 중복관계에서 모두 선축에 해당한다. 따라서 중복관계를 근거로 有莖式촉이 출토되는 원천리 Ⅱ단계와 구분되는 것으로 판단된다. 또한 백제토기가 출토된다는 점과 여·철자형 주거지의 주거공간이 육각형이라는 점에서 거례리 단계보다 후행한다.

원천리 Ⅱ단계는 有莖式(無頸式·有頸式)촉이 출현하는 단계로 有莖式촉 중 無頸式촉의 출토량은 제한적이며, 銎部式촉 역시 소량이지만 함께 공반한다. 有頸式촉의 경우는 세형계촉에 국한하여 평면형태 능형의 단경촉과 일부 착두형의 단경촉만이 출토하고 있으며, 능형촉의 경우 단면형태가 삼각형인 것들이 대부분이다. 주거지는 노시설로서 대부분 'Ⅰ'자형 부뚜막을 채용하고 있으며, 예외적으로 노지+'Ⅰ'자형 부뚜막이 시설된 경우가 21호 주거지에서 확인된다.

한편, 원천리 Ⅱ단계에 속한 주거지 중 중복이 이루어진 21호, 77호, 58호, 97호 주거지는 모두 선축 주거지에 해당하는 것으로 중복관계에 의해서도 원천리 Ⅲ단계와 구분된다.

원천리 Ⅲ단계는 有頸式촉 중 세형계는 중경촉과 장경촉이 출현하고, 광형계촉이 새롭게 출현하며, 無頸式촉과 공부식촉이 지속되지만 미미하다. 또한 Ⅱ단계와 같이 有頸式촉 중 세형계의 능형촉들은 단면형태가 삼각형과 반볼록렌즈형인 것들이 대부분이다. 주거지는 노시설로서 모두 'Ⅰ'자형 부뚜막을 채용하고 있다.

한편, Ⅲ단계에 주거지 중에 중복이 확인된 것은 24호, 33호, 53호, 59호, 72호, 76호, 78호, 96호, 101호, 106호 주거지로 76호 주거지를 제외한 나머지 주거지들은 모두 후축 주거지로 有頸式촉 중 세형계와 광형계의 평면형태 능형과 착두형의 중경식촉과 장경식촉들이 출토되었다는 점에서 주거지의 중복관계와 촉의 변화 양상이 거의 일치함을 알 수 있다. 또한 有頸式촉 중 광형계촉은 Ⅲ단계에서만 출현하기도 하지만 모두 중경식 이상의 촉들이라는 점에서 촉의 장경화와 광형계촉의 출현 혹은 성행이 함께하는 것으로 보인다.

| 시기 | 無莖式(Ⅰ) | 無頸式(Ⅱ) 세형(A) 능형(2) | 有頸式(Ⅲ) 세형(A) 유엽형(1) 중경(b) | 능형(2) 단경(a) | 능형(2) 중경(b) | 능형(2) 장경(c) | 착두형(3) 단경(a) | 착두형(3) 중경(b) | 착두형(3) 장경(c) | 광형(B) 능형(2) 중경(b) | 광형(B) 능형(2) 장경(c) | 광형(B) 착두형(3) 중경(b) | 銎部式(Ⅳ) 세형(A) 유엽형(1) | 능형(2) | 원추형(4) | 광형(B) 유엽형(1) |
|---|---|---|---|---|---|---|---|---|---|---|---|---|---|---|---|---|
| 거례리 단계 | 1, 2 | 1. 거9호, 2. 거11호, 3. 원39호, 4. 원21호, 5. 원4호, 6. 원15호, 7. 원109호, 8. 원40호, 9. 원97호, 10. 원21호, 11. 원109호, 12. 원58호, 13. 원53호, 14. 원72호, 15. 원76호, 16. 원17호, 17. 원24호, 18. 원41호, 19. 원36호, 20. 원72호, 21. 원24호, 22. 원72호, 23. 원96호, 24. 원72호, 25. 원30호, 26. 원33호, 27. 원76호, 28. 원96호, 29. 원106호 | | | | | | | | | | | | | | |
| Ⅰ단계 | | | | | | | | | | | | | 3 | | |
| Ⅱ단계 | | 5, 4 | | | 6, 7, 8 | | 9 | | | | | | | 10 | 11 | 12 |
| Ⅲ단계 | | 13 | 14 | 15, 16 | 17, 18 | 19 | 20, 21 | 22, 23 | 24 | 25 | 26 | 27 | | 28 | 29 |

그림 15  촉류 단계별 변화양상(1/4)

이상으로 촉의 형식별 순서배열에 따른 촉의 출현과 변화, 공반유물, 주거지의 평면형태, 내부시설, 중복관계를 근거로 거례리 단계와 원천리 단계로 대별되고 원천리 단계는 다시 3단계(Ⅰ·Ⅱ·Ⅲ)의 단계설정이 가능한 것으로 판단된다.


## 2. 기능별 변화양상

### 1) 농구류

주조괭이는 원천리 단계에서 확인되며, 인부의 너비와 길이가 각각 5cm, 18cm이하이고 상면에 철대가 주출되지 않은 장방형의 ⅡA식은 Ⅱ단계부터 출현하여 Ⅲ단계까지 지속된다. 상면에 4조의 철대가 희미하게 형성된 ⅡC식과 평면형태 제형이고 상면에 4조의 철대가 주출된 ⅢC식은 Ⅲ단계에 새롭게 출현한다. 따라서 주조괭이는 ⅡA→ⅡC·ⅢC식으로의 변화가 확인되며, 이는 인부가 넓어지고 신부 길이가 19cm 내외로 세장해지며, 상면에 4조의 철대가 뚜렷하게 형성되는 것으로의 변화를 의미한다. 또한 철촉이 출토된 유구 가운데, 주조괭이가 편으로 출토되어 분석에서 제외된 것 중, 상면에 해당하는 편이 출토된 것은 101호 주거지와 39호 수혈 출토품으로 상면에는 모두 철대가 형성되어있고, ⅡC식의 철대보다 뚜렷한 것으로 보아 편이긴 하지만 ⅢC식에 해당하는 것으로 판단되며, 공반하는 철촉들은 촉신-경부간의 길이가 중경촉에 해당하는 것으로 Ⅲ단계에 해당한다. 따라서 주조괭이 ⅢC식은 Ⅲ단계에 본격적으로 성행한 것으로 판단된다. 기존 연구에 의하면 4세기대에 길이가 16~18cm로 대형화된 것들이 출현하며, 4세기 중반 이후 인부 너비가 넓어지면서 철대가 주출되는 형식이 출현하고 5세기 이후로는 길이 20cm가 넘는 것들이 출현한다(이남규 1997: 14, 2002: 72).

철겸 역시 원천리 Ⅱ단계에 들어서 확인되는데 인부와 선단부가 직선인 ⅠAa식과 인부가 직선이고 선단부가 굽은 ⅠBa식이 출현한다. Ⅲ단계에는 ⅠAa식은 출토되지 않고 선단부가 좀 더 곡선화 된 ⅠCa식과 기부가 형성되고 곡인인 ⅡCb식이 새롭게 확인된다. 전체적으로 직인과 곡인의 철겸이 함께 보이며, 곡인화 과정이 관찰된다. 이와 같은 양상에 대해 기존에 천말선(1994: 411)은 겸의 형태는 인부가 직인→곡인, 선단부가 직선→곡선, 날끝의 폭이 넓은 것→좁고 뾰족한 것, 날 폭이 넓은 것→좁은 것으로 변화하지만, 기존의 벌채나 밭농사 이 외에 논농사의 수확구로 겸의 기능이 분화하면서 겸의 인부형태가 곡인으로 변화하고 수량이 증가하는 것 일 뿐, 인부가 직인인 겸과 공존하는 것으로 파악하였다. 이와 같은 양상은 이남규(2002: 76)와 김도헌(2001: 97-98)에 의해서도 지적된 바 있다. 따라서 본 유적의 철겸 역시 기능분화에 따른 형태 변화로 인하여 인부가 직인인 겸과 곡인인 겸이 함께 병존하는 것으로 판단된다.

　U자형구는 거례리 단계부터 확인된다. 평면형태 '凹'자형인 Ⅱ식은 거례리 단계에서만 확인되는데, 북한강유역으로 범위를 확장하면 대성리유적에서 출토예가 있다.

　ⅠBa식과 ⅠBb식은 원천리 단계에서 확인되는데 크기에 따른 차이만 있을 뿐 최대너비/중간너비의 값이 1.1이하인 평면형태 'U'자형으로 기존에 원삼국시대 북한강유역에서 출토된 U자형구가 최대너비/중간너비의 값이 1.1이상인 평면형태 'V'자형(ⅠAa식)임을 감안하면 전체적으로 평면형태 'V'자형→'U'자형으로의 형태변화가 관찰된다. 한편, Ⅰ·Ⅱ단계 출

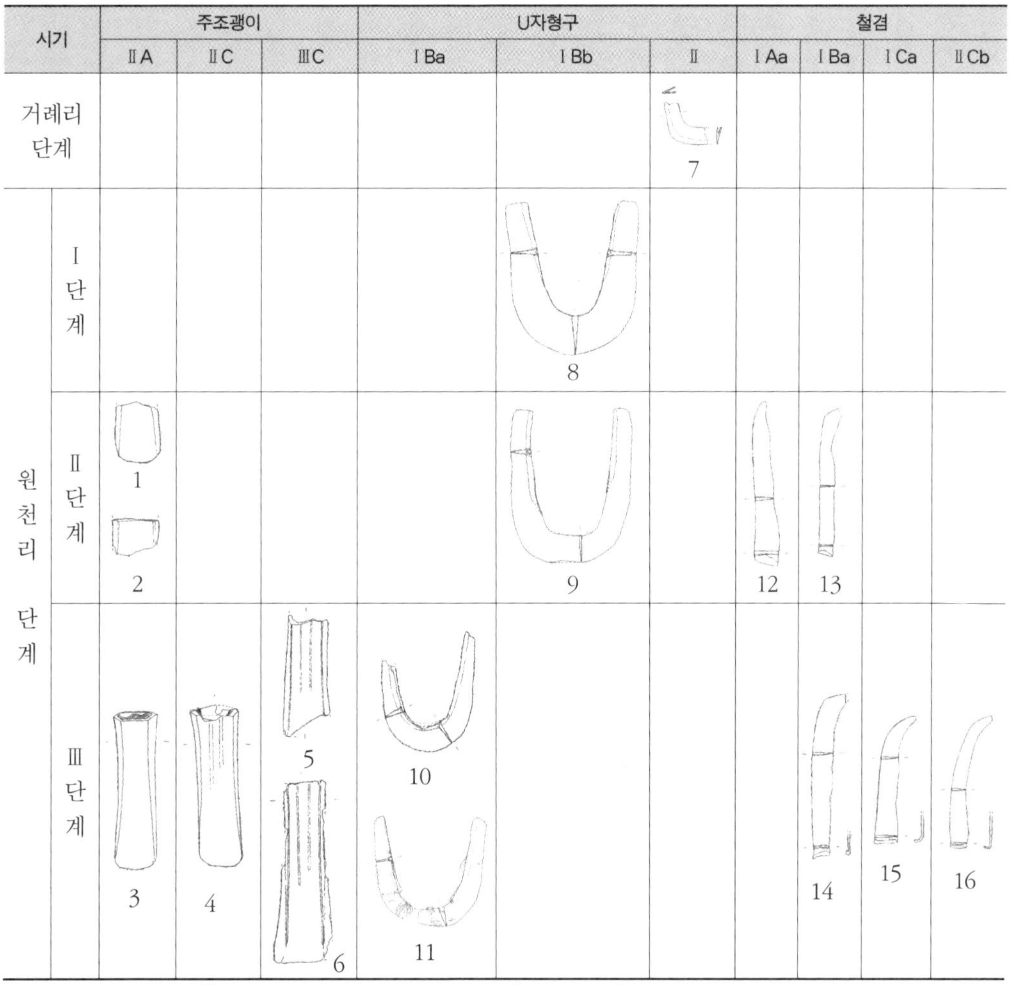

| 시기 | | 주조괭이 | | | U자형구 | | | 철겸 | | | |
|---|---|---|---|---|---|---|---|---|---|---|---|
| | | ⅡA | ⅡC | ⅢC | ⅠBa | ⅠBb | Ⅱ | ⅠAa | ⅠBa | ⅠCa | ⅡCb |
| 거례리 단계 | | | | | | | 7 | | | | |
| 원천리 단계 | Ⅰ단계 | | | | | 8 | | | | | |
| | Ⅱ단계 | 1 2 | | | | 9 | | | 12 | 13 | |
| | Ⅲ단계 | 3 | 4 | 5 6 | 10 11 | | | 14 | 15 | 16 | |

그림 16　농구류 단계별 변화양상(주조괭이1/8, U자형구 1/12, 철겸 1/10)

(1. 원40호 2. 원77호 3. 원76호 4. 원33호 5. 원24호 6. 원30호 7. 거12호 8. 원85호 9. 원109호 10. 원24호 11. 원76호 12. 원21호 13. 원43호 14. 원33호 15. 원53호 16. 원24호)

토품은 대형이고 Ⅲ단계 출토품은 소형이라는 점에서 특징적이긴 하지만 ⅠBb→ⅠBa식으로의 형식 변화보다는 크기에 따른 기능차를 반영하는 것으로 판단된다.

2) 공구류

단조철부는 원천리 Ⅲ단계에서 확인되는데, 공반하는 유구와 유물을 보았을 때 원천리 Ⅰ단계부터는 출현하는 것으로 판단되며, 북한강유역에서 원삼국시대에는 단조철부가 없고, 한성백제기에는 주조철부가 없다는 점이 특징적이다. 따라서 단조철부가 종국에는 주조철부의 기능을 대체하는 것으로 보인다.

견부가 있고, 공부 단접선이 정연하게 붙어있는 ⅠA식과 견부가 없고, 공부 단접선이 정연하게 붙어있는 ⅡA식, 견부가 없고, 공부 단접선이 역'Y'자 형태로 벌어진 ⅡC식이 확인되는데, 공부 단접선이 역'Y'자를 이루는 것들은 하나의 철소재를 이용하여 공부와 신부를 함께 제작한 것으로 공부를 간단하게 말아 제작한 것이다. 예외적으로 유견식 철부인 ⅠA식은 공부와 신부를 따로 제작하여 접합한 것으로 공부의 접합선이 정연하게 형성되었다. 따라서 유견식 철부보다 무견식 철부의 사용이 더 보편화되었던 것으로 보이고, 제작방식에 있어서도 하나의 철소재를 이용하여 공부 부분을 단타하여 접어 제작한 방식이 선호되었던 것으로 판단된다. 기존연구에서도 3세기 이후 혹은 목곽묘 단계에는 'Y'자형과 같이 공부를 간단하게 말아 붙인 형태가 주류를 이루게 되고 이러한 공부제작의 간략화는 대량생산으로 인한 것으로 보았다(이남규 1997: 23).

자귀 역시 거례리단계에서는 보이지 않지만 대성리유적에서 출토된 예가 있으며, 다만, 원천리 단계의 자귀가 제작방식, 철소재 등에서 발달된 것으로 보인다. 한편, 대성리유적에서는 주조철부의 인부를 가공한 자귀(Ⅰ식)가 보이기도 한다.

도자는 모두 무환두도자인 Ⅱ식으로 거례리 단계부터 확인된다. 이 중 관부가 편관이고 병 단부가 꺾여 있는 ⅡB1식은 거례리 단계에서만 확인되는 형식으로 북한강유역에서도 원삼국시대에 한정해서 확인된다. 병 단부가 꺾여 있지 않은 ⅡB2식과 관부가 양관이면서 병단부가 꺾여 있지 않은 ⅡC2식이 원천리 단계에 확인되는데 ⅡB2식은 원삼국시대부터 확인되는 것으로 유적에서 일반적으로 확인되는 형식이다. 따라서 무환두도자는 관부의 형태가 편관→양관, 병 단부의 형태는 꺾인 것→꺾이지 않은 것으로의 변화한다.

철착은 촉과 함께 공반하는 예가 없어 변화 양상을 파악하기 힘들다. 다만, 무공식인 Ⅰ식과 공부식인 Ⅱ식은 원삼국시대부터 확인되고 있고 형태적으로 큰 차이가 없다는 점에서 지속적으로 사용된 것으로 판단된다.

| 시기 | | 단조철부 | | | 자귀 | | 무환두도자 | | |
|---|---|---|---|---|---|---|---|---|---|
| | | ⅠA | ⅡA | ⅡC | ⅡA | ⅡC | ⅡB1 | ⅡB2 | ⅡC2 |
| 거례리 단계 | | | | | | | 6 | | |
| 원천리 단계 | Ⅰ단계 | | | | | | | | |
| | Ⅱ단계 | | | | 4 | | | 7 | 8 |
| | Ⅲ단계 | 1 | 2 | 3 | | 5 | | 9 | 10 |

그림 17  공구류 단계별 변화양상(1/6)

(1. 원96호, 2. 원96호, 3. 원78호, 4. 원37호, 5. 원30호, 6. 거8호, 7. 원37호, 8. 원109호, 9. 원33호, 10. 원33호)

## 3) 무기류

철모는 원천리 단계에서 출현하며, 모두 연미유관형인 ⅡA식에 해당하는 것으로, Ⅱ단계부터 확인된다. 길이는 단형이면서 봉부비율이 편능형인 ⅡAb식이 Ⅱ단계와 Ⅲ단계에서 모두 확인되며, Ⅲ단계에는 장형이면서 봉부비율이 능형인 ⅡAa식이 ⅡAb식과 함께 공반한다. 또한 철촉이 공반하지 않았지만, ⅡAa식과 ⅡAb식이 함께 출토된 원천리 53호 주거지와 중복된 선축 주거지인 65호 주거지에서 봉부비율이 증가한 ⅡAc식이 확인된다. 따라서 길이의 단형화와 봉부비율(두께/너비)의 증가로 인한 철모의 일률적인 형식변화는 Ⅱ·Ⅲ단계에서 보이지 않고, 여러 형식(ⅡAa식·ⅡAb식·ⅡAc식)이 함께 제작되고 사용된 것으로 판단된다. 다만, ⅡAb식에 있어서 봉부비율이 Ⅱ→Ⅲ단계로 가면서 능형화하는 경향이 확인된다.

철모의 또 다른 특징은 길이가 장형 혹은 단형의 봉부두께가 얇은 직기유관형 철모와 단형이면서 봉부가 두텁고 관부가 사라진 연미무관형 철모는 보이지 않는다는 점이다. 직기유관형의 철모는 3세기에 유행(成正鏞 2000: 131-132)하고 관부가 사라진 연미무관형 철모는 4세기에 출현하여 4세기 후반 이후로 유행하는 것(成正鏞 2000: 115)으로 직기유관형 철모와 연미무관형 철모의 부재는 원천리유적에서 출토된 철모의 시간적 위치가 4세기 대에 해당한다는 것을 의미한다.

목병도는 거례리 단계부터 확인되지만 관부 이하가 결실된 상태로 구체적인 양상은 알 수 없지만 원삼국시대의 대상리유적과 양평 양수리 상석정마을유적의 출토품은 관부가 무관 혹

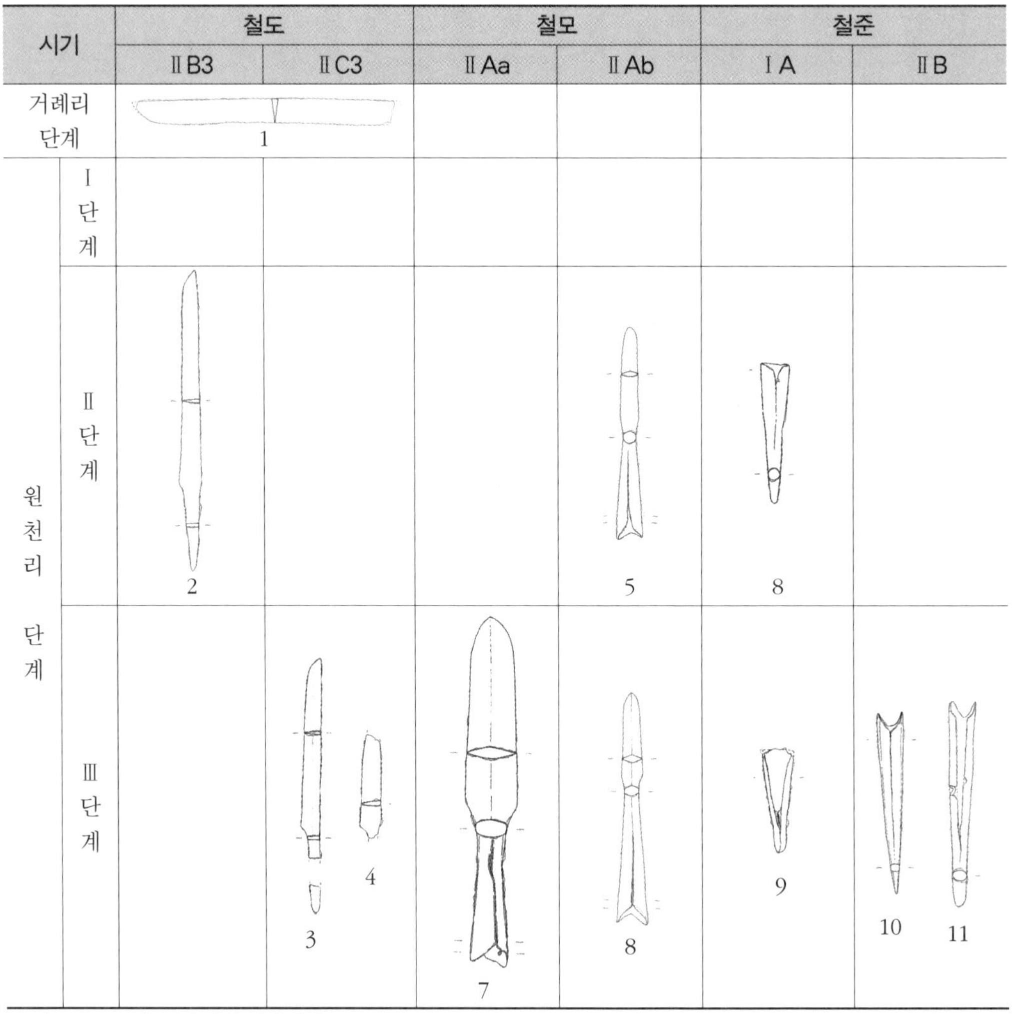

| 시기 | | 철도 | | 철모 | | 철준 | |
|---|---|---|---|---|---|---|---|
| | | ⅡB3 | ⅡC3 | ⅡAa | ⅡAb | ⅠA | ⅡB |
| 거례리 단계 | | 1 | | | | | |
| 원천리 단계 | Ⅰ단계 | | | | | | |
| | Ⅱ단계 | 2 | | | 5 | 8 | |
| | Ⅲ단계 | 3 | 4 | 7 | 8 | 9 | 10 11 |

그림 18  무기류 단계별 변화양상(1/8)

(1. 거4호, 2. 원37호, 3. 원53호, 4. 원76호, 5. 원21호, 6. 원53호, 7. 원53호, 8. 원90호, 9. 원33호, 10. 원29호, 11. 원24호)

112

은 편관이고 경부비율이 광경형이라는 점에서 거례리유적 출토품 역시 이와 같을 것으로 추정된다. 원천리 단계에서 확인되는 목병도는 단도 및 소도만이 출토되었으며, 관부가 편관형에 경부비율이 세경형인 ⅡB3식이 Ⅱ단계에 보이고, 양관형이고 세경형인 ⅡC3식이 Ⅲ단계에 확인되고 있어 관부형태는 편관→양관형으로 변화가 간취된다. 또한 경부비율에 있어서도 모두 세경형이긴 하지만 Ⅱ단계의 ⅡB3식에 비해 Ⅲ단계의 ⅡC3식의 경부비율 값이 더 작은 수치를 보이고 있다는 점과 편관인 것은 Ⅱ단계에서만 확인되고, 이 외의 것들은 모두 양관이라는 점에서 Ⅱ단계와 Ⅲ단계 간에 관부형태의 변화와 경부비율의 변화가 연동됨을 알 수 있다.

기존 연구에 의하면 단도 및 소도를 포함한 목병도의 출현시점은 3세기 말이고 중도 혹은 대도의 출현시점은 4세기 중후반 이후이다(成正鏞 2000: 128-129). 따라서 원천리유적 출토 목병도는 중도나 대도는 출토되지 않았지만 대부분 관부가 양관식이고 경부비율이 세경형이라는 점에서 시간적 위치는 4세기대로 판단된다.

철준은 철모와 함께 원천리 Ⅱ단계부터 출현한다. 기부의 형태가 직기형이고, 길이가 15cm 미만의 소형인 ⅠA식은 Ⅲ단계까지 지속적으로 사용되고, 기부형태 연미형이고, 길이가 15cm 이상의 대형인 ⅡB식은 Ⅲ단계부터 확인된다. 연미형 철모의 영향으로 철준의 기부형태가 직기형→연미형으로 변화하는 것으로 보이며, 길이는 소형→대형으로 변화하면서 Ⅲ단계에 들어서 ⅠA식과 ⅡB식이 함께 공존하는 것으로 판단된다.


4) 마구류

원천리 단계에 들어 마구가 사용되기 시작하는데, Ⅱ단계부터 운주와 동령이 각 1점씩 보이기 시작할 뿐, 재갈이나 등자는 확인되지 않는다. 이후 Ⅲ단계에 들어 33호 주거지에서 기승용 마구로서 표비와 등자가 등장하며, 30호 주거지에서는 마갑과 동탁이 76호 주거지에서는 동탁이 확인된다.

이 중 33호 주거지 출토 표비의 경우, 표비의 함은 2연식으로 3줄 꼬기기법으로 제작되었고, 인수는 2조선의 철봉을 각기 꼰 삽자루형으로 15cm 내외로 길고 외환의 한쪽 단부를 구부려 반대쪽 단부에 연결하는 방식이다. 이보다 이른 형태의 인수를 가진 청주 봉명동 C-31호 출토 표비는 4세기 전반을 전후한 시기로 편년(成正鏞 외 2009: 127)되고, 인수 외환의 결합방식을 제외한 함과 인수의 제작방식이 같은 청주 봉명동 B-79-2호 출토 표비는 4세기 후반으로 편년되고 있다(成正鏞 2003: 31). 그리고 백제 마구가 인수의 3줄 꼬기기법에서 변모하여 새로운 제작기법이 나타나는 시기는 5세기대로 재갈은 1조선으로 제작된 2연식함과 인수로 대표되고 인수의 외환은 굽어있고 유환이 채용된다(成正鏞 외 2006: 331-333).

| 단계 | | 재갈 | 등자 | 연결구 | 마갑 | 동탁 | 동령 |
|---|---|---|---|---|---|---|---|
| 원천리 단계 | 2 단계 | | | 3 | | | 15 |
| | 3 단계 | 1 | 2 | 4<br>5<br>6 | 7<br>8<br>9<br>10 | 11<br>12<br>13<br>14 | 16 |

그림 19   마구류 단계별 출토 양상(1/8)

(1 · 2. 원33호,  3. 원77호,  4~6. 원33호,  7~10. 원30호,  11. 원76호,  12 · 13. 원30호,  14. 원29호,
15. 원109호,  16. 원76호)

대표적인 유적이 청주 신봉동유적으로 유구 출토품 23점 중 21점이 표비이다. 그런데 21점의 표비 중 92-84호와 92-91호 출토품은 삽자루형 인수를 가진 것으로 92-91호 표비의 함은 1조선의 철봉을 비틀어 제작한 것이지만, 92-84호에서 출토된 표비의 함은 3줄 꼬기기법이 적용된 것이다. 권도희(2012: 212)는 92-84호에서 출토된 표비와 등자를 근거로 청주 신봉동 유적에서 가장 이른 시기로 보았고, 이처럼 함의 제작에 있어서 3줄 꼬기기법이 적용된 용원리 9호분 출토 재갈과 함께 그 시기를 4세기 말 혹은 5세기 초로 파악하였다. 또한 성정용(2010: 86)은 용원리 9호분에서 출토된 중국자기인 흑유계수호를 가지고 중국 기년명 무덤에서 출토된 것과의 교차편년을 통해 고분의 연대를 4세기말~5세기초로 보았다. 따라서 33호 주거지에서 출토된 표비의 시간적 위치는 4세기 후반에서 5세기 초에 해당하는 것으로 판단된다.

다음은 28호 수혈에서 출토된 재갈로 함과 인수는 표비와 같은 방식으로 제작되었고, 함유는 경판을 채용한 판비이다. 다만, 경판을 제외한 표비와의 차이점은 인수를 꼬지 않고 만들었다는 것이다. 백제지역의 판비 중 가장 이른 시기의 것은 표비와 함께 출토된 천안 두정동 Ⅰ-5호 토광묘 출토품으로 시기는 4세기 전반에 해당한다. 경판은 웅진기 이전인 5세기까지 유행(成正鏞 2003: 35)하는데, 28호 수혈 출토 판비의 경판 형태는 천안 두정동 Ⅰ-5호 토광

묘 출토 판비의 경판 형태와 비슷하지만 함과 인수의 제작방식 및 발달된 형태 등을 감안하면 28호 수혈 출토 판비는 33호 주거지 출토 표비와 동시기 일 것으로 판단된다.

이외에 Ⅱ단계에 속하는 21호 주거지와 중복된 후축에 해당하는 22호 주거지 상부 내부 퇴적토에서 소형의 재갈편이 출토되었다. 1조선의 철봉으로 제작된 것으로 크기는 소형으로 함의 외환이 작아 인수 내환을 연결하고 나면 함유를 착장할 수 없을 것으로 보이는데, 특징은 인수의 외환이 둔각으로 제작되었다는 점으로, 인수의 외환이 둔각으로 제작된 재갈은 5세기 이후의 재갈에서 보이는 것이다. 하지만 22호 출토 재갈은 함유를 착장 할 수 없는 소형이라는 점과 유환이나 함의 이중외환 등이 보이지 않는다는 점에서 5세기대 마구와는 다른 것으로 판단된다. 82호 주거지에서도 원삼국시대 이래의 고식적 전통인 3줄 꼬기 기법의 함편이 출토되었고, 지표에서는 삽자루형 인수가 출토되었다.

따라서 표비와 판비를 비롯한 재갈들의 시간적 위치는 함의 3줄 꼬기기법이라는 원삼국시대 이래의 고식적인 제작방식과 길이가 길어진 삽자루형 인수 등을 감안 할 때 4세기 후반~5세기 초에 해당하는 것으로 판단된다.

전체적으로 거례리 단계는 분석대상인 철제유물이 빈약하기는 하지만 농구류로서 U자형구(Ⅱ식), 공구류는 도자(ⅡB1식), 착(ⅠA식), 무기류는 無莖式촉(Ⅰ식) 등이 확인되는데, 주거지의 평면형태, 내부시설, 공반유물 등을 근거로 원천리 단계보다 선행함을 알 수 있다.

원천리 단계의 경우, Ⅰ단계는 농구류로서 U자형구와 무기류인 공부식촉을 제외하면 대부분의 철기류는 확인되지 않는다. Ⅱ단계부터는 각종 농·공구류와 무기류가 확인되는데 농구류 경우, 주조괭이는 평면형태 장방형→제형, 4조 철대의 주출, 길이의 세장화가 확인되고, U자형구는 원삼국시대 U자형구에 비해 평면형태 'V'→'U'자형으로 변화된 형태이면서 대형과 소형간에 기능차가 상정된다. 철겸은 인부형태 직인→곡인으로의 변화 및 병행관계가 확인된다.

공구류는 단조철부의 경우 신부와 공부를 따로 제작하여 단접하는 방식과 하나의 철소재를 이용하여 'Y'자 형태로 공부를 접어 제작방식이 공존하는 것으로 보이고 제작방식이 간략화 된 후자의 방식이 선호된 것으로 판단된다. 도자는 관부가 편관→양관으로의 변화 혹은 병행하고, 경 단부의 꺾임 현상이 없어진다. 착은 수량이 적고 촉과 공반하는 경우가 없으나 원삼국시대 이래로 큰 형태 변화 없이 지속적으로 사용된 것으로 보인다.

무기류는 철모의 경우 길이가 단형이면서 봉부비율 편능형인 ⅡAb식이 Ⅱ·Ⅲ단계에 모두 확인되지만 봉부비율에 있어서 능형화 경향이 확인되고 직기유관형 철모와 연미무관형 철모는 출토되지 않았다. 목병도는 단도와 소도만이 출토되었으나 관부는 편관→양관형으로 변화하고 경부비율은 Ⅱ·Ⅲ단계 모두 세경형이지만 같은 형식 내에서도 경부비율에 있어 세경화가 관찰된다. 철준은 소형이면서 직기형의 ⅠA식에서 대형이면서 연미형의 ⅡB식으로 변화하면서 두 형식이 공존한다.

마구류는 Ⅱ단계에 마구의 부속구로 추정되는 운주와 동령이 일부 확인되지만, Ⅲ단계에 들어서야 기승용 마구로서 재갈과 등자와 함께 마갑을 비롯하여 연결구로서 교구와 동탁, 동령이 확인된다.


## 3. 편년

기존연구에 의하면 중서부지역 철촉의 변화를 성정용(2000: 122-126)은 촉의 전체길이의 변화와 촉신부 형태의 변화를 기준으로 3단계로 나누고, 1단계는 無莖式촉과 함께 有莖式촉 중 無頸式촉이 출현하는 3세기 전반, 2단계는 촉신부가 나선형으로 꼬인 착두형촉의 출현과 장신화의 경향을 고려하여 3세기 후반에서 4세기 전반, 3단계는 장형촉과 광형계촉의 증가, 도자형과 미늘형촉이 출현하는 4세기 후반에서 5세기 대까지로 판단하였다. 함재욱(2010: 18-21)은 이를 좀 더 세분하여 촉신-경부간의 길이 변화와 촉신부의 형태변화를 근거로 5기로 나누었다. Ⅰ기는 無莖式이 주류를 이루고, 無頸式촉류가 공반하는 단계로 3세기 전반, Ⅱ기는 無頸式촉이 대부분 소멸하고 有頸式촉과 銎部式촉이 출현하는 단계를 3세기 후반에서 4세기 전반, Ⅲ기는 광형계 촉류와 중신촉군의 세형계 有頸式촉류의 빈도가 증가하는 단계를 4세기 후반에서 5세기 전반, Ⅳ기는 장경촉에 해당하는 세형계 有頸式촉 중 도자형촉의 출현을 기준으로 5세기 후반부터 6세기 전반, Ⅴ기는 광형계 유엽형촉을 중심으로 부장되는 단계를 6세기 중반이후로 구분하였다.

이와 같은 철촉의 특징을 보았을 때 無莖式촉만이 보이는 거례리 단계는 성정용과 함재욱의 Ⅰ단계(기)보다 시기가 앞서는 것으로 보이며, 공반하는 낙랑토기의 하한은 기원후 200년을 전후한 시기(홍주희 2012: 20-24)라는 점을 감안하면 중심연대는 기원후 2세기대로 판단된다.

다음으로 후행하는 원천리 단계의 경우, 無莖式촉이 출토되지 않고, 銎部式촉이 보이는 Ⅰ단계와 단경의 有頸式촉 위주로 출토되는 Ⅱ단계는 성정용과 함재욱의 Ⅱ단계(기)에 해당한다.

그런데 본고의 Ⅰ단계에 해당하는 주거지 경우, 노시설은 노지만을 채용한 주거지로 중복관계에서 부뚜막시설을 채용한 주거지 보다 선행하며, 有頸式촉을 동반하지 않는다. 또한 부뚜막 시설을 채용한 주거지와 점토띠식 노지를 채용한 주거지가 함께 조사된 홍천 성산리유적의 경우, 점토띠식 노지를 채용한 2호 주거지에서도 銎部式촉은 공반하지만 有頸式촉은

116

출토되지 않았다는 점에서 鏊部式촉은 부뚜막시설을 채용한 주거지가 축조되기 이전에 출현한 것으로 판단되고, 有頸式촉이 출현하기 이전에 먼저 출현한 것으로 판단된다. 그리고 有頸式촉은 함재욱(2010: 63)의 Ⅱ기 후반에 출현한다. 또한 4세기 들어 유행하는 연미유관형의 철모가 보이지 않는다는 점에서 Ⅰ단계는 4세기 이전으로 판단된다. 따라서 Ⅰ단계는 함재욱과 성정용의 편년과 백제토기가 출현(박순발 2012: 54)하여 북한강유역으로 파급되는 시점을 감안하여 3세기 말로 보고자 한다.

Ⅱ단계의 시간적 위치는 일부 주거지에서 無頸式촉과 鏊部式촉이 공반하지만 대부분의 주거지에서는 단경의 有頸式촉 중 능형촉을 중심으로 일부 착두형 촉이 보인다는 점과 4세기를 중심으로 유행하는 연미유관형의 철모와 편관이면서 관부와 경부의 비율이 세경형인 목병도가 출현하고, 이전 시기에 비해 길이가 16~18cm로 길어진 평면형태 장방형의 주조괭이 ⅡA식이 출토된다는 점에서 4세기 전반으로 판단된다.

Ⅲ단계는 촉신-頸部간 길이가 길어진 중경의 有頸式촉을 중심으로 단경촉과 장경촉이 보이고, 중경의 광형계촉이 출현하기 시작하여 장경촉까지 확인되며, 無頸式촉은 거의 출토되지 않는다. 이러한 양상은 성정용과 함재욱의 Ⅲ단계에 해당한다. 하지만 5세기부터 유행하는 도자형촉은 출토되지 않았다. 그리고 영서지역에서 도자형촉이 출토된 유적은 유일하게 원주 법천리유적 1호분으로 도자형촉과 함께 5세기대 마구로 대표되는 1조선의 철봉으로 함과 인수를 만들고 둔각으로 꺾인 인수 외환과 유환이 채용된 표비가 공반한다. 청주 신봉동유적에서도 1조선의 철봉을 이용해 함과 인수를 제작한 재갈이 출토된 유구에서 도자형촉이 출토된 예가 보일 뿐 제작방식에서 선행하는 삽자루형 인수가 출토된 92-84호와 92-81호에서는 도자형촉이 공반하지 않는다.

그리고 다른 무기류에 있어서는 관부가 퇴화된 연미무관형 철모나 중도 혹은 대도는 보이지 않으며, 농구류에 있어서는 평면형태 제형이고 상면에 철대가 주출된 주조괭이 ⅡB식이 Ⅲ단계를 중심으로 출토되고 있다.

또한 청주 신봉동유적과 원주 법천리 1호분에서 출토된 1조선의 철봉을 이용해 함 부분만을 비틀어 제작한 재갈의 제작 방식은 그렇지 않은 것보다 이른 형식으로 보고 이와 함께 유환의 채용을 5세기 전엽으로 보는 견해가 있는 점(권도희 2012: 212)과 3줄 꼬기기법이 적용된 신봉동 92-84호와 용원리 9호분 출토 재갈의 연대가 4세기 말~5세기 초에 해당한다는 점을 감안하면 원천리유적 출토 표비와 판비의 하한은 5세기 초 이후로는 내려가지 않을 것으로 보인다. 따라서 이와 같은 양상을 종합해 보았을 때 Ⅲ단계의 시간적 범위는 4세기 후반에서 5세기 초까지로 판단된다.

## Ⅳ. 결론

　지금까지 화천지역에서 출토된 철제유물을 각 기능별로 형식분류하고, 형식변화가 다양한 철촉을 순서배열함과 동시에 주거지의 평면형태, 노시설, 공반유물, 중복관계를 통해 원삼국 ~한성백제기 화천지역의 철기류의 변화양상에 대하여 살펴보았다.

　그 결과, 원삼국시대에 해당하는 거례리 단계는 U자형구, 도자, 無莖式촉 등 철제유물의 수량이 빈약하기는 하지만 기존에 북한강 중하류에서 낙랑(계)토기가 공반하는 대규모 취락유적인 대성리유적 출토 철제유물과 동일한 양상임을 확인하였으며, 시기는 기원후 2세기로 보았다.

　한성백제기에 위치하는 원천리 단계는 농·공구류를 비롯하여 무기류는 형식간 혹은 같은 형식 내에서도 변화가 인지되며, 점차 마구류가 추가되는 양상 으로 크게 Ⅰ·Ⅱ·Ⅲ단계로 나누어지고, 시기는 기원후 3세기 말에서 5세기 초에 이르는 것으로 판단하였다.

**참고문헌**

權度希, 2006,「百濟 鐙子의 製作方法과 展開 樣相」,『先史와 古代』24, 韓國古代學會.

______, 2012,「청주 신봉동 고분군의 마구와 무구의 부장양상」,『청주 신봉동 고분군 발굴 30주년기념-신봉동, 백제의 전사사를 만나다』, 국립청주박물관·중앙문화재연구원.

江原考古文化研究院, 2013,『華川 居禮里 遺蹟-4대강(북한강)살리기 사업구간 내 화천 거례리 1지구 유물산포지 3구간 발굴조사 보고서-』.

金度憲, 2001,「古代의 鐵製農具에 대한 研究-金海·釜山地域을 中心으로-」, 釜山大學校 大學院 碩士學位論文.

金斗喆, 2002,「三國時代 鐵鏃의 研究」,『百濟研究』第43輯, 忠南大學校百濟研究所.

박순발, 2012,「백제, 언제 세웠나-고고학적 측면-」,『백제, 언제 세웠나-백제의 건국시기와 주체세력-』'백제사의 쟁점' 집중토론 학술회의, 한성백제박물관.

손명조, 2005,「原三國時代의 鐵器-嶺南地域-」,『제29회 한국고고학전국대회-원삼국시대의 지역성과 변동』, 韓國考古學會.

成正鏞, 2000,「中西部地域 3~5世紀 鐵製武器의 變遷」,『韓國考古學報』42, 韓國考古學會.

______, 2003,「漢城期 百濟馬具의 年代와 그 基源」,『國史館論叢』第101輯, 國史編纂委員會.

______, 2010,「백제 관련 연대결정자료와 연대관」,『湖西考古學』第22輯, 湖西考古學會.

成正鏞·中條英樹·權度希·諫早直人, 2006,「百濟 馬具 再報(1)-淸州 新鳳洞古墳群 出土 馬具-」,『先史와 古代』24, 韓國古代學會.

成正鏞·權度希·諫早直人, 2009,「淸州 鳳鳴洞遺蹟 出土 馬具의 製作技術 檢討」,『湖西考古學』第20輯, 湖西考古學會.

李南珪, 1997,「前期加耶의 鐵製 農工具-洛東江 下流地域을 中心으로-」,『國史館論叢』第74輯, 國史編纂委員會.

______, 2002,「漢城百濟期 鐵器文化의 特性」,『百濟研究』第36輯, 忠南大學校百濟研究所.

예맥문화재연구원, 2013,『華川 原川里 遺蹟-화천 원천리 2지구 유물산포지내 발굴조사보고서-』.

천말선, 1994,「鐵製農具에 대한 考察-原三國·三國時代 墳墓出土品을 中心으로-」,『嶺南考古學』15, 嶺南考古學會.

咸在昱, 2010,「韓半島 中·西南部地域의 古代 鐵鏃 研究」, 忠北大學校 大學院 碩士學位論文.

홍주희, 2012,「북한강 유역 원삼국시대 외래계 토기」,『중부지역 원삼국시대 외래계 유물과 낙랑』, 숭실대학교 한국기독교박물관.

# 화천 원천리 유적 출토 마구에 대하여

권도희(한강문화재연구원)

## ::목차

## Ⅰ. 머리말

화천 원천리유적은 북한강유역의 북단에 자리하고 있어 백제의 북동쪽 경계를 짐작할 수 있는 위치로, 유적의 존속시기와 출토유물 등을 통해 백제중앙세력의 지방진출과 영향력을 알 수 있는 자료이다.

생활유적에서 마구가 출토되었다는 것은 지금까지 분묘유적을 중심으로 마구의 특성을 살펴보았던 것과는 다른 시점에서 마구의 소유가 가지는 의미와 성격에 대해 생각해볼 수 있는 기회이다. 주거지에서 출토된 마구는 부장을 염두해 두고 제작되었을 가능성이 있는 분묘유적 출토품보다도 당시 실생활에서 마구의 사용례와 소유가 지니는 의미를 추정하기에는 더없이 좋은 자료이기 때문이다.

백제지역의 생활유적에서 출토된 예는 풍납토성과 담양 대치리 유적에서 등자, 대전 월평동 유적에서 목제 안장 등이 전부이다. 특히 주거지 출토품은 담양 대치리 유적을 제외하면 원천리 유적 출토품이 유일하다.

이글에서는 원천리유적 출토품을 대상으로 마구의 사용례 복원뿐만 아니라 사용시기와 지니는 의미 등에 대해 검토해 보고자 한다.

## Ⅱ. 원천리 유적 내 마구 출토 양상

지표에서 수습된 삽자루형 인수편과 편자를 제외한 유구 내 출토품을 중심으로 살펴보고자 한다(그림 1).

### 1. 22호 주거지

21호 주거지의 남동측을 파괴하고 들어선 주거지이다.

마구는 주거지의 내부퇴적토에서 鑣 일부가 확인되었다. 서쪽 모서리 저장공과 인접하여 말의 하악골이 바닥에서 확인되고 있으나 이와는 관련 없을 것으로 판단된다.

鑣는 절반만 남아있으나 속성을 파악하기는 어려움이 없다. 1조선의 철봉을 말아서 제작한 銜과 引手로 遊環없이 구성되어 있으며 인수외환은 꺾인 원형이다.


## 2. 33호 주거지

34호 주거지의 남서모서리를 파괴하고 들어선 주거지이다.

마구는 북서쪽 모서리에서 1m정도 떨어져 지석, 방추차, 'U'자형 철기, 철준, 철도자, 금동 이식편과 인접하여 등자 1점, 표비 1점, 각각에 사용된 교구 2점이 출토되었다.

표비는 2연식으로 3개의 철봉을 꼬아서 만든 함과 2條線의 인수로 유환없이 구성되어 있다. 2조선 인수는 각각 단면 방형의 철봉을 비틀고 그 사이를 밀착시켰으며 삼각형의 인수외환은 한쪽의 철봉을 다른 쪽의 측면에 꽂아 마무리한 형태이다. 鑣는 일부만 남아 있지만 녹각을 사용하여 곡률을 이루고 있으며 입문용금구는 'ㄷ'자형의 봉상이다.

등자는 내·외측의 전체를 철반으로 덧대고 앞·뒤면의 일부분만 철판으로 보강한 형태이다. 외측면의 철판 결구는 윤부하단 중앙에서 마무리하였다. 병부와 윤부의 경계부에는 약간 곡선 띤 '一'자형 철판을 덧대어 못 4개로 고정하였다. 병두부의 앞·뒤면에는 철판은 없지만 관통하는 못이 남아 있어 병부두 역시 철판으로 보강했음을 알 수 있다. 교구는 총 3점이 출토되었지만 이중 마구와 직접적인 관련이 있는 것은 2점이다. 鑣와 같이 출토된 교구의 경우 일부 결실되었지만 등자와 같이 출토된 교구처럼 교연과 교축이 별도의 철봉으로 결합되어 있으며 교침의 경우는 구멍을 뚫어 교축에 끼워넣은 형태이다. 이들 교축의 너비는 각각 비의 입문용금구와 인수의 폭 그리고 등자의 혁공부 폭과 비슷하다. 나머지 한점은 철촉이 출토된 곳과 같은 곳에서 출토되어 성시구의 부속된 교구로 판단된다.


## 3. 77호 주거지

78호 주거지에 의해 대부분이 파괴되어 북벽만 잔존해 있는 주거지이다.

마구는 노시설과 1m정도 떨어져 직경 5.7cm의 철환이 1점 출토되었다. 철환의 단면 형태는 방형으로 이음부분이 관찰된다.

## 4. 82호 주거지

72호 주거지에 의해 북쪽 모서리가 파괴된 주거지이다.

마구는 주거지내 내부퇴적토에서 銜의 일부분만 확인되었다.

함은 철봉 3개를 꼬아서 제작한 형태로 남아있는 환부가 함의 외환이라면 직경이 작아 표비보다는 판비였을 가능성이 높다.

## 5. 115호 주거지

주거지의 중복양상은 없으나 현재의 강변에 위치하고 있어 바닥의 일부만 남아있는 주거지이다.

마구는 노시설을 중심으로 서쪽으로 3m 정도 떨어져 위치하며, 금동이식과 함께 크기가 다른 철환 3점, 청동방울 1점, 방형금구 7점과 책금구 5점 출토되었다. 面繫보다는 胸繫와 尻繫에 사용된 금구들로 판단된다.

## 6. 28호 수혈

평면형태는 말각방형으로 내부에서 곡물이 담긴 원저호와 인위적인 화재흔적 때문에 제의적인 성격의 유구로 보고 있다.

마구는 수혈의 북동쪽 장벽에서 원판비와 면계에 사용된 방형·상원하방형 금구와 교구가 확인되었다. 금구는 轡를 중심으로 왼측에서 방형 2점, 상원하방형 1점, 오른측에서 방형 3점, 상원하방형 1점이 자리하며, 교구는 轡 아래에서 출토되었다.

원판비는 33호 표비와 동일하게 2연식으로 3개의 철봉을 꼬아서 만든 함과 2條線의 인수로 유환없이 구성되어 있다. 인수의 철봉사이를 밀착시키고 삼각형의 인수외환은 한쪽의 철봉을 다른 쪽 측면에 꽂아 마무리한 형태는 같으나 단면 방형인 철봉의 형태는 비틀지 않았다. 경판은 1매의 철판을 오려 제작한 원형으로 銜留孔은 입문과 수직된 종방향으로 뚫려 있다.

원두정을 각각 3개와 4개 사용한 상원하방형과 방형의 금구는 운주로 볼 수 있는 철환 등의 다른 부속구가 관찰되지 않아 面繫에 사용된 것으로 판단된다. 면계에 사용된 것으로 보이는 교구는 교연과 교축이 별도의 철봉으로 결합되었으며 교침은 구멍을 뚫은 것이 아닌 말

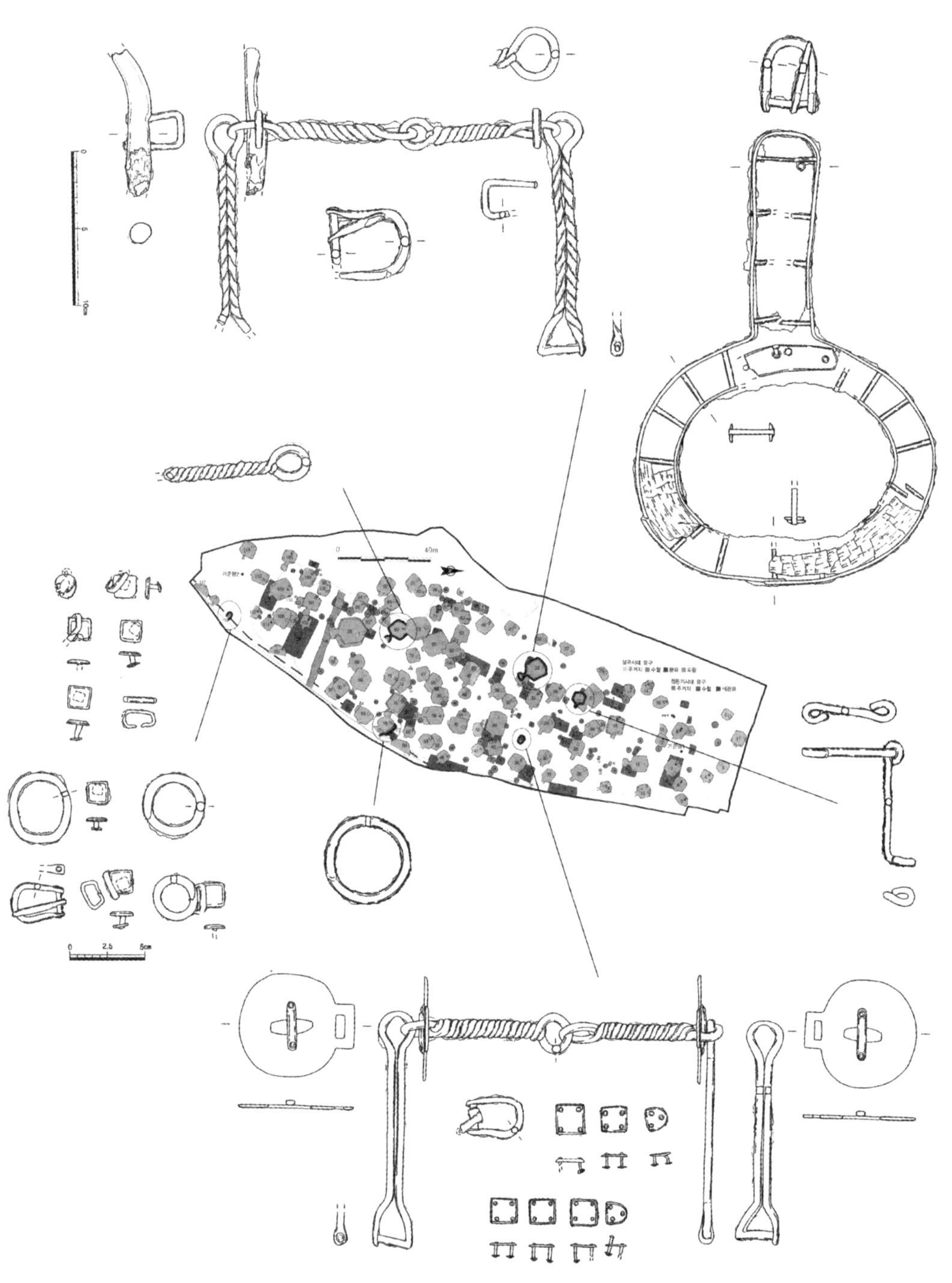

그림 1　유적 내 마구 출토 유구의 분포

아서 교축과 연결되어있다.

표 1   마구출토 유구의 선후관계 및 공반유물 일람표

| 유구 선 후 관계 | | | 출토유물 | |
| --- | --- | --- | --- | --- |
| 先 | 마구출토<br>유구 | 後 | 유구 바닥 | 퇴적층 |
| 21호<br>주 | 22호 주 | | 경질무문토기 옹, 심발, 시루, 외반구연평저호, 타날문토기 동체<br>부편, 뚜껑 등 | 비,<br>철준 |
| 34호<br>주 | 33호 주 | | 경질무문토기 옹, 심발, 장란형토기, 난형토기, 시루, 단경호, 대<br>옹, 흑색마연토기유견호, 합, 유견평저호, 뚜껑, 방추차, 주조괭이,<br>단조철부, 철겸, 凹자형 철기, 도자, 비, 등자, 교구, 철준, 철촉, 금<br>동이식, 청동편 등 | 방추차,<br>지석 |
| | 77호 주 | 78호 주 | 경질무문토기편, 타날문토기편, 뚜껑편, 직구단경호편, 주조괭이<br>편, 철촉, 철환 등 | |
| | 82호 주 | 72호 주 | 경질무문토기편, 장란형토기, 난형호, 타날문토기편, 뚜껑 등 | 비 |
| | 115호 주 | | 경질무문토기편, 타날문토기편, 금동이식, 방형금구, 철환, 동령,<br>교구, 혁금구, 책금구 등 | |
| | 28호 수혈 | | 경질무문토기, 단경호, 평저호, 원판비, 교구, 혁금구 등 | |
| | 지표 | | 삽자루형 인수, 편자 | |

# Ⅲ. 원천리마구의 특성

## 1. 종류별 특성

1) 轡

轡는 총 5점이 출토되었으나 형태가 분명한 것은 22호·33호 주거지와 28호 수혈 출토품으로 3점뿐이다.

22호 주거지 출토 표비를 제외한 나머지 2점은 경판의 종류와 인수의 비틈 여부를 제외하면, 긴 철봉을 'S'자형으로 만들어 가운데 3개의 철봉을 꼬아서 제작한 함과 유환 없이 단면 방형의 철봉을 이용하여 인수를 조합한 점 등 제작방법과 크기면에서 거의 동일하다. 인수외환 형태 역시 한쪽의 철봉 측면에 반대쪽 철봉을 꽂아 마무리하는 방식이다.

28호 수혈 출토 원판비의 경판은 주연부 없이 철판 1매로 제작되었다. 입문공은 장방형으

로 뚫려 있으며 함유공은 중앙부가 약간 볼록하게 종방향으로 뚫려 있다. 함유공을 통해 함
외환이 경판과 인수를 결구하기 때문에 함외환이 지나가는 함유공의 길이가 넓으면 움직임
이 한결 수월해 사용하기 편하지만, 그 구멍이 지나치게 커질 경우 지면이 좁아져 경판의 손
상을 쉽게 발생시킬 수 있기 때문에 보통 함 외환의 직경과 비슷하다. 입문방향을 기준으로
함유공의 방향은 종방향에서 횡방향으로 변화하는데, 이는 인수를 움직이는 회전각도에 따
라 효율성을 높이기 위한 것으로 방향 조절시 인수의 엉킴없이 더 강한 힘을 전달할 수 있다
(그림 2). 28호 수혈 출토 원판비의 경우 종방향이다.

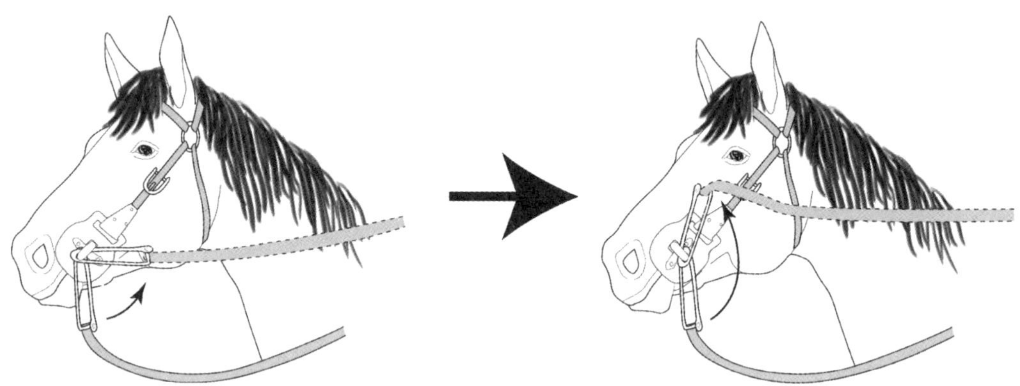

그림 2    함유공의 방향에 따른 인수의 움직임 각도 차이

다시 말해 표비의 경우 함의 외환에 鑣가 들어가야 하기 때문에 외환의 직경이 크지만 경
판비의 경우는 앞에서 말한 것과 같이 함유공과 비슷하며 그리 크지 않다. 이러한 직경을 가
진 함외환이 경판과 인수를 모두 결구하기 때문
에 경판과 인수의 간격은 당연히 좁을 수 밖에 없
다. 이는 인수의 격렬한 움직임시 경판의 손상을
주는 주된 요인이 되며 이러한 단점을 보완하기
위해 경판에 유환이 채용되어 인수와의 간격을
늘리는 역할을 했을 것으로 판단된다.

아직 28호 수혈 원판비에서는 유환의 채용은
보이지 않지만, 경판과 인수의 간격이 좁은 것을
보완하기 위해 銜에 결구되는 인수내환의 중앙을
다른 곳의 철봉보다 그 두께를 얇게 제작하였음
이 관찰된다(그림 3). 이는 제작방법이 동일한 33
호 주거지 출토 표비의 인수에는 나타나지 않는

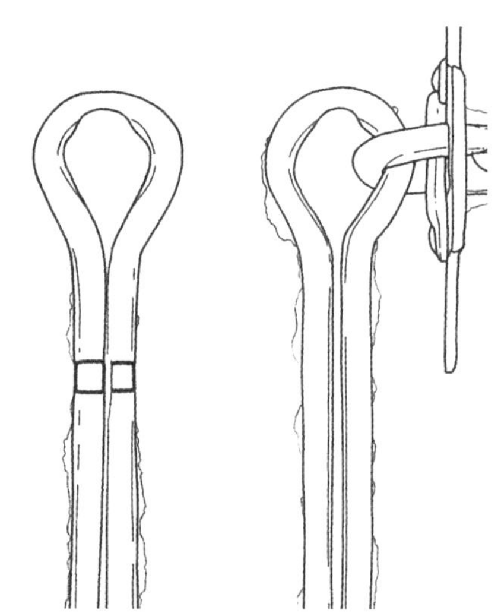

그림 3    28호 수혈 비의 인수내환 세부형태

현상이다.

22호 주거지 출토 표비의 경우 절반밖에 남아 있지 않지만 1조선의 철봉을 이용하여 함과 인수를 제작하였으며 그 크기가 일반 轡에 비해 작은 편이다(그림 4). 말의 입에 물리는 함의 너비를 복원해도 9cm 정도로 작은 편이며 이는 銜이 물리는 말의 종류와 관련 있을 것으로 보여진다. 이밖에도 길이가 짧은 이유를 어린 말 사육에 사용된 轡로도 볼 수 있으나, 후자의 경우 사육과 관련된 시설이 확인되어야만 분명하며 어린말의 경우에 치아가 상할 수도 있는 데 무리하게 비를 물릴 가능성이 낮다고 생각된다. 주변지역까지 조사되지 않아 마장과 관련된 시설이 보이지 않는 현재로서는 어린말에 사용되었다기 보다는 마종과 관련된 것으로 보는 것이 타당하다.

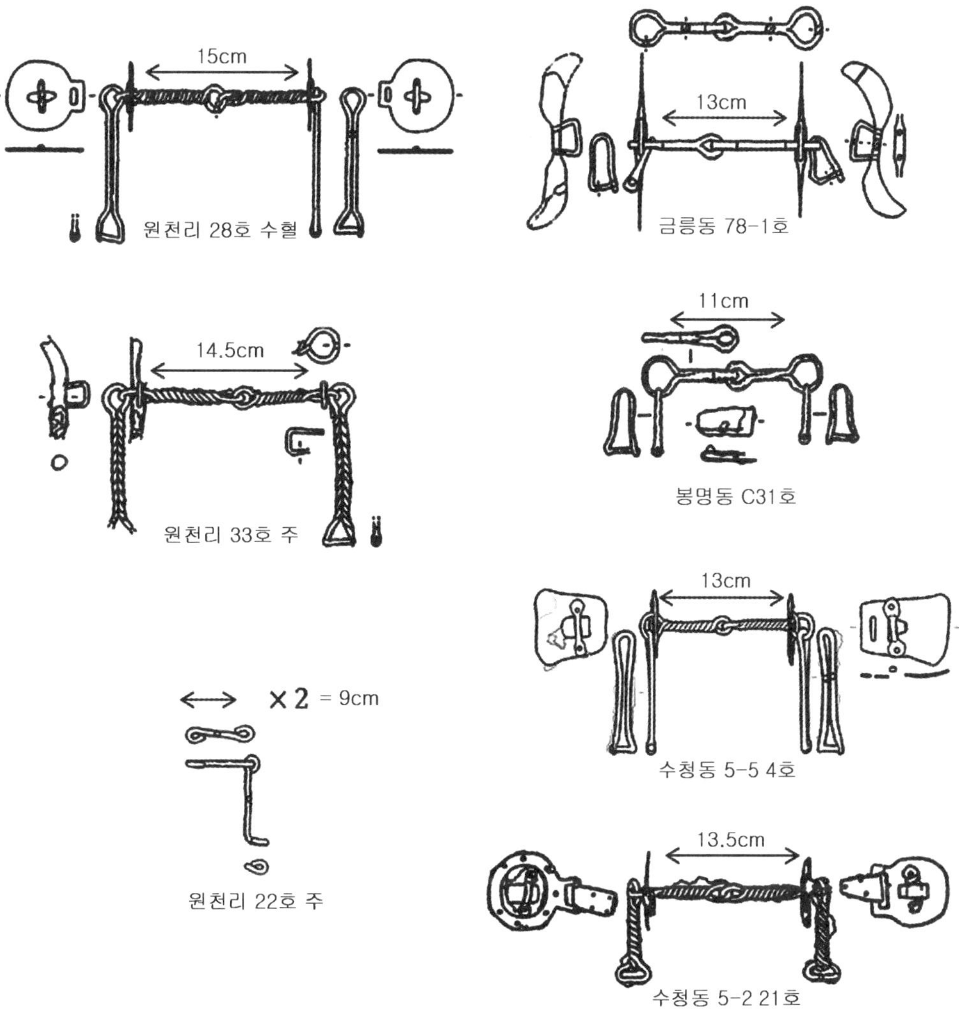


그림 4　원천리 22호 주거지 비의 함 너비 비교자료

원천리 33호 주거지 비의 鑣　　　　　대성동 91호 표



　　33호 주거지 출토 표비의 경우 28호 수혈 원판비처럼 3개의 철봉을 꼬아서 제작된 함과 2조선 인수에 철봉이 밀착되어 있어 인수외환이 삼각형을 띄는 것은 동일하나, 인수의 철봉을 각각 비틀지 않고 만든 점이 다르며 함과 인수의 길이가 좀 더 길다. 鑣에 사용된 녹각은 직경이 가늘고 휘어짐이 불규칙하여 김해 대성동 91호 출토품처럼(대성동고분박물관 2013) 사슴뿔의 말단이 아닌 중간부분으로 생각된다(그림 5).

## 2) 鐙子

　　등자는 33호 주거지에서 표비와 같이 확인되었다. 재질상 철판장목심등자로 분류되며 1점만 출토되어 雙鐙이 아닌 單鐙으로 사용되었을 가능성이 높다.

　　목심등자의 제작방법은 긴 목재를 휘어 원형으로 만든 후 양끝 부분을 나란히 붙여 병부를 형성하고, 양쪽 목재가 만나 좁혀지는 부분의 내측에 삼각형의 목재를 끼워 넣어 그 사이를 보강하는 구조이다. 제작구조상 목재가 합쳐진 끝부분인 병두부와 삼각형의 목재를 별도로 끼워 넣은 부분이 제일 취약하기 때문에 이 부분을 철판으로 보강한 형태가 가장 먼저 나타난다.

　　33호 주거지 출토 등자의 제작방법도 목심의 측면에서 철판을 전체적으로 감싸 그 형태를 유지하고, 목심이 앞뒤로 움직이지 않게 연결부와 병두부를 철판으로 보강한 형태이다. 다만 연결부의 철판형태가 역'Y'자형이 아니라 '一'자형에 가까운 것이 특징이다. 병두부 역시 전후로 관통하는 못이 있어 철판으로 보강했다는 것은 분명하며, 연결부에 사용된 철판의 형태로 봐서는 병두부의 일부만 보강한 형태일 가능성이 높다.

　　병부의 폭은 4.0cm 정도로 넓으며 이는 철판을 최소한으로 사용하면서 발을 딛을 때 하중을 견딜 수 있도록 나름 튼튼하게 만들어진 것으로 생각된다. 병부의 형태는 시간이 지날수록 점차 폭이 좁아져 전체적으로 세장해진다. 측면형태는 병두부와 윤부의 두께가 동일한 형

128

태로 아직 답수부가 넓어지거나 답수부에 원두정이나 방두정이 채용되지 않았다.

## 3) 三繫

다음은 비와 등자를 제외한 장식구류에 대해 살펴보고자 한다.

비와 등자 등을 말에 장착하기 위해서 가죽끈 등이 이용된다. 말머리에 비를 장착하기 위한 가죽끈을 面繫라고 하며, 안장을 중심으로 말의 가슴부분을 장식하는 것은 胸繫, 엉덩이 부분을 장식하는 것을 尻繫라고 한다. 이를 통칭해 三繫라고 한다(李蘭暎·金斗喆 1999).

이들 삼계는 각각 운주로 연결되며 말단부와 가죽끈 위에 행엽이나 방울등을 매달아 장식하기도 한다. 원천리 유적에서 이와 관련된 부속구는 77호 주거지, 115호 주거지, 28호 수혈 등에서 철환과 혁금구로 확인된다.

철환은 77호와 115호 주거지에서 출토되었다. 크기에 따라 다르지만 보통의 경우 가죽끈을 여러방향으로 연결할 수 있다는 점 때문에 고계와 관련 있는 것으로 보며, 직경이 작은 경우 가죽을 교차시키거나 장식하는 용도로도 사용되기 때문에 면계 또는 흉계의 역할을 했을 것으로 보고 있다.

철환 외에 가죽끈을 교차시키거나 장식하는 용도의 혁금구가 있다. 철판을 방형 또는 상원하방형으로 오려 여러 개의 원두정을 이용해 가죽끈에 고정하는 형태와 방형 또는 상원하방형의 철판 중앙에 철침을 단접시키고 가죽끈에 끼우는 형태가 확인된다.

28호 수혈에서 출토된 방형과 상원하방형의 금구는 각각 4개와 3개의 원두정으로 가죽을 관통하고 원형의 철판을 덧대어 리벳팅 후 마무리 하였다. 각각 4개 또는 3개의 원두정으로 결구하였기 때문에 가죽끈에 한번 고정하면 다시 고치기 힘든 구조이다. 따라서 원판비의 좌우측에서 출토된 양상을 통해 고정된 형태로 면계에 사용된 금구로 판단되며, 원두정의 못 길이도 짧고 긴 것이 있어 가죽끈이 겹쳐지는 부분과 그렇지 않은 부분에 사용되었음을 알 수 있다.

115호 주거지 출토 방형금구는 중앙에 1개의 철침이 단접되어 있으며, 이 역시 가죽의 하단에 방형의 철판이 덧대여진 형태이다. 이러한 형태는 가죽끈의 결구하고자 하는 위치

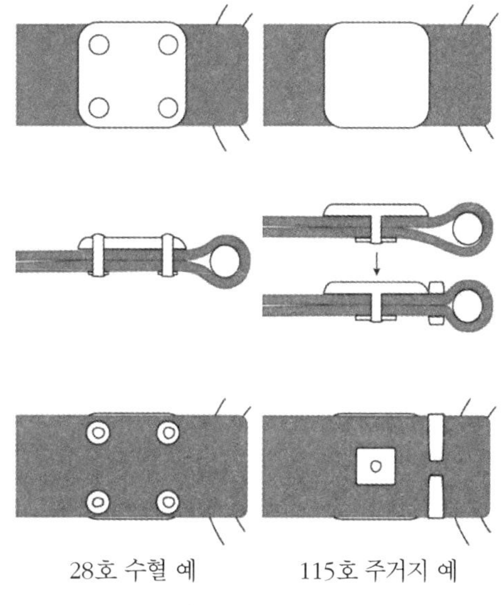


그림 6 **방형금구의 장착 예**

에 하단의 방형 철판이 통과할 수 있게 '+'자로 자른 후 금구를 끼워 넣는 구조로 가죽끈 내
위치 수정이 28호 수혈 출토품에 비해 수월하다. 다만 가죽끈을 2겹으로 결구할 시 그 사이
가 뜨는 것을 방치하기 위해 'ㄷ'자형의 책금구를 사용했던 것으로 보인다. 이는 교축에 가죽
끈을 걸어 사용하는 교구뿐만 아니라 환형금구에 책금구와 방형금구가 부착되어 출토된 상
황을 통해서도 알 수 있다.

4) 기타(마갑, 동탁, 동령)

앞에서 언급한 마구류 외에 이에 포함되거나 다른 용도로 사용가능한 유물도 일부 확인되
었다. 종류로는 마갑으로 분류된 소찰편과 동탁·동령으로 불리는 방울류, 말굽에 사용된 편
자 등이 이에 해당한다.

30호 주거지 출토 4점의 마갑은 공부에 철정의 사용흔적이 없어 가죽끈으로 결구했음을
알 수 있다. 4점의 소찰 형태는 하단에 비해 상단이 좁은 제형으로 상단은 위로 꺾여 있으며
나머지 3면은 아래로 꺾이게 재단한 것은 동일하다. 소찰을 연결하기 위한 구멍은 상위의 중
앙부에 횡방향으로 2공, 중위의 양쪽 가장자리에 종방향으로 2공, 하위의 중앙부에 종방향으
로 2공이 뚫려 있다. 이중 2점은 중위의 중앙부에 1공이 뚫려 있어 다른 2점과는 결구 방식
과 부위가 달랐음을 말해주고 있으며 1점은 다른 소찰편에 비해 크기가 작은 편이다.

마갑의 형태가 온전하게 확인된 예는 함안 마갑총과 경주 쪽샘 C10호묘 등이지만 방형의
찰갑편이 마갑외에도 사람이 장착한 갑주로 사용된 예가 합천 반계제 가A호분 등에서 확인
되어 방형의 소찰편이 마갑으로 사용되지 않았을 가능성도 있다. 백제지역의 경우 하남 미사
리, 용인 수지, 포천 자작리, 가평 대성리, 동해 송정동, 천안 두정동유적에서 소찰 및 판갑편
이 1점 또는 몇점만 확인되어 실전에 사용된 무구라기보다는 벽사의 의미로 전용되어 주거
지 주인이 소장하고 있었던 것으로 보고 있다.[1] 화천 원천리의 경우도 갑주의 一襲이 확인되
지 않아 이와 같은 용도일 가능성이 높다.

말을 장식하는 장식구로는 운주, 행엽 외에도 마탁, 마령, 환령 등이 있으며 이러한 종류들
이 결합되어 운주와 행엽 등에 영락과 방울을 부착한 형태도 등장한다. 화천 원천리 유적에
서 확인되는 동탁과 동령은 마구와 공반 출토되지 않아 마구로 사용되었는지는 알 수 없다.
정확한 용도를 알기 위해 다른 지역에서 출토된 동탁의 출토양상과 연구사례를 살펴볼 필요

---

1 하남 미사리 A-1호(2점)·B3호(1점)·BKC040호(1점) 주거지, 용인 수지 Ⅱ-1호 주거지(1점), 포천 자
  작리 1호 주거지(1점), 가평 대성리 40호 주거지(2점), 동해 송정동 3호 주거지(2점), 천안 두정동 Ⅰ-4
  호 주거지(1점) 등에서 출토되었다.
  화천 원천리유적 107호 주거지에서도 소찰편이 다수 확인되었다.

130

가 있다.

동탁은 마탁이라고 불리며 탁신의 길이와 문양에 따라 크게 2가지로 분류된다(류지현 2007).[2] 대동탁은 한국식동탁이라고도 불리는 형태로 탁신의 측선과 하연이 일직선을 이루며, 소통탁의 경우 하연이 내만하는 형태이다. 화천리 출토 3점의 동탁은 소통탁으로 분류되며 뉴는 중간뉴를 가지고 문양은 부식으로 분명하지 않다.

다음은 동탁의 출토예를 정리한 그림 7과 표 2이다.[3]

| 화천 원천리 유적 출토 | | | 백제지역 동탁 출토사례 |
|---|---|---|---|
| 번호 | 유구 | 기타 마구류(점수) | |
| 1~6 | 30호 주거지 | 마갑(4), 동탁(2) | 11: 청주 산남동 22호, 12: 청원 송대리 31호, |
| 7 | 29호 주거지 | 동탁(1) | 13: 천안 대화리 Ⅲ KM43호, 14: 청주 봉명동 A52호묘, |
| 8 | 76호 주거지 | 동탁(1), 동령(1) | 15: 아산 밖지므레 3_1호 토광묘, |
| 9 | 109호 주거지 | 동령(1, 내부퇴적층) | 16: 아산 밖지므레 2-2_23호, 17: 오산 수청동 5-5_22호 |
| 10 | 115호 주거지 | 동령(1) | |

그림 7　마갑과 동탁 · 동령류의 출토현황

마구류와 공반출토된 예는 아산 밖지므레, 천안 대화리 · 두정동 외에는 없으며 마구류와 공반된 예도 소동탁보다는 대동탁의 비율이 높다. 현재까지 출토사례를 보면 마구와 같이 출토된 대 · 소동탁의 세부적인 속성은 화천리 유적 출토 동탁과 유사하다. 하지만 동탁이 유구

---

2　보고서에서는 7cm를 기준으로 이상은 대동탁, 이하는 소동탁으로 분류하였다.

3　백제지역에서 마구류가 출토된 유적을 중심으로 출토사례를 정리하였다.

표 2    마구류가 확인된 유적의 동탁 출토사례

| 유적명 | 신부 분류<br>(길이) | 하연 | 뉴 | 신부 문양 | 비고 |
|---|---|---|---|---|---|
| 오산 수청동 5-5<br>22호 주구부목관묘 | 대(9.8) | 직선 | 외병부뉴 | 구획, 뉴, '工'명 | |
| | 소(5.5) | ? | ? | ? | |
| 청주 봉명동 A52호묘 | 소(6.9) | 일자 | 외연부뉴 | 구획, 뉴, '大吉'명 | |
| | 소(6.9) | 일자 | 외연부뉴 | 구획, 뉴, '大吉'명 | |
| 청주 산남동 22호<br>주구토광묘 | 소(5.6) | 호상 | 외연부뉴 | 격자 | 양단환상<br>철봉 |
| | 소(6.5) | 호상 | 외연부뉴 | 격자 | |
| 청원 송대리 31호 토광묘 | 소(5.1) | 호상 | 중간뉴 | 격자 | |
| 아산 밖지므레 2-2<br>23호 주구토광묘 | 소(6.0) | 일자 | 중앙뉴 | 구획, 뉴 | 비 |
| 아산 밖지므레 3<br>1호 토광묘 | 대(7.2) | 호상 | 중앙뉴 | 무문 | 비 |
| | 소(5.2) | 호상 | 결실 | 구획, 뉴 | |
| 천안 대화리 III<br>KM43호 주구토광묘 | 대(잔5.8) | 결실 | 중간뉴 | 격자 | 비 |
| 천안 두정동 I -5호 토광묘 | 대?(잔3.5) | 결실 | 결실 | 구획, 격자 | 비, 등자 |
| 부안 죽막동 | 소(5.4) | 일자 | 외연부뉴 | 구획, 뉴 | |

내에서 마구류의 공반없이 단독으로 출토되었을 경우는 앞에서 살펴보았던 소찰의 경우처럼 마구류가 아닌 다른 용도로 전용되었을 가능성이 높다고 생각된다.


## 2. 주거지 내 마구의 보관위치

분묘에서 출토된 마구는 부장위치에 따라 장법의 과정과 의미를 찾을 수 있는 자료라면, 생활유적에서 출토된 마구의 위치는 주거지내 공간구획뿐만 아니라 생활상에서 마구의 수납 위치와 같이 보관된 유물의 종류로 당시 어느 정도의 귀중품이었는지를 알 수 있다.

원천리 마구는 4기의 주거지와 1기의 수혈에서 확인되었다.

출토위치가 분명한 33호 주거지 출토 비와 등자, 115호 주거지 출토 금구의 경우 부뚜막을 기준으로 좌측에 위치하며 금동이식과 같이 출토되었다. 이식이 출토된 주거지는 총 117기의 주 거지 중 6기에서 확인되었으며 이중 1기를 제외하면 모두 부뚜막의 좌측에 위치한다. 이를 통해 주거지내에서 부뚜막 좌측 모서리공간이 귀중품을 보관했던 장소로 판단되며 여기에 마구도 같 이 보관되었던 것은 실생활에서 금동이식과 같은 비중을 차지했던 물품임을 알 수 있다(그림 8).

마구가 주거지 안에 출토되었다는 것은 필요시에만 말에 장착하고 평상시에는 주거지 내

132

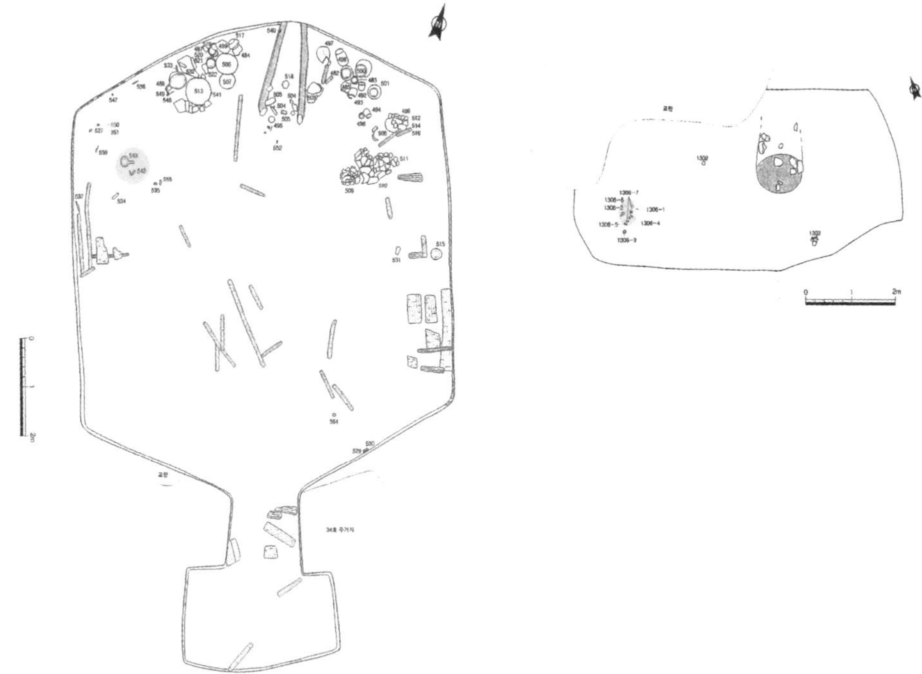

그림 8    마구와 금동이식의 출토위치
(좌: 33호 주거지, 우: 115호 주거지)

에 다른 귀중품들과 같이 보관하였음을 말해주는 것으로 마구가 말에 항상 착용되지 않았음을 나타내준다. 이 주거지의 거주자가 말을 관리하던 인물이었는지, 아니면 일정 신분이상은 말을 소유하여 그에 필요한 물품을 보관하였는지는 주거지의 구조와 규모로 알 수 있다. 아마도 33호 주거지의 경우는 주거지의 규모나 출토유물로 봐서 지역내 상위층으로 생각되기 때문에 마구의 소유는 직무적 소유보다는 계급적 소유로 생각된다.

# Ⅳ. 원천리마구의 사용시기

현재까지 백제지역에서 조사된 마구는 약 170여 점에 이른다.

백제지역에서 마구는 90년대까지 조사된 유물수량이나 『三國志』魏志 東夷傳[4]의 기록으로

---

4  『三國志』魏志 東夷傳 「…不知乘牛馬, 牛馬盡於送死…」

인해 그 유입이 늦은 것으로 생각되어졌다. 그러나 최근자료에서 북방계 비와 동일한 이른 형태의 轡들이 확인되며, 이들이 유입되기 이전부터 재지적인 제작기법을 가진 異形轡의 출현도 확인되어 원삼국시대부터 마한지역에서도 마구가 사용되었음을 시사해주고 있다.

먼저 화천 원천리 유적 마구가 출현하기까지의 백제지역 마구의 전체적인 변화양상을 살펴보고자 한다.

원삼국시대 마구는 車馬具로 낙랑지역에서는 청동제와 철제의 3연식 내지 2연식의 함과 다양한 형태의 鑣가 주로 확인되고 있다(오영찬 2001). 진변한 지역의 경우 꼬은 철봉으로 구성된 銜에 'S'자형이나 'ㅡ'자형의 鑣가 주를 이루고 있어, 삼한지역에서는 청동제보다는 여러 가닥의 철봉을 꼬아서 제작하는 銜이 주로 사용된다. 마한지역 역시 진변한지역의 轡와 유사할 것으로 추정되었으나 문헌의 기록과 발굴을 통한 출토사례를 찾을 수 없어 마구의 부재로 생각되어졌다. 하지만 최근 진·변한지역의 轡와 다른 이형비가 김포 운양동 유적(김기옥 외 2013)과 동해 송정동 유적(박영구 외 2012)에서도 출토되어 주목된다. 재지적 전통인 3개의 철봉을 꼬아서 만든 형태는 동일하나 그 마디 수가 많으며 이들 사이를 고리로 걸어 그 안에서만 움직이게 하는 인수가 부착된 형태이다(그림 9). 이러한 형태는 평양 정백동(사회과학원 고고학연구소 1978)과 정오동유적(사회과학원 고고학연구소 1983)에서 유사자료가 확인되어 있어 낙랑지역에서도 사용된 것으로 추정된다(권도희 2013).

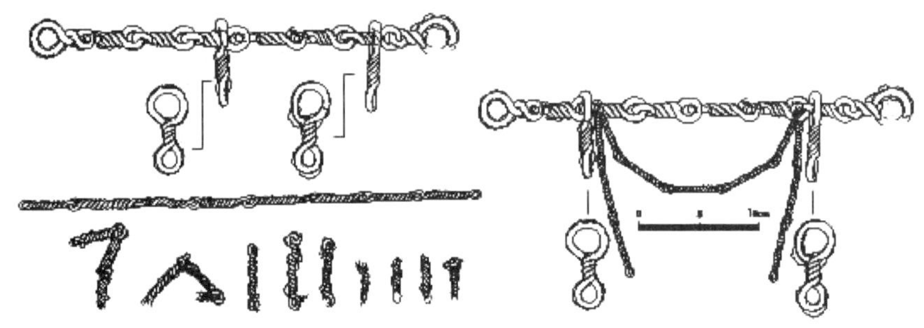

김포 운양동 12호 분구묘(좌: 모식도, 우: 복원도)

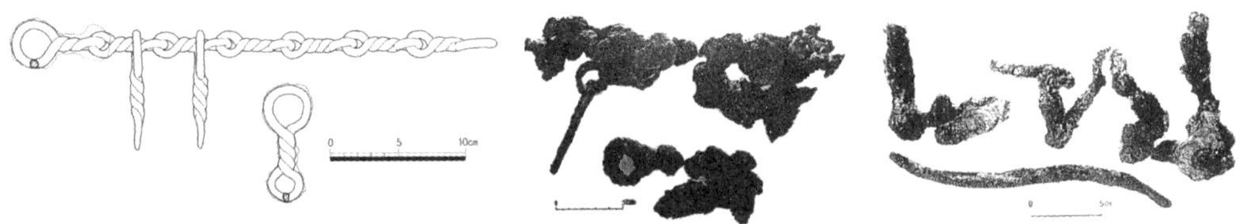

동해 송정동 6호 주거지                정백동 53호(좌)·정백동 62호(우)

그림 9    이형轡의 형태

134

이형비가 알려지기 전에 비를 구성하는 함과 인수의 제작방법은 다음과 같다(그림 10).

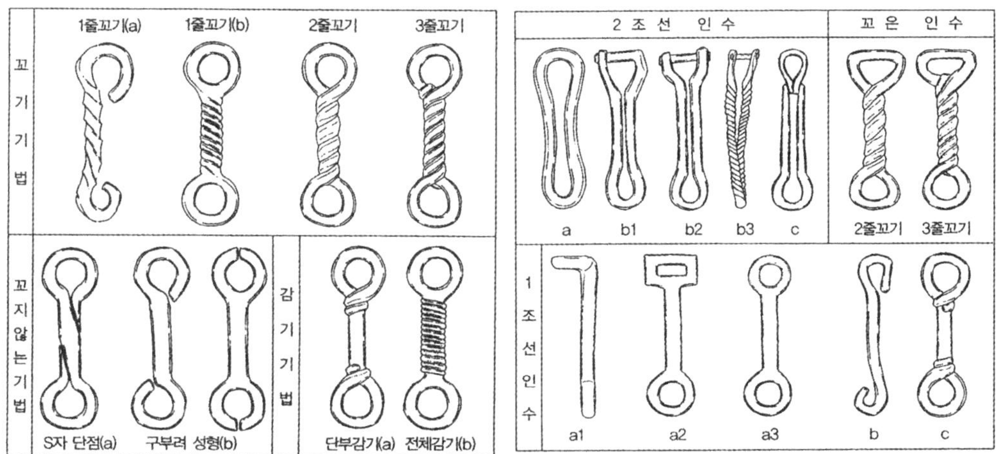

그림 10　함과 인수의 제작기법의 종류(성정용 외 2009)

　대부분 원삼국시대에 사용되는 함과 인수의 제작방법은 철봉 3줄을 'S'자로 접어 꼬은 형태가 가장 많이 알려져 있지만, 최근 백제지역 이른 시기 비의 함은 꼬아서 제작하는 기법 말고 'S'자로 접어 단접하는 새로운 제작기법이 다수 확인되고 있다. 이들 함과 조합된 인수의 형태를 보면 역시 꼬아서 제작하는 기술이 보이지 않고 2조선의 철봉을 그대로 사용한 형태로 인수외환의 끝부분을 꽂아서 마무리하고 있다.

　앞에서 언급한 철봉을 'S'자형으로 단접한 2조선의 함과 2조선의 인수로 조합된 비는 충주 금릉동 78-1호 출토품으로 인수외환은 한쪽의 철봉을 구부려 반대편 철봉의 측면에 꽂는 삽자루형이다. 화천 원천리 28호 수혈과 33호 주거지에서 사용된 비의 인수 제작방법과 동일하며 이러한 형태의 인수에 대해 좀 더 살펴보도록 하겠다.[5]

'S'자형 단접　　　　　　　　　　'S'자형 3줄 꼬기

그림 11　단접 및 3줄 꼬기 방법(성정용 2008 일부 개변)

---

5　이와 같은 인수외환의 제작방법은 교구에서도 찾아진다. 원천리유적의 경우 40호·76호·96호 주거지의 교구에서 동일한 제작방법이 관찰된다.

비에서 시간적인 속성을 가장 잘 나타내는 부분은 인수이다. 특히 삽자루형 인수는 철봉 끝자락을 꺾어서 반대쪽 철봉의 측면에 구멍을 뚫어 꽂는 a형, 마무리를 리벳하는 형식이 아닌 서로 접어 마무리하는 b형, 별도의 철봉을 끼우는 c형으로 세분된다. a형은 2조선의 함 또는 3개의 철봉을 꼬아 1조선으로 제작한 함과 결합되며, b형은 아직까지 오산 수청동 유적(京畿文化財團 2012)에서 확인되며 교구에서도 제작방법이 사용되어[6] 그 지역에서 삽자루a형을 모방하여 제작하거나 수리하면서 사용된 보수형태라 볼 수 있다. c형은 별도로 철봉을 끼우는 형태로 가장 광범위하게 나타나는 형태이다(그림 12).

| a | b | c |
|---|---|---|
| 꽂기 | 접기 | 끼우기 |

그림 12　삽자루형 인수외환의 세부형태

이중 삽자루a형은 다른 곳보다 백제지역에서 많이 확인되며[7], 최근 들어 2조선의 단접 銜과 결합된 예가 오산, 충주, 청주 외에도 여주 용은리 유적(국방문화재연구원 2015) 등에서 다수 확인된다.

이와 동일한 조합의 轡는 비교적 넓은 지역의 흉노유적에서 보이며(국립중앙박물관 2008, 장은정 2012), 楡樹 老河深 56호와 97호, 자강도 법동리 하구비 적석총, 서해리 2무덤 1호 무덤유적에서도 확인된다. 이러한 형태가 사용된 시기는 몽골 도르릭 나르스유적(국립중앙박물관 외 2011)의 $C^{14}$연대를 통해 BC40부터 서해리 2무덤 1호 운주를 통해 4세기 전반(諫早直人 2007)으로 보고 있다. 그러나 금릉동 78-1호와 봉명동의 C31호 비의 引手 길이가 서해리와 하구비의 것(정찬영 1963) 보다 더 짧아 이보다 이른 3세기 중반과 4세기 전반으로 보고 있다(成正鏞 외 2009).

한편, 3개의 철봉을 꼬아서 제작하는 銜과 引手는 2조선 引手와 삽자루a형의 영향을 받아 수청동 5-5지점 38호와 같은 조합으로 나타나기도 한다. 수청동 5-5지점 38호의 경우 앞서 세분한 삽자루b형으로 지역내에서 자체 제작될 가능성이 있다. 또한 철봉 3개를 1조선으로

---

6　원천리 유적의 경우 39호 수혈에서 출토된 교구에서 이와 같은 제작방법이 관찰된다.

7　영남지방의 경우 이러한 형태의 인수가 경주 황성동 575-20호, 김해 양동리 78호 등에서도 보이지만 함의 형태는 모두 3개의 철봉을 꼬아서 제작한 것과 조합된다.

꼬어서 제작한 인수의 외환은 원형에서 점차 삼각형으로 변화되어 가는데 이는 2조선 인수 외환의 편평한 형태에 영향을 받은 것으로 보여진다.

삽자루c형은 삽자루a형 이후에 새롭게 유입되는 형태로 두정동 I-5호 분묘출토품인 圓板

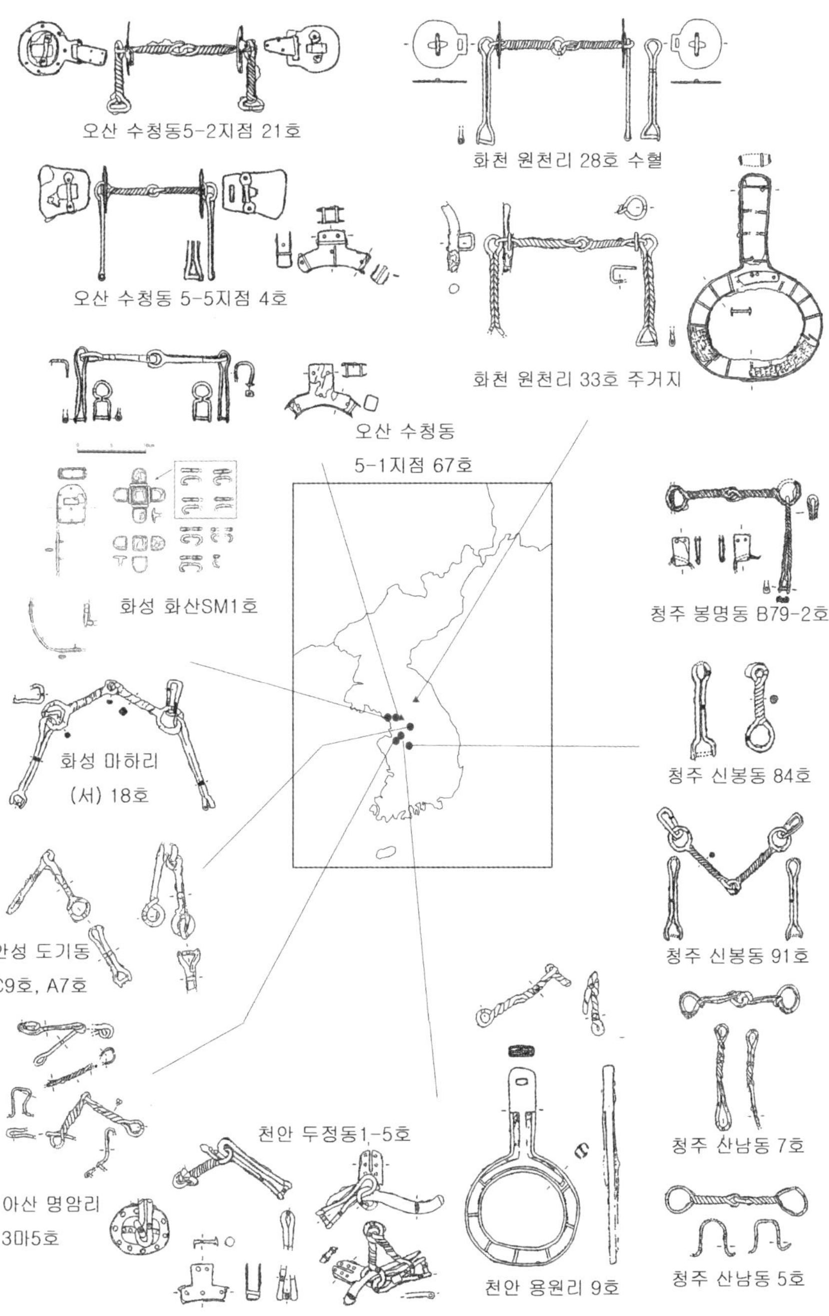


그림 13 　2조선 인수의 분포양상

轡이다. 원판비와 같이 출토된 鑣轡의 경우 함의 형태는 원판비와 동일하지만 인수외환의 형태는 삽자루a형이다. 이처럼 표비의 인수외환에서 기존의 제작방법과 원판비의 인수외환에서 새로운 제작방법이 동시에 확인되고 있어 주목되는 유구이다. 표비에 사용된 鑣 역시 금릉동의 것은 끝부분이 넓은 프로펠라形에 棒狀의 입문용금구가 사용된 것과 달리 약간 굴곡진 棒狀의 'S'자형에 板狀의 입문용금구가 사용되고 있어 새로운 변화가 관찰된다. 이밖에 봉명동 B79-2호와 B36호와 같이 각각의 철봉을 비틀어서 제작한 인수형태도 나타난다(그림 13).

그리고 2조선 인수는 점차 철봉 사이 간격이 좁아진다. 아마도 제작시 여러 줄을 꼬아서 제작하는 방법보다 편하지만, 사용할 때는 가죽끈 등의 고삐가 철봉을 타고 움직일 수 있어 2조선의 철봉 간격을 점차 좁혀 고삐가 인수외환에서만 머물도록 제작되기 때문으로 생각된다.

이때까지 비와 등자의 세트관계는 드물게 보이며 주로 등자는 1점씩 단등이 사용되며 이후 등자가 1쌍으로 부장된다. 천안 용원리 9호 출토품이 이에 해당한다. 轡는 여전히 철봉을 꼬아서 제작하는 전통은 아직 남아 있으며 등자가 쌍을 이루며 환형운주와 좌목선금구 등 안장과 관련된 물품도 확인된다.

이후 점차 꼬아서 제작하는 방식이 사라지며 함과 인수의 결합에 유환이 채용된다. 유환의 발생 원인에 대해서는 銜과 引手의 연결을 부드럽게 하기 위해, 대량생산시 효율성을 높이기 위해, 경판의 손상을 줄이기 위함이라는 의견이 있다. 그러나 유환의 채용은 鑣의 형태에 따라 달리 생각해야 한다. 경판과 함의 결구는 함외환이 銜孔의 銜留金具에 걸리게 되며, 그렇

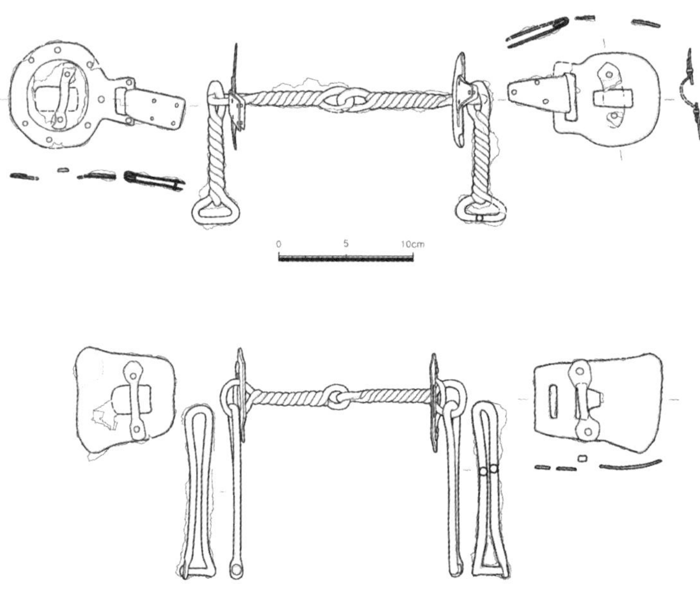

그림 14 　수청동 유적 경판비의 수리흔

138

기 때문에 함외환의 직경이 함공의 길이와 거의 동일하다. 경판비의 함외환 크기는 표비의 함 외환의 직경보다 작으며 그 안에서 인수의 철봉까지 연결하면 인수와 경판의 간격이 좁아 부딪히면서 경판의 손상과 움직임에 제한을 줄 수 있다. 오산 수청동 5-2지점 21호와 5-5지점 4호 경판의 형태가 각기 다른 형태인 것도 이러한 이유로 파손되어 수리되었던 것으로 판단된다(權度希 2012).

기능적으로 본다면 유환의 발생은 표비보다는 판비를 사용하는 과정에서 발생했을 가능성이 높다. 반면 표비의 유환 채용은 이보다 늦은 시기까지 채용되지 않은 것이 존재하여 鑣와의 관계보다는 제작시 대량생산을 염두해 두고 함과 인수의 연결에 효율성을 높이기 위해서 채용되었을 것으로 생각된다. 원천리 유적에서는 이러한 유환이 전혀 채용되지 않고 있다.

이상 원천리유적 출토 마구와 백제지역에서 출토된 마구의 특징을 살펴보았다. 앞에서 언급한 백제지역의 마구와 비교를 통해 그 사용시기를 알아보고자 한다.

원천리 33호 주거지에서 출토된 비의 경우 인수를 구성한 철봉 각각을 비틀어서 제작하는 방식은 봉명동 A79-2호와 B36호 출토품과 유사하다. 이들은 삽자루c형의 인수외환을 가지고 있으나 인수철봉의 사이에 간격이 있어 원천리 것보다 이른 것으로 판단된다. 이외에 수청동 5-5지점 4호 판비도 유사하다. 인수철봉을 비틀어 제작하지 않았지만 함의 길이와 인수의 길이가 짧고 인수의 철봉 간격이 원천리 것처럼 완전히 밀착되지는 않아 이 역시 이른 것으로 판단된다. 33호 추거지 출토 등자의 경우는 병부의 폭과 측면 전체를 철판으로 보강하는 것 등 화산 SM1호분과 용원리 9호 석곽묘 출토품[8]과 비교할 수 있지만, 화산 SM1호분의 경우 일부분만 남아 있고 용원리 것은 앞서 말한 것처럼 쌍등으로 확인되며 비의 형태도 이와 다르기 때문에 원천리 33호보다 늦은 것으로 판단된다. 따라서 33호 주거지 출토 표비와 등자는 수청동 5-5지점 4호와 용원리 9호 사이이거나 비슷한 시기에 위치한다.

22호 주거지 출토 표비의 경우 1조선으로 만들어지고 인수외환도 꺾어져 있어 33호 주거지 표비보다 늦은 단계이다.

115호 주거지 출토 방형금구는 화산 SM1호에서 확인된 예가 있으며(권오영 외 2002) 철환이 대·소 형태로 출토된 예는 수청동 4지점 5호 목관묘에서 보이고 있다. 화산 SM1호에서는 은판으로 덧씌운 방형금구 외에도 등자편이 출토되었다. 병부 폭이 4.0cm로 넓은 편이며 측면은 전체를 철판으로 덧대고 병두부의 전후면을 보강되었으나, 잔존상태가 좋지 않아 병

---

8 　용원리 9호는 계수호와 이식을 근거로 그 연대를 4세기 말엽에서 5세기 1/4분기로 보고 있다.
　　成正鏞, 2003, 「百濟와 中國의 貿易陶磁」, 『百濟硏究』38.
　　李漢祥, 2009, 『裝身具 賜與體制로 본 百濟의 地方支配』, 서경문화사.

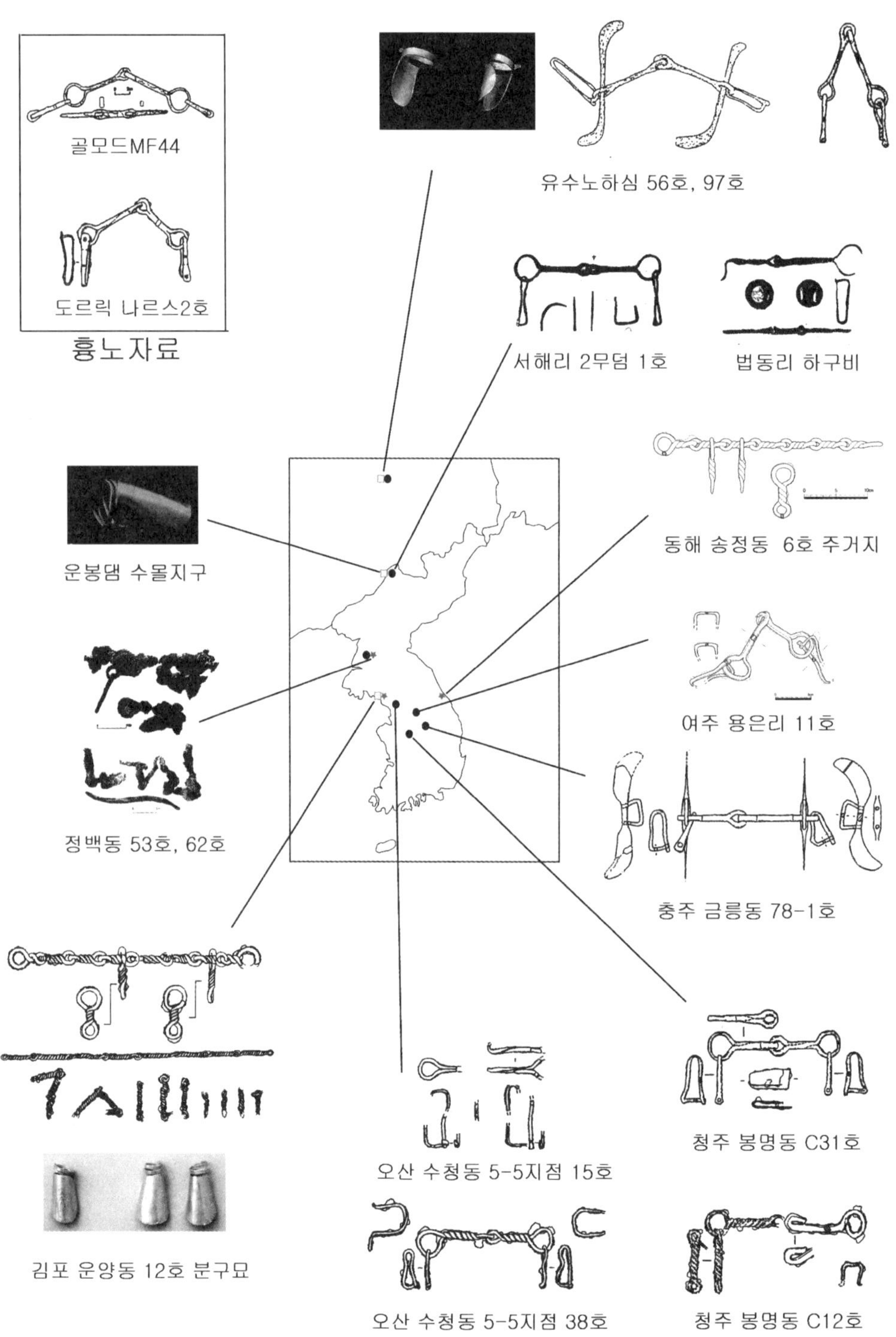


그림 15　백제지역 마구의 유입경로

부와 윤부의 경계부를 어떠한 형태로 철판보강되었는지 알 수 없다. 다만 병부 폭이 넓은 것은 동일하다. 수청동 4지점 5호에서는 철환이 대·소 크기로 다수 보이며, 유환이 채용되고 인수외환이 꺾인 鑣와 답수부에 방두정의 못을 채용한 등자도 부장되어 있다. 두 유적은 5세기 전·중엽에 해당된다.

백제지역에서 원천리 28호 수혈에서 출토된 원판비는 천안 두정동 I-5호와 오산 수청동 5-2지점 21호에서도 출토되었다.[9] 2점 모두 함의 형태는 동일하나 인수의 형태는 다르다. 두정동 I-5호의 경우 2조선인 것은 동일하지만 외환과 철봉사이가 밀착되지 않은 점, 수청동의 21호의 경우 인수조차 함처럼 3개의 철봉을 꼬아서 제작한 형태로 4세기 전반과 후반에 해당한다. 이들보다 28호 수혈 비가 인수가 길어지고 철봉의 사이가 붙어 늦은 것으로 판단된다. 다만, 경판의 형태는 원천리의 경우 1매의 철판으로 제작된 것에 반해 두 유적은 주연부를 덧붙인 2매의 철판으로 제작했다. 이중 수청동 5-2지점 21호의 경우 앞서 말한 것처럼 파손에 의해 후에 수리된 경판으로 함유환의 크기가 크고 주연부가 부착된 경판이 후에 교체된 것으로 판단된다.

이후 대체로 경판비의 형태는 원형보다는 타원형의 형태로 변화한다. 22호 수혈에서 확인된 방형의 금구들은 가죽끈을 결구하고 장식하는 형태로 가죽의 결구방식에 따라 고정식으로 사용되며 공반유물과 출토맥락을 통해 면계에 사용되었음 알 수 있다.


# Ⅴ. 원천리유적을 통해 본 마구의 생산유통과정


## 1. 말의 존재

마구를 제외하고 말의 존재를 밝힐 수 있는 자료는 유적에서 확인되고 있는 말유체와 말발자국흔의 확인이다.

말유체는 구석기시대 유적에서도 확인되고 있으나 동물유체의 동정과 그 출토층위에 대한

---

9  이들 유적외에 화성 요리에서 발굴조사된 1호 목곽묘에서 원판비가 출토되었지만 아직 정식보고서가 발간되지 않아 세부적인 속성은 알 수 없다.
한국문화유산연구원, 2014, 「화성 향남2지구 동서간선도로(F·H지점) 문화유적 발굴조사-제5차 학술자문회의 자료-」

의문이 남아있어 대상에서 제외하면 지금까지 연대를 알 수 있는 가장 이른 말뼈는 가평 대성리 유적 49호 수혈 출토품이다. 다만 49호 수혈 출토 말뼈의 존재만으로 이때부터 말을 사육했는지는 알 수 없으나 적어도 문헌기록과 방사성탄소연대측정을[10] 통해 초기철기시대부터는 한반도에도 말이 존재했음을 확인시켜 주고 있다. 유적에서 출토된 말의 유체로 그 사용례를 유추하고 정리한 자료를 보면 식용 후 폐기보다는 장송의례 외에도 다양한 의례에 사용된 경우가 있음을 알 수 있으며, 가평 대성리 49호 수혈, 풍납토성 9호 수혈[11] 등과 같이 원천리 22호 주거지 출토 말뼈[12]의 경우도 의례와 관련된 것으로 보고 있다(이준정 2013).

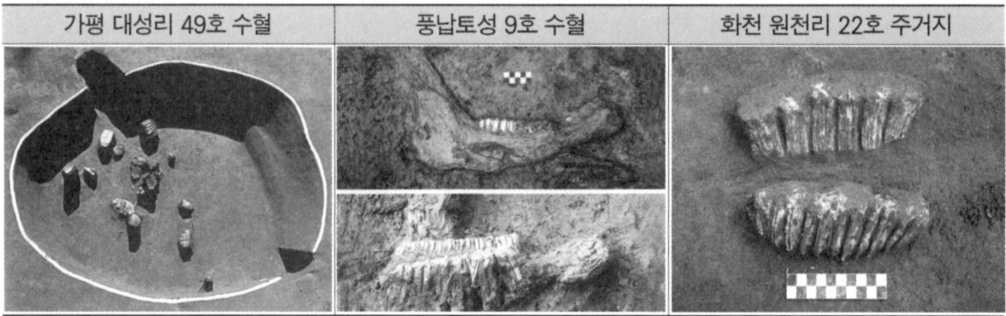


그림 16   말머리뼈 출토양상

이외에 마족과 관련한 백제지역의 자료는 화성 송산리 유적이 있다. 경기 남부에 위치한 화성 송산리 논유적에서는 소와 말의 발자국흔이 많이 확인되었다. 남아있는 말굽의 크기를 통해 체고가 125~140cm보다 약간 큰 말이었고, 말의 보행방향을 통해 방목 또는 화물이동과 같은 목적으로 말이 이용되었을 가능성이 있다고 보고 있다(권오영 2012).

이상을 살펴보면 마한·백제지역에서도 말의 존재는 확실하게 나타나지만 그것이 야생종인지 사육종인지, 사육종이라면 이들을 관리하는 목장의 존재여부 등을 말해주는 자료는 아직 확인되지 않고 있다. 화천 원천리유적의 경우 말이빨만 남아있어 아직까지는 말 연령정도의 정보만 얻을 수 있을 뿐 제의의 행위나 목장의 여부 등을 알아내기란 어려운 실정이다.

---

10  49호 수혈은 방사성탄소연대측정을 통해 BC210~50년이라는 연대치를 가지고 있다(경기문화재단 2009).

11  최소 9개체 이상의 말머리뼈가 풍납토성 9호 수혈에서 확인되었다.

12  말이빨 사이를 사진상으로 계측하면 약 7cm정도의 폭이다.

## 2. 마구의 생산과 분배

유적에서 마구가 확인되면 그 유적의 성격과 출토맥락에 따라 생산처와 여러 형태의 소비처 외에도 창고와 같은 중간 경유처 등으로 분류할 수 있으며 이들의 연결고리를 찾아 당시 마구의 유통시스템을 추적할 수 있다. 마구의 생산처는 소재의 특성상 제련, 단야시설의 유적에서 확인될 가능성이 높으나 안타깝게도 현재까지 이들 유적에서 마구와 관련되는 유물이 확인된 적은 없다. 중간 경유처로 볼 수 있는 수혈이나 木庫와 같은 곳에서 마구류가 소량 출토된 예가 있지만 대부분 분묘나 주거지의 성격을 가진 소비처에서 확인되고 있다.

원천리 유적의 경우 주거지와 수혈에서 마구류가 확인되었으며 주거지 출토품의 경우 확실한 최종소비처라 할 수 있지만 수혈에서 출토된 것은 유구의 성격상 창고와 같은 중간 경유처로 볼 여지가 있다. 다만 원천리 28호 수혈 출토 비의 경우 물류의 이동을 생각할 수 있을 정도의 다수가 확인된 것이 아닌 1점만이 확인되어 이 역시도 소비처로 판단된다.

위세품과 같이 특별한 주문생산이 아닐 경우 한곳의 생산지에서 만드는 기술은 동일하며 생산품의 일정한 품질을 위해 견본이 존재했을 것이다. 이는 장식적 요소가 반영되는 鑣의 형태를 제외하고 함과 인수의 규격과 조합이 유사한 33호 주거지와 28호 수혈 출토 비를 통해서도 알 수 있다. 하지만 최종소비처가 원천리 유적임은 분명하지만 주문처가 원천리였는지는 다시 생각 볼 필요가 있다. 왜냐하면 마구는 말에 장착되어 사용되는 도구이기 때문에 각 지역에서 보이는 마구의 첫등장은 말과 마구의 개별유통이 아닌 세트라는 단위로 이루어졌을 것이기 때문이다. 따라서 원천리 유적의 마구는 말에 장착된 채 유입되고 사용중 파손되면 그 정도에 따라 생산처에 직접 재주문하던지 아님 현지에서 간단한 수리와 보수를 거쳐 사용되었을 수 있다.

그렇다면 원천리유적에 마구가 유입되기까지 백제중앙의 통제와 분배가 있었을까? 먼저 당시 중앙에서 지방으로 사여되었다고 보는 품목은 관모, 과대 등의 금공품, 중국제 자기, 흑색마연토기 등의 물품이 있다. 그러나 이중 흑색마연토기는 지방에서 직접 제작된 경우도 있어 중앙에서 분배되지 않은 것으로 보는 시각도 있다. 이를 제외하면 중앙에서 지방으로 사여된 것은 수입품이거나 소재의 특수성이 있는 물품으로 한정된다.

원천리 유적에서 출토된 마구의 경우 금장이나 은장을 하여 소재의 특수성이 반영되지는 않고 있으며 이는 백제지역 마구의 특징이기도 하다. 또한 중앙에서 제작하여 각지방으로 분배하였다면 모양과 크기에서 통일성이 있어야 하지만 각지역에서 확인되는 마구류는 제작방식의 유사성은 보이지만 규격화는 보이지 않고 있다.

말의 수요와 공급에 대한 관리와 통제는 백제중앙에서 관리되었을지는 모르지만 마구 자체에 대한 수요까지는 관리하였다고 보기 어렵다. 또한 중앙에서의 분배와 파급을 설명하려면 중앙마구의 실체가 있어야만 가능하지만 현재까지는 그 기준이 될 만한 자료가 없기 때문이다.[13] 현재까지는 중앙보다는 거점지역별로 철기 생산과 관련된 곳에서 공급되었을 가능성이 높다고 생각된다.


## 3. 지역내 간단한 보수 · 수리의 가능성

　전문적인 제작기술을 요구하는 철제의 마구가 사용 중에 파손된 경우 소비처에서는 어떻게 처리하였을까?에 대해서 생각해 보고자 한다. 아마도 생산처에 제작을 요구했던지 아니면 간단한 파손의 경우 보수 · 수리 과정을 거쳐 사용되었을 것이다. 마구류의 재구매를 설명할 수 있는 자료는 없지만 간단한 보수 · 수리 흔적을 통해 고쳐서 사용했음을 알 수 있는 자료는 있다.

　오산 수청동 유적의 마구류에서는 사용으로 인한 파손부위를 알 수 있는 자료들과 파손에 의해 입문용금구, 경판, 등자 등을 보수 · 수리한 과정들이 잘 남아 있다. 전자는 5-2지점 20호 주구부이중목관묘의 입문용금구에서 후자는 5-2지점 18호 주구부이중목관묘 비의 입문용금구, 5-2지점 21호 주구부목관묘 원판비의 경판, 5-5지점 4호 주구부목관묘의 경판, 4지점 5호 목관묘의 등자에서 관찰된다(권도희 2012). 13세트의 마구류 중 5세트에서 파손흔과 보수 · 수리흔이 관찰된다는 것은 당시 높은 사용빈도로 파손될 가능성이 높았으며 간단한 보수 · 수리를 통해 계속 사용되었음을 나타내주는 것이다(그림 17).

　보수 · 수리한 마구 중 5-5지점 4호 주구부목관묘의 제형경판비의 경우 인수와 함의 제작방법이 33호 주거지와 28호 수혈출토 비와 매우 유사하여 거의 동시기로 생각된다. 동시기임에도 두지역의 유적에 나타나는 자료를 보면 원천리 유적 마구의 형태는 매우 양호한 편으로 그 사용빈도가 높지 않았음을 알 수 있다.

　만약 원천리 유적에서도 철기와 마구류의 사용으로 인한 파손이 있었다면 간단한 보수 · 수리를 하기위한 단야시설이 필요하다. 원천리유적에서 단야시설이 확인되지 않았지만 이러한 시설과 관련있는 유물로 보는 망치가 79호 주거지에서 출토되었다. 이외에도 반제품이 58호와 65호 주거지에서 확인되고 있어 간단한 단야시설은 존재했을 가능성이 높다(그림 18).

　원천리 마구류에서는 보수 · 수리 흔적이 관찰되지 않지만 그 정도의 간단한 기술력은 앞서

---

13　백제 중앙지역에서 마구류가 출토된 예는 몽촌토성의 족쇄와 풍납토성 9호 수혈의 등자편 등 일부만 남아 있다.


144

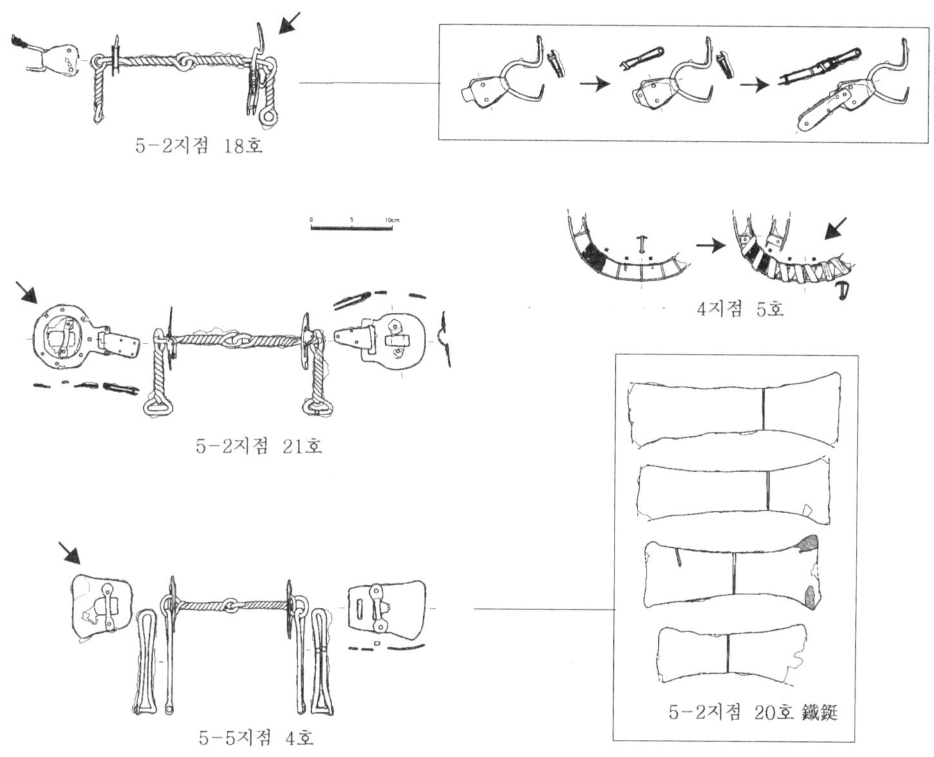



그림 17    오산 수청동 유적 마구류에 보이는 보수 · 수리 흔적

말한 단야관련도구, 반제품, 그리고 39호 수혈 출토 교구에서 보이는 제작방식을 통해 가지고 있었음을 알 수 있다.

| 79호 주거지 망치 | 58호와 65호 주거지 반제품 | 39호 수혈 교구 |
| --- | --- | --- |
|  |  |  |

그림 18    철기제작을 유추할 수 있는 자료(축척부동)

## 4. 마구의 보관 및 폐기

가옥 내부의 공간은 용도별 또는 중요도별로 달리 구획되어 이용되었을 것이다. 원천리 유적에서는 방의 안쪽벽 중앙부 또는 방의 중앙에 부뚜막과 노지가 설치되었으며 이를 중심으로 양쪽벽에 인접하여 유물이 확인되고 있다.

이중 마구류가 33호와 115호 주거지처럼 유구바닥에서 출토된 경우 그 평면위치를 보면 앞서 언급한 것과 같이 주거지의 좌측에서 금동제 이식과 같은 공간에서 확인되고 있다. 이를 통해 마구의 가치가 금동제 이식과 유사한 정도이며, 마구는 마구간과 같이 말이 생활하는 공간이 아닌 소유자의 거주공간에 별도로 마구를 보관했음을 알 수 있다. 출토위치와 상태가 좋은 33호 주거지 출토 비와 등자는 평소 귀중품과 같이 보관되다가 필요시에만 말에 장착하여 사용되었으며 보수·수리흔이 관찰되지 않아 사용빈도가 높지 않은 상태에서 갑작스런 화재로 인해 폐기되었다고 볼 수 있다.

마구의 폐기는 생활공간에서 전쟁 및 부주의 등의 갑작스런 화재로 가옥소실과 같이 폐기되는 경우 외에도 아직까지 그 예를 찾지 못했지만 사용시 파손으로 용도변경된 경우가 있을 수 있다. 이외에도 주거지에 거주했던 사람이 죽을 경우 함께 분묘에 부장되는 마구들도 폐기의 예라고 볼 수 있다. 다만 원천리 유적이 존재했던 시기의 묘제에서 마구가 확인되는 위치는 별도의 유물부장공간이라기 보다는 내부퇴적토에서 확인되는 사례가 많기 때문에 죽은자를 보내는 장법의 중간에 사용되는 것이 주를 이루었을 것으로 생각된다.

# Ⅵ. 맺음말

화천 원천리 유적은 북한강유역에서 조사된 백제지역의 대규모 취락으로 이들 유구에서 여러 점의 마구와 함께 말의 두개골도 확인되어 마구의 자료가 부족했던 북한강유역 일대 마문화 연구에 중요한 자료이다.

원천리유적 마구는 백제지역의 전체적인 마구의 변화양상 중 4세기 후반부터 5세전반까지의 특성과 유사하다. 특히 28호 수혈과 33호 주거지 출토의 비와 등자의 경우 비교자료를 통해 늦어도 4세기 말엽부터 5세기 초엽에 사용되었음을 알 수 있다.

원천리유적에서 마구가 등장하는 시기는 백제중앙집단이 지방의 거점지역을 만들어 지배

력을 강화하던 시기로 각 지역에서 금동관모, 식리, 중국자기 등 위세품등이 부장된 분묘의 출현으로 설명되어지고 있다. 원천리 유적도 이와 같은 취지에서 북동지역에 해당하는 거점지역에 위치한 집단의 주거군에 해당되는 것으로 생각되나, 당시의 위세품인 흑색마연토기는 보이지만 중국제 자기의 부재로 최상위계층은 아닐 것으로 판단된다. 또한 마구는 보이나 무구류의 존재가 미미하여 전사적 집단으로 보기에는 아직까지 자료의 한계가 있다고 생각된다.

이외에도 생활유적이라는 특성상 주거지내에서 마구의 출토위치와 공반유물을 통해 마구의 소유가 금동이식 등 귀중품과 같이 보관되었으며 그 소유조차 일반적이지 않았음을 알 수 있었다. 더불어 마구의 유입과 유통 그리고 폐기되는 과정들을 생각해 볼 수 있는 자료였다. 앞으로 이들 주거군에 대응하는 분묘군이 확인되어, 자료의 상호보완을 통해 당시 화천 원천리 지역의 보다 정확한 성격을 알 수 있기를 기대해 본다.

참고문헌


江原考古文化研究院, 2013,『東海 松亭洞 聚落Ⅲ』.

경기도박물관, 2004,『抱川 自作里遺蹟Ⅰ』.

___________, 2006,『한성백제』.

京畿文化財團, 2012,『烏山 水淸洞 百濟 墳墓群』.

京畿文化財研究院, 2009,『加平 大成里遺蹟』.

김기옥·이지훈·민경산·권도희·육송희, 2013,『김포 운양동 유적Ⅰ』, 한강문화재연구원.

金載悅·金邱軍외, 1998,『華城 馬霞里 古墳群』, 호암미술관.

국립전주박물관, 1994,『扶安 竹幕洞 祭祀遺蹟』.

국립중앙박물관, 2008,『몽골 흉노 무덤 자료집성』.

國立昌原文化財研究所, 2002,『咸安 馬甲塚』.

국방문화재연구원, 2015,『여주 용은리 유적』.

권도희, 2012,「오산 수청동 분묘군 마구에 대하여」,『烏山 水淸洞 百濟 墳墓群 Ⅳ』, 京畿文化
　　　　財團.

______, 2013,「운양동 12호 분구묘 출토 이형 비에 대하여」,『김포 운양동 유적Ⅰ』, 한강문화
　　　　재연구원.

權五榮·權度希, 2003,『花山古墳群』한신대학교박물관총서 제14책.

권오영, 2012,「백제의 말 사육에 대한 새로운 자료」,『21세기의 한국고고학Ⅴ』.

대성동박물관, 2013,『동아시아 교역의 가교! 대성동고분군』박물관 학술총서 제12책.

류지현, 2007,『永川 龍田里 遺蹟』국립경주박물관 학술조사보고 제19책.

박영구·윤광민·문정식·정미진·황아영·심미경, 2012,『東海 松亭洞遺蹟』, 江陵原州大學校
　　　　博物館.

사회과학원 고고학연구소, 1978,『고고학자료집』제5집.

___________________, 1983,「락랑구역일대의 고분 발굴보고」,『고고학자료집』제6집.

成正鏞, 2003,「百濟와 中國의 貿易陶磁」,『百濟研究』38輯.

成正鏞·權度希·諫早直人, 2009,「淸州 鳳鳴洞遺蹟 出土 馬具의 製作技術 檢討」,『湖西考古
　　　　學』20.

李蘭暎·金斗喆, 1999,『韓國의 馬具』, 한국마사회 마사박물관.

李南珪·權五榮·趙大衍·李東完, 1998,『龍仁 水枝 百濟 住居址』.

李南奭, 2000a,『斗井洞遺蹟』, 공주대학교박물관.

李南奭, 2000b,『龍院里古墳群』, 공주대학교박물관.

李鮮馥·金成男, 2004,『馬霞里古墳群』.

이준정, 2013,「한반도 선사·고대 동물사육의 역사와 그 의미」,『농업의 고고학』.

李漢祥, 2009,『裝身具 賜與體制로 본 百濟의 地方支配』, 서경문화사.

오영찬, 2001,「樂浪 馬具考」,『古代研究』8.

예맥문화재연구원, 2013,『華川 原川里遺蹟-화천 원천리 2지구 유물산포지내 발굴조사보고서』.

장은정, 2012,「흉노 마구의 확산과 고대 동아시아의 기마문화 수용」,『흉노와 그 東쪽의 이웃들』, 국립중앙박물관·부경대학교 인문사회과학연구소.

정찬영, 1963,「자성군 조아리, 서해리, 법동리, 송암리 고구려고분 발굴 보고」,『고고학자료집』제3집.

中央文化財研究圓, 2008,『安城 道基洞遺蹟』.

＿＿＿＿＿＿＿＿＿＿, 2009,『淸州 山南洞 42-6番地 遺蹟』.

車勇杰, 1995,『청주 신봉동 고분군』, 충북대학교박물관.

忠北大學校博物館, 2005,『淸州 鳳鳴洞遺蹟(Ⅱ)』.

충청남도역사문화연구원, 2011,『牙山 鳴岩里 밝지므레遺蹟』.

충청북도문화재연구원, 2014,『청주 산남동 산 31-1번지 유적』.

湖南文化財研究院, 2004,『潭陽 大峙里 遺蹟』.

諫早直人, 2007,「製作技術로 본 夫餘의 轡와 韓半島 南部의 初期 轡」,『嶺南考古學』43.

한국고고환경연구소, 2014,『천안 대화리·신풍리 유적』.

韓國文化財保護財團, 1999,『淸原 梧倉遺蹟(Ⅰ~Ⅳ)』.

吉林省文物考古研究所, 1987,『榆樹老河深』, 文物出版社.

安文榮·唐音, 2008,「鴨綠江右岸雲鳳水庫淹沒區古墓葬調査與發掘」,『2007中國重要考古發現』, 文物出版社.